KB233952

경영의
道

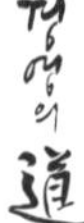

초판 인쇄 | 2013년 1월 2일
초판 1쇄 발행 | 2013년 1월 4일

지은이 | 리우이난(劉毅男)
옮긴이 | 윤정로
펴낸이 | 강민자
펴낸곳 | 다상

등록 | 2006년 2월 7일
주소 | (136-060) 서울특별시 성북구 아리랑로 5길 50-8, 101동 401호
전화 | 02)365-1507
팩스 | 02)392-1507
이메일 | dasangbooks@hanmail.net

ISBN 978-89-967890-3-1 (03320)
값은 표지에 있습니다.

경영의 道

리우이난 지음 — 윤정로 옮김

다상

CONTENTS

제3부 | 승패의 조건을 익혀라

제6장 승패의 조건

제7장 이해득실 살피기

제8장 허와 실의 실체

제9장 원칙과 변칙의 조화

제10장 강함과 부드러움

■ 나가는 말 / 하루 종일 생각하더라도 잠깐 사이의 배움만 못하다

지금 터널을 지나고 있다면
이제 길이 열린다

21세기에 들어서면서 세계 경제는 과거에 비해 눈부신 성장을 거듭해왔다. 하루가 다르게 변화하는 시장의 트렌드에 대응하려다 보니 경영인들은 끊임없는 갈증에 시달린다.

어떻게 새로운 트렌드의 코드를 풀 것인가?

붙잡고 싶지만 기다려주지 않고, 마주하고 싶지만 외면해버리는 수수께끼 같은 그 무엇을…….

우리 인류는 무리를 지어 살기 시작하면서부터 전쟁과 함께 해왔다. 전쟁은 생존의 문제였으므로 각양각색의 병법서들이 앞 다퉈 씌어 당대를 살아간 선인들의 삶의 방향을 제시해주었다.

치열한 경쟁사회에서 살아남기 위해 우리는 어떻게 앞날을 대비해야 할까? 그리고 어디에서 경쟁력을 찾아야 할까? 이 책의 저자 리우이난이 명쾌한 해법을 제시한다. 그는 고대 병법서에서 큰 깨우침을 주는 문장들을 찾아내 현대 경영과 절묘하게 조합하여 '경영의 道'를 도출해 냈다.

'하루 종일 생각하더라도 잠깐 사이의 배움만 못하다'고 했다. 지금 기업 경영의 어려움으로 캄캄한 터널을 지나고 있다면, 병법서에서 건져 올린 생명력 넘치는 문장들과 함께 하는 시간을 갖길 바란다.

> 사람들 속에서 수백 수천 번 찾다가 문득 고개를 돌리니
> 등불 환하게 비추는 곳에 그대가 있네
>
> 왕국유

그랬다. 수많은 책들 속에서 수백 수천 번 찾다가 문득 고개를 돌리니 '인생의 道'가 거기 있었다.

김홍신(소설가, 건국대 석좌교수)

고대 병법서에서 찾은 경영의 道

1년 6개월의 노력 끝에 드디어 원고가 완성되었다. 천태만상이 공존하는 대자연 속에서 비록 처음에는 한 줄기 새싹처럼 작고 나약했지만, 온갖 정성을 기울인 끝에 비로소 꽃을 피우고 열매를 맺었다.

필자는 한 기업체에서 40여 년 동안 직장인으로 살아오면서 격동의 세월을 온몸으로 겪었다. 계획경제체제에서 국가중점기업을 이끌며 경험했던 눈부신 발전 과정과 시장경제체제로 전환하는 과정에서 국영기업이 겪었던 고통과 방황의 시간들을……

"소강사회小康社會(모든 국민이 먹고 사는 걱정 없이 잘 사는 사회. 중산층 사회와 비슷한 개념)에서 곤궁의 늪으로 빠졌다."던 루쉰의 말처럼 당시 필자는 세상의 변화를 온몸으로 겪었고, 수많은 기업들의 흥망성쇠를 두 눈으로 똑똑히 목격했다. 때로는 인정이 넘칠 때도 있었으나 야박하기도 했던 세상인심은 내 마음 깊은 속에 낱낱이 새겨져 있다.

　　첩첩산중에 물이 겹겹이라 길이 없을 것 같더니
　　버드나무 우거지고 꽃 핀 곳에 또 다른 마을이 있네

　필자가 근무했던 기업이 그랬다. 낙타 등에 솟은 혹처럼 높은 곳으로 솟았다가도 어느새 다시 곤두박질치는가 하면 어느새 높은 봉우리로 다시 솟아오르곤 했다. 특히 베이징자동차공업BAIC MOTOR이 '그룹화를 통한 비약적 발전'의 기치를 내걸었을 때 하이나추안海納川에서 3년간 근무했던 경험은 새로운 기회이자 도전이었다. 당시 중국의 자동차 산업은 막 성장 단계에 올라서 있었으므로 베이징자동차공업은 그야말로 호기를 맞은 셈이었다. 베이징자동차그룹과 하이나추안은 최고의 파트너로서 승승장구했다.

　당시 필자는 "말을 하더라도 기록하지 않으면 멀리 가지 못한다言之無文 行之不遠"는 공자의 말이 떠올라 일을 하면서 느낀 점을 사람들에게 알려야겠다고 결심했다. 말만 하고 기록하지 않는다면 필자가 겪은 소중한 경험은 보관될 수도, 누군가에게 전달될 수도 없었기 때문이다.

　필자는 오래전부터 군사 사상에 깊이 매료되어 있었다. 그러나 그것이 연구의 경지에 이르지는 못했으므로 이 책은 연구서라기보다는 군사 사상과 기업의 현장 경험이 생생하게 녹아 있는 경영인의 성찰의 기록이라고 보는 것이 옳을 것이다.

　고대 철학자들의 사상은 언제 보아도 경이롭기 그지없다. 어떻게 몇 천 자, 아니 단 몇 음절의 글자가 수천 년이 지난 오늘날까지도 형형한 빛을 발하는 걸까? 그들은 세상일을 어떻게 그처럼 예리하고 치밀하게 분석해낼 수 있었을까? 그런데 현대인에게는 왜 좀처럼 이러한 선인들의 능력을 발견하기 어려운 걸까? 간결하면서도 예리한 문장으로 기록된 『손자병법』에 내재된 사상은 오늘날에도 세계인의 가슴에서 형형한 빛을 발하고 있다.

오늘날 사상이나 영향력 면에서 『손자병법』에 견줄 만한 저서를 집필하려면 어떤 형식이어야 하며, 그 양은 어느 정도여야 할까? 또 이러한 대단한 일을 해낼 만한 사람이 과연 있기나 할까? 고대 중국 군사 사상의 무궁무진한 매력에 매료된 필자는 1천 년을 이어져 온 이 위대한 사상을 한 권의 책에 담아 오늘날 기업 경영에서 활용할 수 있도록 해야겠다는 생각을 하게 됐다.

최근 우리의 경제가 급속히 발전하면서 서양의 수많은 경제경영서가 번역되어 출판되고 있다. 이는 우리가 선진화된 서양의 경영이론을 받아들임으로써 경제 발전에 더욱 박차를 가하고, 기업의 경영 수준을 향상시킬 수 있는 좋은 기회임이 분명하다.

하지만 우리가 서양식 이론에 적응하고, 자신의 것으로 소화시키는 데 무리가 없는지 의문스러울 때가 있다. 동양과 서양의 문화는 엄청난 차이가 있으며, 서양의 현대식 경영이론과 우리 기업의 경영 현장 사이에는 크나큰 괴리감이 존재하기 때문이다.

최근 우리 경제는 세계 어느 나라보다 급속한 성장이 이루어지고 있지만 보완해야 할 부분이 종종 발견된다. 서양의 현대식 경영이론은 성숙한 시장을 기반으로 만들어졌다. 따라서 우리의 경영인들에게는 ‘서양식 경영사상’의 활을 정확하게 조준하여 ‘동양식 경영’의 과녁을 맞히는 것이야말로 기업의 성패를 결정짓는 중요한 수단이 될 것이다. 그나마

다행인 것은 이미 많은 기업이 이 부분에서 성공하고 있다는 사실이다.

동양과 서양의 경영 사상을 어떻게 유기적으로 결합해야 할까? 양자 간의 서로 다른 문화적 전통을 어떻게 연관시켜야 할까? 특색 있고 효과적인 경영이론 및 시스템을 구축하는 방법은 무엇일까? 이런 문제의 답을 찾아야 기업이 치열한 글로벌 경쟁에서 조화로운 발전을 이룰 수 있으며, 나아가 전 세계의 경제계를 지휘할 수 있는 자격이 주어진다. 우리가 살아가는 이 시대는 과거에 비해 엄청나게 변화했다.

필자는 경영이론을 연구하면서 기업이 성공하려면 반드시 두 가지 힘이 융합되어야 한다고 생각해왔다. 바로 기업가의 힘과 이론가의 힘이다. 이 두 가지 힘에는 공통점과 차이점이 존재한다.

기업가는 경영 일선에서 뛰고 있기 때문에 기업의 상황에 대해 누구보다도 잘 알고 있고, 그 과정에서 발생하는 문제점도 정확하게 인식하고 있다. 반면 경영에 참가하고 있는 이론가들은 어떻게 하면 자신이 익힌 이론을 현실 경영에 도입하여 효과적으로 기업체를 운영할 수 있을 것인지 고민한다. 그러나 기업 경영의 실제는 경영이론의 근간이므로 현실을 간과한 이론은 기업을 이끄는 데 아무런 도움이 되지 못한다.

유능한 기업가는 나름의 분명한 경영이론이 세워져 있어야 한다. 이는 시대적 요구이며, 경영인이라면 반드시 갖춰야 할 덕목이다. 따라서 현실 경영의 지식 축적과 이론 습득은 경영능력을 향상시키기 위해 반드시 숙지해야 할 덕목이다. 시장을 바라보는 안목과 방대한 정보량, 그리고 폭넓은 전문 분야의 연구가 이루어진 사람이라면 기업이 나아갈 나침반 역할을 잘해낼 수 있다.

하지만 일반적으로 이론가는 보편적인 문제에 관한 해답을 제시하는 데는 능숙하지만 개별 사항을 해결하는 데는 미숙하다. 이들은 실질적인 경영 경험이 부족하므로 기업에 대한 심도 있는 연구가 필요하다. 요컨대 기업가는 이론적 지식을 쌓고, 이론가는 경영 경험을 쌓은 뒤 양자가 서로 조화롭게 결합하는 것이 가장 바람직하다. 이것이 바로 현대 경영이론을 더욱 풍요롭게 만드는 방법이다.

이 책은 수많은 경영인들에게 바람직한 경영 노하우를 제시하기 위해 집필되었으나 향후 더 좋은 책들이 세상에 나와 많은 기업가와 학자들이 연구하게 되길 간절히 희망한다.

필자가 몸담았던 기업의 상사 및 동료 여러분께 감사드린다. 회사는 내게 생존하고 성장할 수 있는 공간을 제공해주었고, 상사는 가르침과 용기를 주었으며, 동료들은 희로애락을 같이 해왔다.

마지막으로 이 책의 집필과 출간을 위해 애써주신 모든 분들께 진심으로 감사의 말씀을 전하고 싶다. 여러분의 노고 덕분에 이 책이 비로소 독자들과 만날 수 있었다.

*고문 해석은 저자의 해석을 따랐다.

제1부

········

마음을 수양하라

장수는 리더로서의 인품과 자질을 갖추어야 하는데, 여기
에는 명분과 덕목이 포함된다. 명분이란 장수에 대한 정
의, 즉 직책과 지위를 의미하며 덕목이란 장수의 도덕적
소양을 말한다.

장수의 명분

지혜에만 의존하면 남을 해치고, 자비만 베풀면 나약해지고, 신의만
고수하면 우매해지고, 용감함만 믿으면 포학해지고, 명령이 지나치게
엄격하면 무너진다. 가림賈林

장수는 결과의 아름다움을 중시한다

●● 장수의 정의

군대를 통솔하는 위세를 가진 자가 장수고, 적을 무찔러 승리를 쟁취하
는 자가 병사다. 군사를 다스리지 못하는 장수는 군대를 통솔할 수 없
고, 분열된 병사는 적을 무찌를 수 없다. 『삼략三略』「상략上略」

장수와 병사는 어느 한쪽도 없어서는 안 될 상호보완적 존재이다. 장
수가 사람의 영혼과 두뇌에 해당된다면 병사는 몸통과 팔다리에 해당된
다. 장수는 군대의 지도자로서 명분과 권리 및 자원을 활용할 수 있는

권한을 가진 자이다. 오합지졸로 구성된 병사들은 장수의 지휘에 따라 응집되고, 무질서한 싸움은 장수의 책략에 의해 조직적이고 목적성을 띤 군사 행위를 하게 된다.

공자는 "명분이 올바르지 않으면 말이 순조롭지 못하고, 말이 순조롭지 않으면 일을 이룰 수 없다."라고 했다. 장수로서 군대를 통솔하여 천하를 정벌하려면 반드시 명분을 바로 세운 뒤 올바른 말로서 일을 이루어야 한다.

올바른 명분 예부터 '장수는 임금으로부터 전쟁의 명분을 받아 일을 수행한다'고 했다. 여기서 명분이란 합법성을 의미하며, 이는 권력을 행사할 수 있는 전제조건이다. 손자는 이에 대해 "장수가 병사를 부리기 위해서는 군주의 명령을 받아 군대를 소집해야 한다. 즉 장수는 군주의 명령에 따라 군대를 조직하는 권한을 갖게 되며, 이것이 원활하게 이루어질 때 전장에서 위세를 떨칠 수 있다."고 했다.

올바른 말 장수에게 말은 매우 중요하다. 권리를 행사하고 명령을 내리는 수단이 바로 말이기 때문이다. 따라서 장수는 병사의 생사와 전장의 진퇴를 결정하는 칼자루를 쥐고 있는 사람이라고 봐야 한다.

장수는 병권을 장악하고 군대를 통솔할 수 있는 권한을 지닌 자다. 병권을 장악한 장수는 군대의 동태를 파악한 뒤 병사를 배치하여 마치 맹호가 날개를 달고 온 세상을 날아다니는 것처럼 전략을 펼칠 수 있다. 하지만 권력을 잃게 되면 군대를 다스릴 수 없으니, 이는 마치 강물에서 벗어난 물고기나 호수를 떠난 용의 신세가 된다. 파도를 헤치고 망망대해로 나아가려고 하지만 어찌 그것이 가능하겠는가?

이 글의 핵심은 장수에게는 그 지위에 합당한 권력이 주어져야만 비로소 장수로서의 역할을 할 수 있으므로 그 가치가 빛난다는 의미다.

하지만 권력보다 더 중요한 것이 임무 수행이다.

장수가 명령을 받은 날에는 집안일을 잊어야 한다. 병사들과 숙영宿營할 때에는 가족을 잊어야 하며, 북을 울릴 때에는 자신을 잊어야 한다. 오기吳起가 전투에 임하자 부하들이 좌우에서 칼을 바쳤다. 그러자 오기는 "장수가 할 일은 오로지 깃발과 북을 주관하는 것이다. 전쟁터에서 일어나는 문제를 해결하고 병사들을 지휘하는 것이 장수로서 할 일이지, 칼 한 자루를 쥐는 것이 장수의 임무는 아니다."라고 했다. 『울요자尉繚子』「무의無議」

이는 우리에게 두 가지 시사점을 던져준다.

첫째, 장수가 명을 받아 전쟁터에 나갈 때에는 가슴에 강인한 뜻을 품고 가족과 자신을 잊고 오로지 전쟁에만 집중해야 한다.

바람은 쓸쓸하고 역수1)易水는 차가운데
한번 떠난 장수는 돌아오지 않네

위의 시에서 보듯이 장수는 가슴에 강인한 뜻을 품어야 한다. 전쟁터

---

1) 중국 하북성에 있는 강 이름.

에서 영예로운 죽음을 맞이할지언정 절대 수치스럽게 목숨을 연명하지 말아야 한다.

둘째, 장수의 임무는 적과 싸우기 위해 칼자루를 쥐는 것이 아니라 문제를 해결하기 위해 병사들을 지휘하는 것이다. 즉 군대의 전반적인 상황과 전쟁의 승패를 좌우하는 열쇠를 쥔 사람이라는 사실을 잊지 말아야 한다. 본말이 전도되면 결국 소탐대실小貪大失하여 존재로서의 가치를 잃게 된다.

임무 성취

장수는 사전에 세운 목표를 반드시 완수해야 한다.

문무를 겸비하는 것은 장수의 요건이요, 강함과 부드러움을 겸비하는 것은 전쟁의 요건이다.

장수가 명심해야 할 다섯 가지는 첫째가 이理, 둘째가 비備, 셋째가 과果, 넷째가 계戒, 다섯째가 약約이다. 이理는 많은 병사를 다스릴 때도 적은 인원을 다루듯 해야 하고, 비備는 문 밖으로 나서는 순간 적이 있다고 생각하고 대처해야 하고, 과果는 적과의 싸움에서 목숨을 보존하려는 생각은 하지 말아야 하고, 계戒는 적을 무찔렀다 해도 처음 전쟁에 임했을 때와 같이 초심을 잃지 말아야 하고, 약約은 법령이 간단명료해야 한다는 뜻이다. 또한 명령을 받았으면 당장 집에 알리지 말고 적을 무찌른 후에야 돌아왔다고 말하는 것이 장수의 덕목이다. 『오자吳子』「논장論將」

이 구절의 세 가지 핵심은 다음과 같다.

첫째, 장수는 문무를 겸비하고 강함과 부드러움을 두루 갖추어야 맡은 임무를 해낼 수 있다.

둘째, 장수는 군대의 리더로서 이理, 비備, 과果, 계戒, 약約의 다섯 가지 사항을 항상 명심해야 한다. 여기서 이는 수많은 군대를 거느릴 때도 소수의 군대를 다스릴 때와 마찬가지로 능숙해야 하며, 작은 생선을 삶는 약팽소선若烹小鮮의 신중함과 통솔력이 요구된다는 의미다. 비는 성문을 나서는 순간 적군이 코앞에 닥쳤다고 생각하고 대처하라는 의미이며, 과는 전쟁에 임할 때는 죽음을 무릅쓰는 과감한 결단력을 보여주라는 뜻이다. 계는 주위를 항시 경계하여 전쟁에서 승리하고 난 뒤에도 처음 싸움에 임할 때처럼 신중함과 통제력을 늦추지 말아야 한다는 의미다. 약은 군대의 모든 법령이 간단명료하여 의사전달이 원활하게 이루어질 수 있어야 한다는 뜻이다. 이 다섯 가지는 군대 운용을 위한 가장 중요한 요소이며, 이러한 능력을 두루 갖춘 장수만이 맡은 임무를 완벽하게 수행할 수 있다.

셋째, 명령을 받으면 집에 알리지 말고 적을 무찌른 후에야 돌아왔다고 말하는 것이 장수가 가져야 할 자세이다. 전장에서 싸우다 죽을지언정 구차하게 목숨을 부지하지 말아야 한다.

따라서 명분과 권력을 가진 장수만이 자신이 세운 목표를 실현할 수 있다.

●● 현대 경영인의 정의

장수의 명분과 소임에 관한 중국의 고대 군사 사상이 오늘날 경영인에게 어떤 의미가 있을까?

경영인은 장수와 마찬가지로 자신의 전장인 기업의 경영 일선에서 주도적인 역할을 하는 사람이다. 모든 경영인은 기업을 이끄는 리더로서 다음 질문에 답할 수 있어야 한다.

어떻게 하면 나의 직책과 임무를 정확하게 인지하여 기업 안팎의 문제를 원활하게 해결하고 조직 구성원을 지휘할 것인가? 이는 저명한 경영학자인 피터 드러커Peter Drucker가 강조한 '일을 올바르게 하는 것'과 직결된다.

우선 경영인은 조직을 이끄는 방법을 정확히 알고 있어야 자신의 입지를 공고히 할 수 있다. 그 과정은 크게 네 가지로 나뉜다.

첫 번째 단계는 기업의 경영 방향 설정이다. 경영인은 먼 미래를 내다보는 안목이 있어야만 이를 바탕으로 내일의 청사진을 그릴 수 있다. 현재를 알아야 미래를 예측할 수 있고, 미래를 예측할 수 있어야 현재를 올바르게 인식할 수 있다. 경영인의 거시적 안목은 기업의 운영 전략 및 비전을 결정짓는 중요한 요소다. 따라서 경영인은 기업의 비전을 제시한 뒤 이를 토대로 전략을 수립하여 기업이 정상 궤도로 순항하도록 이끌어야 한다.

두 번째 단계는 조직의 단결력 강화다. 모든 구성원은 기업의 경영 방침을 이해하여 목표에 대한 공감대를 형성하고, 이를 실천하기 위해 함께 노력해야 한다. 그것이 선행되었을 때 구성원 개개인은 더 큰 힘을 발휘할 수 있다.

세 번째 단계는 구성원의 사기 진작이다. 기업은 구성원들이 원하는 목표를 실현할 수 있도록 격려해야 한다.

네 번째 단계는 일을 하는 과정뿐 아니라 결과의 아름다움을 중시하고 성취감을 추구해야 하며, 때로는 완벽한 결과를 위해서 고통스러운 과정을 기꺼이 감내해야 한다.

천 번 만 번 걸러내는 일은 비록 힘겹지만
차가운 모래 다 불어내니 비로소 금이구나

당신이 진정 탁월한 결과를 얻고 싶다면 목적을 위해 힘써 일하는 열정을 보여라. 그리하면 반드시 그에 상응하는 대가를 얻을 수 있을 것이다.

그러려면 늘 한결같이 최선을 다해야 한다. 한결같아야 독보적인 존재가 될 수 있다. 『육도』의 「문도」에서는 "한결같음이야말로 최고의 경지로 오르는 사다리다."라고 했다.

또한 성숙한 경영인은 자신의 역할과 직무에 대해 정확하게 알고 있는 사람이다. 『출사표出師表』에 깃든 제갈량의 정신은 오늘날 기업 경영인들에게 귀감이 되고 있다.

난세에 간신히 목숨이나 보전할 뿐 나는 내 이름이 제후에게 알려져 출세하기를 바라지 않았다. 군대가 패하고 재난이 닥쳐 임무를 받은 그날부터 나는 내 임무를 완수하지 못할까봐 밤낮으로 걱정했다. 그저 죽는 날까지 왕께 충성하며 나에게 맡겨진 직분에 최선을 다해야겠다고 결심했다.

●● 장수의 자질

장수가 전쟁에서 승리하기 위해서는 반드시 그에 상응하는 자질과 전문성을 갖추어야 한다. 고대 병법가들은 전쟁의 승패를 결정짓는 핵심 요소는 장수의 자질이라고 했다.

> 서로를 비교하여 양측의 특성을 분석하라. 민심에 순응하는 군주는 누구인가? 누가 더 유능한 장수인가? 지리적으로 어느 곳이 더 우세한가? 법령은 어느 곳에서 잘 시행되고 있는가? 어느 쪽 군대가 더 강력한가? 어느 쪽 병사가 더 잘 훈련되어 있는가? 상벌은 어느 쪽이 더 엄격한가? 나는 이것을 통해 승패의 결과를 알 수 있다. 『손자병법孫子兵法』「계편計篇」

손자가 전쟁의 승패를 점칠 수 있다고 말한 위의 일곱 가지 요소 중 여섯 가지는 장수의 자질로 결정된다. 장수의 자질을 면밀히 살펴보면 전쟁의 승패를 알 수 있다는 뜻이다. 또한 손자는 상대편을 세심하게 관찰해야 할 필요성을 다음과 같이 역설했다.

공격하고자 하는 군대와 성, 적군에 대한 정보는 물론 수장과 측근, 연락관, 문지기, 집지기의 이름까지 알아야 한다. 이는 간첩에게 명해 알아오도록 해야 한다. 군사력을 말할 때 인력은 빼놓을 수 없는 핵심 요소이다. 그중 가장 중요한 사람은 장수이며, 장수의 군사적 자질과 능력을 정확하게 꿰뚫어보는 것이 핵심 사안이다. 이것이 전제된다면 전쟁에서의 승리는 '따 놓은 당상'이다.

　제갈량은 장수는 군대 및 전쟁의 특징을 명확하게 이해해야 군대를 지휘할 수 있다고 보았다.

> 천지가 어떻게 변화하는지 그 연유를 알고, 부하의 생각을 간파하고, 무기의 사용법을 연습하고, 상벌의 법칙을 명확히 하고, 적의 계략을 미리 예측하고, 도로의 험난한 정도를 살핀 후 안전한 곳과 위험한 곳을 구분하고, 아군과 적군이 펼칠 전략을 예측하고, 전진과 후퇴의 시기를 파악하고, 기회를 정확하게 포착하고, 수비와 방어를 준비하고, 정벌 태세를 강화하고, 병사들의 사기를 고취시키고, 승패의 계책을 세우고, 병사들의 생사 문제를 고려한 후에야 장수의 역할을 완수했다고 할 수 있으니, 비로소 적군을 물리칠 수 있다. 이것이 바로 군대의 성공 전략이다.
>
> 『제갈량집諸葛亮集』「치군治軍」

　제갈량은 이 열다섯 가지 전제 조건을 모두 만족시킨 자만이 장수로서 군대를 이끌 자격이 있다고 보았다.

　이 밖에도 많은 병법가들이 장수가 갖추어야 할 자질에 대해 다양한 견해를 제시했다. 그중 손자가 말한 "장수는 지혜롭고[智] 믿음직스러워야 하며[信] 인자하고[仁] 용감하고[勇] 엄격해야 한다[嚴]."라는 문장과 관련하여 중국의 여러 병법가늘이 통찰력 있는 의견을 제시했다. 『십일가주손자교리十一家注孫子校理』 속의 문장을 통해 장수의 자질에 대해 생각해보자.

　선왕의 도는 인仁을 최우선으로 삼고, 병가兵家는 지혜를 첫손으로 꼽는다. 지혜가 있으면 기지機智와 권모權謀에 능하고, 융통성을 발휘할 수 있다. 또한 신의가 있으면 사람들로 하여금 상벌에 의혹을 품지 않게 한다. 자비로우면 사람을 사랑하고 만물을 불쌍히 여겨 직무에 최선을 다할 수 있다. 용감하면 승리가 결정되어 승세를 탔을 때 머뭇거리지 않고 나아갈 수 있다. 엄격함이 몸에 배면 위엄과 형벌로 삼군을 정비할 수 있다. 「두목杜牧」

지혜가 부족하면 적절하게 대응할 수 없고, 신의가 없으면 병사 훈련과 통솔이 불가능하며, 자애롭지 않으면 병사들을 위로할 수 없다. 또한 용감하지 않으면 전략을 펼칠 수 없고, 엄격하지 않으면 드센 자를 복종시키거나 화합을 도모하지 못한다. 이 다섯 가지 재능을 온전히 갖추는 것이 장수의 근본이다. 하씨何氏

지혜에만 의존하면 남을 해치고, 자비만 베풀면 나약해지고, 신의만 고수하면 우매해지고, 지나치게 용감하면 포악해지고, 명령이 엄격하면 무너진다. 가림賈林

『육도』에도 장수의 다섯 가지 자질에 관한 문장이 등장한다. 다섯 가지 자질이란 용맹, 지혜, 인자, 신의, 충성이다. 용맹하면 감히 범할 수 없고, 지혜로우면 어지럽힐 수 없고, 인자하면 사람을 사랑하게 되고, 신의가 있으면 남에게 진실하고, 충성심이 있으면 다른 마음을 품지 않는다.

『육도』에서 말하는 장수의 자질은 손자의 사상과 다른 점이 있다. 장수의 덕목 중 병사를 다스리는 '엄격함'이 도덕적 개념인 '충성심'으로 바꾸었다는 사실이다.

『삼략』의 다음 문장 역시 장수의 자질에 관해 논하고 있다. 이는 손자의 사상과는 다소 차이가 있다.

> 장수는 청렴하고 차분하며 공정하고 군열 정비에 힘써야 한다. 또한 충고를 받아들이고, 시비를 가려내고, 스스럼없이 사람을 받아들이고, 다수의 의견을 수용할 줄 알아야 한다. 국가의 풍속은 반드시 지키고, 산수와 지형을 그리고, 위험한 곳을 표시하고, 군의 권력을 장악해야 한다. 따라서 장수는 인자하고 현명한 이의 지혜와 성인의 생각도 받아들이고 백성들의 다양한 의견도 수렴해야 하며, 조정에 있는 사람들의 말에 귀를 기울이고, 역사적 사실에 대해서도 반드시 알아야 한다.

이 글의 중심 내용은 세 가지이다. 첫째, 장수는 올곧은 성품의 소유자여야 하고 둘째, 군사 능력을 보유해야 하며 셋째, 방대한 정보와 지식을 갖춰야 한다. 만약 장수가 이 세 가지를 갖추지 않은 채 전쟁터에 나가게 되면 패배하게 된다.

> 장수에게는 반드시 삼수三隧, 사의四義, 오행五行, 십수十守가 있어야 한다. 삼수란 위로는 하늘의 법칙을 알고, 아래로는 지형을 익히며, 안으로는 인정을 살피는 것이다. 사의란 나라를 평화롭게 하여 백성들이 전쟁용 무기를 짊어질 일을 만들지 않고, 임금을 위해서라면 자기 몸을 돌보지 않고, 고난 앞에서도 죽음을 두려워하지 않고, 의혹은 분명하게 풀고, 죄를 숨기지 않는 것이다. 오행이란 부드럽지만 굽히게 할 수 없고, 강하

지만 부러지게 할 수 없고, 인자하지만 침범하게 할 수 없고, 신의가 있어 기만할 수 없고, 용감하여 능멸할 수 없는 것이다. 십수란 정신이 맑아 혼란하게 할 수 없고, 계획이 원대하여 부러워할 수 없고, 지조가 곧아 변하게 할 수 없고, 지혜가 밝아 가리려 해도 가릴 수 없고, 재물에 탐욕이 없어 물욕에 빠지지 않고, 큰 소리로 변론하지 않고, 방술을 추진하지 않고, 기쁘게 할 수도 노하게 할 수도 없는 것이다. 『회남자淮南子』「병략훈兵略訓」

중국의 많은 병법가들은 '장수라면 각종 소양을 두루 갖추어야 할 뿐 아니라 각각의 덕목이 서로 조화를 이루어야 한다.'고 강조했다. 이 사상은 시대적 산물로 글이 쓰였던 당시의 군사 활동에 적용하기 위한 것이므로 현대의 기준에 맞춰 옳고 그름을 따질 수는 없지만 그들이 남긴 글이 현대 기업인들에게 여전히 정신적 자양분이 되고 있는 것을 보면 그 생명력에 감탄을 금할 수가 없다.

고대 병가 사상에서는 장수의 자질을 지향해야 할 것과 지양해야 할 것으로 구분하고, 이 두 가지 모두를 강조하고 있다. 특히 제갈량은 여덟 가지 폐단인 팔폐八弊와 여덟 가지 악인 팔악八惡에 대해 다음과 같이 소개했다.

팔폐란 첫째, 탐욕스러워 만족할 줄 모르고 둘째, 현명하고 유능한 자를 질투하고 셋째, 모함과 아첨을 좋아하고 넷째, 상대방은 잘 알면서도 나 자신은 헤아리지 못하고 다섯째, 우유부단하여 결단력이 없고 여섯째, 음탕하여 주색에 빠지고 일곱째, 간사하여 속임수를 잘 쓰며 여덟째, 성격이 교활하여 예의를 지키지 않는 것을 말한다. 『제갈량집諸葛亮集』「장폐將弊」

팔악이란 책략이 부족하여 시비를 판별하지 못하고, 예의가 부족하여 인재를 등용할 수 없고, 정치 능력이 부족하여 법규를 공정하게 적용할 수 없고, 재력이 있으면서도 곤궁한 자를 구하지 못하고, 지혜가 부족하여 미래를 대비하지 못하고, 사려가 부족하여 비밀 누설을 막지 못하고, 성공한 후 전에 알았던 인재를 천거하지 못하고, 실패한 후 남에게 책임을 전가하여 원망하는 것이다. 『제갈량집諸葛亮集』「장강將强」

팔폐가 그 사람의 인격과 자질에 대한 중대한 결함을 지적하는 것이라면, 팔악은 장수로서 군대를 운용하는 데 미칠 수 있는 엄청난 재앙을 지적한 것이다. 책략이 부족하여 옳고 그름을 판단할 수 없으면 결국은 역정逆政 또는 폭정을 행하게 된다. 예의가 부족하여 유능한 인재를 등용하지 못하면 간사한 자를 가까이 하게 되고, 정치 능력이 부족하여 법을 공정하게 집행할 수 없으면 사사로운 일에 연연해 공정심을 잃고 규율이 무너진다.

이렇게 되면 간신은 기뻐하지만 충신은 분노한다. 부유하면서도 곤궁한 사람을 외면하면 결국 민심이 폭발할 수밖에 없다. 지혜가 부족한 탓에 앞날을 미리 대비하지 않는다면 결국은 누군가에게 당하고 만다. 생각이 모자라 비밀이 누설되는 것을 막지 못하면 큰 방죽이라도 결국 개미구멍에 무너지고 만다. 뜻을 이룬 사람이 과거에 알고 있던 인재를 추천하지 않으면 결국 군대 운용에 빈틈이 생겨 적의 공격을 받게 될 것이다. 실패한 후 남을 원망하고 비방한다면 유언비어가 퍼져 군대의 사기가 흐트러질 것이다.

장수란 누구도 대신할 수 없는 전장의 중심인물로, 국가의 존망을 좌지우지한다. 따라서 장수는 자신의 위치에 상응하는 자질을 갖추어야 역사에 길이 남을 위대한 업적을 세울 수 있다. 장수의 자질에 관해 중국의 군사 사상가뿐만 아니라 서양의 최고 군사 학자라고 불리는 독일의 카를 폰 클라우제비츠Carl von Clausewitz 역시 많은 연구 결과물을 남겼다. 그는 장수라면 다음과 같은 덕목을 갖추어야 한다고 강조했다.

용기 클라우제비츠는 "전쟁터에는 도처에 위험이 도사리고 있기 때문에 군인에게 가장 중요한 자질은 용기다."라고 했다. 그는 용기를 두 가지로 구분했는데, 첫째는 위험이나 죽음을 두려워하지 않는 것이고, 둘째는 내재적·외재적 압력 속에서도 책임을 질 줄 아는 것이다. 위험을 두려워하지 않는 용기는 또다시 위험을 무릅쓰는 용기와 적극적 동기인 영예나 애국심 등으로 나뉜다. 용기라는 것은 사람을 흥분시키는 감정의 일종이다. 영원히 마음의 빛을 잃지 않는 첫 번째 용기와 끊임없이 자기를 단련해야 하는 두 번째 용기가 서로 결합되어야 가장 완벽하고 가치 있는 용기가 탄생한다.

안목 클라우제비츠는 안목을 '캄캄한 어둠 속에서도 희미한 빛을 발하여 진리를 비추는 능력'이라고 보았다. 여기서 안목이란 통찰력이라고 할 수 있으며, 이는 전술과 전략에 자주 사용된다. 즉 안목이란 진상을 신속하게 판별할 수 있는 능력이다. 이러한 능력은 많은 경험과 축적된 지혜를 통해 생겨나는 것이다.

결단력 결단력이란 기꺼이 책임질 줄 아는 용기, 다시 말해 위험에 직면하여 맞대응해야 할 때 필요한 결정적인 판단능력을 말한다. 이는 지혜에서 비롯되지만 때때로 감정에 의해 생기기도 한다. 클라우제비츠는 결단력이란 조건이 완벽하게 갖추어지지 않은 상황에서도 각종 의혹, 고민, 망설임 등의 위험 요소를 민첩하게 제거하는 데 매우 효과적인 수단이라고 하였다. 결단력은 특수한 환경에서 종합적인 판단력을 요한다. 판단력이 뛰어나다는 것은 특별한 재능을 가졌다기보다 의지가 강한 사람이라고 보는 것이 옳다.

영리함　동서고금의 모든 군사 사상가들처럼 클라우제비츠 역시 영리함을 중시했다. 그는 영리함에 대해 '예상치 못한 일을 훌륭하게 처리하는 능력'이라고 설명했다. 사람들이 영리함을 동경하는 이유도 여기에 있다. 영리한 사람은 예상 밖의 질문에 절묘하면서도 타당한 응답을 할 수 있고, 돌발 상황에서도 발 빠르게 대처할 수 있다. 영리함은 지능적 특성에 기인하며, 침착성을 필요로 한다. 즉 뜻밖의 문제와 맞닥뜨려 곤란에 처했을 때 절묘한 해답을 얻는 것은 지혜가 발휘된 결과이며, 위급한 상황에 대처하는 적절한 방책은 침착함을 전제로 한다. 따라서 영리해지기 위해서는 이 두 가지 요소가 서로 조화를 이루어야 한다. 클라우제비츠의 이러한 사상은 비록 내용상의 차이는 있겠지만 중국 고대 군사 사상가의 관점과 일맥상통하는 점이 있다.

영예　격렬한 전투를 벌일 때 마음속에 내재된 고상한 감정 중에서 영예만큼 강렬하면서도 한결같은 감정은 없다. 전쟁에서 승리를 거두는 것은 병사 개개인의 노력과 근면성, 경쟁심, 진취성 등이 작용한 결과이며, 이러한 덕목은 계급이 높은 장수라면 반드시 갖춰야 한다. 예로부터 장수에게 영예보다 더 소중한 것은 없었다. 영예로움을 가볍게 여기는 장수는 한낱 빈껍데기에 지나지 않는다.

의욕 의욕이란 행위를 유발하는 원동력을 일컫는다. 이는 이성적 사고로부터 생겨나기도 하고 충동적 감정에서 기인하기도 하는데, 강한 의욕을 갖기 위해서는 충동성이 반드시 필요하다.

강직함 강직함이란 감정이 격한 상태에서도 이성적으로 판단할 수 있는 능력을 말한다. 이는 특수한 감정으로, 침착한 가운데 자신의 주장을 확고하게 제시하는 능력이다. 이것은 자존심이자 가장 고상한 자존감이며, 가슴 깊숙한 곳에서 울리는 끊임없는 소리다. 강직한 사람의 신념은 망망대해에서도 언제나 정확한 방향을 가리키는 나침반과 같다.

결연함 결연함은 일반적으로 '개성이 강하다'는 의미와 비슷하며, 신념을 견지하는 것을 말한다. 이 때문에 우리는 끝까지 신념을 지키는 사람에게 '개성이 강하다'고 한다. 그렇다면 무엇이 강한 신념을 갖게 하는 걸까? 그것은 마음속 깊은 곳에 자리 잡고 있어 감성의 자극을 받지 않을 수도 있고, 감정이 메마른 사람의 경우 신념이 바뀔 여지가 없기 때문에 생겨날 수도 있다. 이런 특성을 가진 사람은 자신만의 원칙이 분명하고 의지력과 행동이 명확하여, 자신의 관점을 견지하기 위해 어떠한 변화도 거부하기 때문에 나타나는 현상이다.

지능 지능은 문제 해결 및 인지적 반응을 나타내는 총체적 능력을 말한다. 겉으로 보기에는 간단한 군사 활동일지라도 지능이 떨어지는 병사에게는 소화하기 어려운 일일 수도 있다. 고차원적 지능을 갖기 위해서는 종합적 판단 능력이 필요한데, 높은 지능을 가진 사람이 이를 겸비하면 놀라운 통찰력으로 진화하고, 고도의 통찰력을 갖춘 자는 모든 문제의 해결점을 민첩하게 찾아낼 수 있다.

클라우제비츠의 이러한 사상은 지혜, 용기, 투지, 결단력 등의 요소를 강조했다는 점에서 중국 고대 군사 사상과 일맥상통한다. 이는 동서고금을 막론한 모든 군사 규율과 일치한다. 무엇보다 중요한 것은 이를 명확히 파악하고 온전히 내 것으로 소화해야 한다는 사실이다.

●● 현대 경영인이 갖춰야 할 자질

경영인은 군대의 장수와 마찬가지로 조직의 리더로서 기업을 성공적으로 이끌 임무가 주어진 사람이다. 한 기업의 성공 여부는 경영인의 자질로 그 판도가 결정될 만큼 중요하다. 그렇다면 현대의 기업 경영인에게 가장 중요한 자질은 무엇일까?

통찰력과 식견 한 조직의 리더가 되었다는 것은 조직원들이 보지 못하는 것을 볼 수 있는 능력을 갖췄기 때문이다. 리더에게는 눈앞의 이해관계를 떠나 다른 세계를 볼 줄 아는 능력이 있어야 한다. 따라서 성공한 경영인은 뛰어난 통찰력을 바탕으로 시대 흐름의 전면에 서서 시상에 석극석으로 대응하는 힘이 있어야 한다.

원대한 목표 뛰어난 경영인이라면 누구나 마음속에 원대한 목표를 가지고 있다. 목표가 얼마나 원대한가에 따라 사업의 형태가 결정된다. 목표는 행동의 원동력이기 때문에 목표가 없는 경영인은 최고의 자리에 올라설 수 없다. 따라서 경영인이라면 마음속에 뚜렷한 목표가 세워져 있어야 하고, 그 목표가 원대할수록 자신은 물론이고 기업이미지도 더욱 향상된다. 물론 목표를 세우는 것으로 만족해서는 안되며 실행력과 그에 따르는 부수적 요소가 수반되어야 한다.

강인한 의지력   의지력은 성공을 이루기 위한 기업가의 필수 조건이다. 성공하려면 강인한 의지력이 있어야 하는데, 이는 타인에게 투지를 불러일으키는 요소로 작용하기 때문이다. 다른 사람들이 희망에 의지할 때, 그들은 의지력에 기댄다. 희망에 의존하는 것은 소극적인 형태인 반면 의지력에 기대는 것은 적극적인 형태라고 할 수 있다. 심리학적 통계에 의하면 사람을 성공으로 이끄는 힘은 높은 IQ(지능지수)보다 포기하지 않는 강인한 의지력이라고 한다.

풍부한 지혜   지혜는 성공으로 향하는 계단이다. 성공한 경영인은 보통 사람보다 지혜롭고 계획적이며, 판단력이 예리하여 치명적인 오류를 간파하는 능력이 있다. 그리고 그들은 좀처럼 잡기 힘든 기회를 포착할 줄 안다. 따라서 어리석고 둔한 사람은 절대로 기업을 이끌 수 없다.

온화한 인정미   훌륭한 경영인이라면 인정미가 있어야 한다. 부하 직원에게 업무를 지시하는 것도 중요하지만 그들의 마음을 움직일 줄도 알아야 한다. 다시 말해 IQ에만 의존해서는 절대로 기업을 이끌어 나갈 수 없으므로 EQ(감성지수)의 중요성을 인지해야 한다. 조직원을 인간적으로 대하지 않는 경영인은 아무리 우수한 경영 노선을 추구한다하더라도 결국은 실패하게 된다.

충만한 자신감 경영인 스스로가 자신감을 가져야 부하 직원도 경영인에게 신뢰감을 갖게 되며, 나아가 협상 테이블에서도 다른 사람을 설득할 수 있는 힘이 생긴다. 위대한 사상은 역사를 바꾼다. 그러나 이러한 사상이 꽃피도록 힘을 불어넣어주는 자는 위대한 지도자다.

드넓은 포용력 포용력이 부족한 사람은 결정적인 순간에 성공할 수 있는 기회를 놓쳐버리기 십상이다. 안하무인이거나 그릇이 작아 시시콜콜 따지는 사람은 경영인으로서의 자격이 없다. 조직의 리더가 되려면 어리석은 소인배까지도 포용할 줄 알아야 한다.

과묵함 경영인은 화술뿐 아니라 과묵함도 배워야 한다. 19세기 영국의 저명한 역사학자인 토머스 칼라일Thomas Carlyle은 "침묵은 위대한 업적을 창조하는 요소다."라고 말했고, 샤를 드골Charles De Gaulle 장군은 "침묵은 장수의 가장 강력한 무기가 될 수 있다."라고 말했다. 경영인은 상황에 따라 '침묵은 금'이라는 사실을 명심해야 한다. 때로는 침묵이 문제를 해결하는 가장 좋은 방법이 될 수 있다.

권력의 분배 경영자가 모든 권력을 독차지하려 해서는 안 된나. 권력의 다른 얼굴은 책임이기 때문에 무한한 권력을 갖는다는 것은 결국 무한한 책임을 떠맡는다는 것을 의미한다. 한 사람이 모든 일에 관여하고 책임지려 한다는 것은 절대 현명한 선택이 아니다. 경영인은 기업의 중대한 문제를 해결하는 데 힘을 쏟아야 할 사람이다. 따라서 사소한 일에 귀중한 시간을 허비해서는 안 된다. 만사를 스스로 해결하려 하지 말고 부하 직원에게 일부 권한을 내주어라. 혼자 모든 일을 도맡아 한다면 부하 직원은 그저 옆에서 당신이 하는 일을 지켜보거나 심지어 당신의 실패를 비웃게 될지도 모른다.

사상과 실천의 조화 이상적인 경영인은 창의력이 풍부한 아이디어맨이자 능수능란한 실무자여야 한다. 특히 아이디어를 현실로 이뤄내도록 부단히 노력해야 한다. 생각만 하고 행동으로 옮기지 않으면 공상으로 끝나게 되고, 행동만 하고 사고하지 않으면 훌륭한 결과물을 얻지 못한다. 생각과 행동의 균형을 유지해야만 최고의 경지에 도달할 수 있다.

기업체의 경영인은 앞서 언급한 기본 덕목 외에도 자신의 업무에 걸맞은 자질과 능력을 갖추어야 한다. 이는 성공으로 향하는 초석이다. 이와 관련하여 유명한 리더십 전문가인 존 코터 John Kotter 는 CEO가 갖추어야 할 조건에 대해 다음 여섯 가지 항목을 제시했다.

해당 분야의 지식 및 기업에 대한 이해 관련 업종에 관한 광범위한 지식 및 기업에 대한 전반적 이해가 필요하다.
기업 및 해당 분야에서의 인맥 기업 내부 및 해당 분야에서 광범위하고 탄탄한 인맥을 형성하는 것은 필수다.
신망과 업무 기록 신망을 얻고 출중한 업무 능력을 발휘했다면 그것을 기록해야 한다.
능력과 기술 민첩한 사고력, 예리한 분석력, 올바른 판단력, 기업 전반적인 문제에 대처하는 전략적 사고 능력, 사교성, 신속한 업무 수행 능력, 인정人情, 설득력, 타인의 인성에 대한 이해 등이 필요하다.

개인적 가치관 자신이 속한 기업은 물론 경쟁업체의 조직을 객관적으로 평가할 수 있는 능력과 정직함이 필요하다.

진취성 왕성한 활력과 강력한 리더십을 갖추어야 한다.

이상의 여섯 조항은 수많은 성공한 CEO를 추적·조사하여 도출해낸 결론으로, 상당히 설득력이 있다. 따라서 경영인들이 이를 유념한다면 많은 도움이 될 것이다.

중국 고대의 병법가들과 현대 경영학자들은 하나같이 전쟁과 기업 경영의 전제 조건으로 지도자의 소양을 꼽았다. 군대와 기업은 모두 뚜렷한 집단적 특성이 있고 지도자 개인의 개성이 여과 없이 드러나는 곳이다. 지도자 개인의 자질은 효모처럼 끊임없이 진화하며, 군대 및 기업 발전에 지대한 영향을 미친다. 심리학적 관점으로 볼 때 한 사람의 자질은 인간 행위의 기초가 된다. 따라서 올바른 덕목을 가진 지도자만이 우수한 집단을 이끌 수 있다.

●● 장수의 지위

중국의 고대 병법가들은 국가의 안전과 장수의 지위에 대하여 심도 있는 연구를 했다. 이는 다음 네 가지 문장에서 찾아볼 수 있다.

첫째, 장수는 국가 경제를 이끄는 사람으로, 매우 중요한 역할을 한다고 보았다.

> 용병의 방법을 잘 아는 장수는 백성의 운명을 지키고 국가의 안위를 결정한다. 『손자병법孫子兵法』「작전편作戰篇」

> 장수는 국가를 보좌하는 사람이다. 장수의 일처리가 주도면밀하면 국가는 강해지지만 장수의 일처리에 틈이 생기면 국가는 쇠약해진다.
> 『손자병법孫子兵法』「모공편謀功篇」

둘째, 장수는 전쟁에서 주도적인 역할을 한다고 보았다.

> 전쟁은 국가지대사이며, 생사와 존망을 좌우하는 운명이 장수의 손에 달려 있다. 장수는 왕을 보좌하는 사람이므로 선왕들은 이러한 중임을 맡은 자들을 중히 여겼다. 따라서 군주가 장수를 임명할 때에는 반드시 신중하게 살펴야 한다. 『육도六韜』「용도龍韜」

장수는 국가의 운명이다. 장수가 승리를 거두면 국가는 안정된다.

『삼략三略』「상략上略」

백성의 생명은 장수에게 달려 있고, 전쟁의 승패 역시 장수가 어떻게 하느냐에 달렸으며, 국가의 재난과 행복도 장수에게 달려 있다.

『제갈량집諸葛亮集』「가권假權」

적을 공략하기 위한 책략을 세울 줄 모르는 장수와는 적을 대처할 전략을 논할 수 없다. 병사를 분산시킬 줄 모르는 장수와는 복병 전술을 논할 수 없다. 다스림과 어지러움의 도에 통달하지 못한 장수와는 임기응변 전략을 논의할 수 없다. 장수가 자애롭지 않으면 병사들은 그를 가까이 하거나 존경하지 않을 것이고, 장수가 용감하지 않으면 병사들은 사기를 잃을 것이고, 장수가 지략이 없으면 군심이 동요되어 의혹을 갖게 될 것이고, 장수가 현명하지 못하면 군사들은 기댈 곳이 없어 위태로운 상황에 처하게 된다. 장수의 용병술이 치밀하지 않으면 군대는 승리의 기회를 놓치고, 장수가 경계를 게을리 하면 군사들은 경각심을 잃고, 장수가 강직함과 결단력이 부족하면 군사들은 태만해져 직무를 소홀히 하게 된다. 따라서 장수는 군대의 운명을 쥐고 있는 자이다. 장수의 처신이 올바르고 재능이 출중하면 군의 기강이 엄격해져 병사들은 질서정연해지고 강한 전투력을 갖게 된다. 하지만 장수가 무능하여 처신을 올바르게 하지 못하면 병사들은 어지러이 분산되고 기강이 해이해져서 전투력을 잃게 된다. 도덕성과 재능을 겸비한 자가 장수가 되면 군대는 강성해지고 국가가 번성하지만, 도덕성과 재능이 없는 자가 장수가 되면 군대는 쇠약해지고 국가도 멸망하게 된다. 『육도六韜』「용도龍韜」

셋째, 장수는 문화적 업적과 군사상의 공적을 두루 쌓아야 그 직분을 감당할 수 있다고 보았다.

『서경書經』에 이르기를, 선량한 자를 업신여기면 마음을 다하게 할 수 없고, 지위가 비천한 자를 업신여기면 힘을 다하게 할 수 없다고 했다. 그러므로 군대를 통솔하여 영웅의 마음을 사로잡는 것이 적을 무찌르는 관건이다. 이를 위해서는 상벌 제도를 엄격히 하고, 문무의 도를 깨치고, 강함과 부드러움을 조화롭게 사용하고, 예악禮樂을 사랑하고, 시서詩書를 숭상하며, 지혜와 용기보다 인의仁義를 중시해야 한다. 고요할 때는 깊은 물속의 물고기처럼 하고, 움직일 때는 재빠른 수달같이 행동하여 적군의 연맹을 무너뜨리고, 적군의 칼끝을 부러뜨리고 깃발을 흔들어 실력을 뽐내고, 징과 북을 울려 행동을 통일해야 한다. 후퇴할 때는 산이 이동하는 것처럼 하고, 전진할 때는 질풍이 휘몰아치는 것처럼 하며, 적을 공격할 때는 완전히 격파하고, 교전할 때는 맹호처럼 용맹해야 한다. 적을 압박하되 궁지에 몰려 발악하지 않도록 하고, 그들에게 유리한 조건을 제시하여 유혹에 넘어가게 하고, 적을 어지럽힌 다음 혼란을 틈타 소멸시키고, 적이 스스로를 낮추면 교만한 마음을 품도록 유도하고, 적군의 사이가 좋으면 소원해지도록 유도하며, 적군이 강대하면 약화시켜야 한다. 부하가 위험에 처했을 때는 안전한 곳으로 옮기고, 겁이 많은 자는 마음을 안심시켜주고, 배반하려는 자는 회유하고, 원한을 가진 자는 털어놓도록 하고, 고집스러운 자는 통제하고, 약한 자는 도와주고, 지략을 가진 자는 가까이 하고, 이간질을 좋아하는 자로부터는 진실을 밝혀내고, 재물을 좋아하는 자에게는 베풀어준다. 적에 비해 몇 배나 많은 병력으로 공략하지 않고, 자국의 병사가 많다고 적을 경시하지 않고, 거만하여 자군의 능력을 과시하지 않으며, 총애를 받는다 하여 위세를 부리지 않아야 한다. 먼저 계획을 세운 다음에 행동하고, 승리하는 방법을 알았을 때 전투를 시작한다. 재물을 얻더라도 내 것으로 삼으면 안 되고, 포로로 잡은 적의 자녀들을 자신의 노비로 부려서도 안 된다. 장수가 엄격하게 법을 집행하고 규율을 분명히 하면 병사들은 기꺼이 심신을 바쳐 용감하게 싸울 것이고, 적군과 백병전을 벌이더라도 죽음을 두려워하지 않을 것이다. 『제갈량집諸葛亮集』「장계將戒」

넷째, 천군을 얻기는 쉬우나 장수를 구하기는 어렵다고 보았다.

장수는 북을 치고 북채를 휘둘러 군대를 지휘하여 적과 교전을 벌인다. 만약 그의 지휘가 합당하면 공을 세워 업적을 이루지만, 그의 지휘가 합당하지 않으면 목숨을 잃고 국가는 망한다. 국가의 존망과 안위가 장수의 북채에 달려 있으니 장수의 역할을 어찌 중시하지 않을 수 있겠는가? 북을 치고 북채를 휘둘러 적군과 교전하는 것이 바로 장수의 역할이다. 임금께서 군대의 일로써 성공할 수 있느냐고 하문했는데, 신臣은 어렵지 않다고 생각한다. 『울요자尉繚子』「무의武議」

●● 현대 경영인의 지위적 특징

1999년 노벨 경제학상 수상자인 로버트 먼델Robert A. Mundell 미 컬럼비아 대학 교수는 "역사적으로 볼 때 경영인의 중요성은 정치인과 동등하다. 그들은 정계 지도자들만큼이나 중요한 인물이다."라고 말했다.

경영인은 기업 경영에서 주도적 역할을 하는 사람이자 사회적 부의 창조자이기도 하다. 즉 기업 발전을 통해 사회·경제적 가치를 창출하고, 끊임없는 노력 끝에 자신의 자아를 실현한다. 어느 국가나 사회, 기업을 막론하고 경영인은 누구도 대체할 수 없는 뛰어난 영향력을 발휘한다.

"장수는 마음이며 부하는 사지와 관절이다."라고 했다. 따라서 구성원들은 마음에 따라 움직이는 사지 관절처럼 리더를 따른다. 그러므로 그의 일거수일투족이 조직원들의 관심의 대상이 된다. 뿐만 아니라 그의 모든 의사 결정과 명령은 기업의 존망에 크나큰 영향을 미친다.

드러커는 저서 『경영의 실제The Practice of Management』에서 이렇게 말했다. "경영인에게는 두 가지 특수한 임무가 주어진다. 기업에서 그 누구도 그의 임무를 맡을 필요가 없으며, 그 임무가 주어진 사람은 오직 경영인이다."

드러커가 말한 경영인의 첫 번째 임무는 '각 부서의 합보다 큰 전체의 틀을 만들고, 현실적으로 생산성을 높이고, 그 산출량은 투자한 모든 자원의 합보다 커야 한다'라는 의미다. 경영인이 임무를 완수하기 위해서는 구성원들을 잘 이끌어 최종적으로 기업 실적을 향상시킬 수 있어야 한다.

두 번째 임무는 '모든 현안 결정의 장단기적 수요의 조화'이다. 다시 말해, 기업의 단기적 이익과 장기적 발전 전략을 모색하는 데 주력해야 한다.

이 밖에도 드러커는 경영인이 수행해야 할 다섯 가지 업무를 제시했다. ❶ 목표를 설정한 뒤 어떻게 그것을 달성할 것인지 결정한다. ❷ 조직을 구축하고 기관을 설립한 뒤 그것을 효율적으로 운영하여 목표를 달성한다. ❸ 구성원에게 동기를 부여하고 충분히 소통한다. ❹ 모든 업무에 명확한 평가 기준을 마련하여 구성원이 그 기준에 부합할 수 있도록 돕는다. ❺ 모든 구성원이 기업 안에서 성장할 수 있도록 돕는다.

드러커가 말한 두 가지 임무 및 다섯 가지 업무는 경영인이 발휘해야 할 핵심 능력이며, 이것이 경영인의 가치를 결정한다.

장수의 덕과 경쟁력

하늘은 사사로이 만물을 덮지 않고, 땅은 사사로이 만물을 지탱하지 않으며, 해와 달은 사사로이 만물을 비추지 않으니 이들이 덕을 행함으로써 만물이 번창하고 성장한다. 『여씨춘추呂氏春秋』

도를 유지하고 덕을 쌓아라

덕德을 중시하는 것은 유교 문화권의 전형적인 특징이다. 왕들의 교과서라고 할 수 있는 『정관정요』의 「군도」에서는 "천하를 안정시키려면 반드시 자신부터 바르게 해야 한다. 몸이 바른데 그림자가 구부러지거나, 위에서 잘 다스리는데 아래가 어지러울 일은 없다."라고 했다. 이 외에도 장수의 도덕적 수양의 중요성에 대해 다룬 문장들은 하나같이 큰 깨우침을 준다.

나라를 덕으로 다스리는 지도자는 마치 수많은 별들이 북극성을 둘러싸고 있는 것과 같다. 『논어論語』 「위정편爲政篇」

송나라 정선淨善이 편집한 보훈서『선림보훈禪林寶訓』에서도 덕의 중요성에 대해 논하고 있다. "명교 계승契嵩 스님이 말씀하셨다. '중요하기로는 도道보다 중요한 것이 없고, 아름답기로는 덕德보다 아름다운 것이 없다. 덕이 있으면 필부라도 곤궁하지 않고, 덕이 없으면 천하를 다스려도 순조롭지 못하다.'"

청나라의 지상智祥은 이 구절을 다음과 같이 주해하고 있다.

존尊은 '중요하게 여긴다'는 뜻이고, 미美는 '아름답게 여긴다'는 뜻이다. 도道는 성인聖人과 범인凡人 모두가 가고자 하는 길이고, 덕德은 '얻는다'는 뜻이다. 도를 행하여 마음에 얻은 것이 있다면 그것을 덕이라 한다. 세상에 존귀하고 중한 것은 도보다 더한 것이 없고, 좋고 아름다운 것은 덕보다 더한 것이 없다. 만약 사람의 마음이 도를 유지하고 덕을 기를 수 있다면 빈곤 속에서 살아도 넉넉한 사람보다 고통을 덜 느낀다. 그래서 곤궁하지 않다고 한 것이다. 수양을 쌓지 않으면 방탕해져 임금의 자리에 앉는다 하더라도 영광스러운 느낌이 들지 않는다. 그래서 순조롭지 않다고 하는 것이다.

덕이 있으면 명망이 높고, 명망이 높으면 일을 이룰 수 있다. 중국의 고대 군사 사상은 장수의 인품에 관해 많은 문장을 남겼는데, 특히 장수가 갖추어야 할 가장 중요한 자질로 덕을 꼽았다. 이는 오늘날 경영인에게도 매우 중요한 가르침이다.

멸사봉공 滅私奉公 사사로움은 버리고 나라를 위하라

유명한 현대 경극인 〈장상화將相和〉의 고사로 잘 알려진 『사기』의 「염파인상여열전廉頗藺相如列傳」에 등장하는 이야기를 보자.

조나라의 왕은 인상여의 공로를 치하하여 상경上卿으로 봉했다. 그러자 같은 지위에 있던 염파가 큰 소리로 화를 내며 말했다.

"나는 조나라의 장군으로서 나라를 지키는 데 큰 공헌을 했다. 그런데 가난하고 비천한 인상여가 언변 하나로 나보다 높은 지위에 오르다니 치욕스럽다. 인상여를 만난다면 그에게 모욕을 줘야겠다."

그 말을 전해 들은 인상여는 입궐할 때마다 병을 핑계로 염파와 마주치는 것을 피했다.

그러던 어느 날, 인상여가 외출했다가 염파를 만나자 마차를 돌려 자리를 피하려 했다. 그러자 인상여의 시종들이 이렇게 말했다.

"저희가 가족까지 버리고 재상을 모시는 것은 재상의 고상한 절개를 흠모했기 때문입니다. 한데 재상께서는 염파에게 모욕을 당할 것이 두려워 늘 피하고 계십니다. 보통 사람이라도 치욕스러울 텐데 재상께서는 오죽하시겠습니까. 이는 모두 불초한 저희 때문이니 재상 곁을 떠나겠습니다."

그러자 인상여는 그들을 간곡하게 만류하며 말했다.

"너희들은 염 장군과 진秦나라 왕 중 누가 더 무서우냐?"

"그야 진나라 왕이지요."

"나는 진나라의 소양왕도 두려워 않고 신하들 앞에서 치욕을 준 사람이다. 그런 내가 염 장군을 두려워할 것 같은가? 강대한 군사력을 가진 진나라가 조나라에 쳐들어오지 못하는 것은 나와 염 장군이 있기 때문이다. 한데 우리 두 사람이 서로 다툰다면 누구도 살아남지 못할 것이다. 나는 개인적인 원한보다 국가의 안위를 더 중히 여기는 사람이다."

이 말을 전해 들은 염파는 회초리를 등에 짊어지고 인상여 집의 대문 앞에 와서 사죄했다.

"제가 그릇이 작아 재상의 넓은 마음을 미처 헤아리지 못했습니다."

그 후 두 사람은 서로 화해하고 생사를 같이 하는 벗이 되었다.

인상여와 염파는 각각 조나라의 문인이자 무인으로서 왕을 보좌했다. 그런데 조나라의 왕이 인상여의 공로를 치하하여 염파보다 높은 지위인 상경上卿으로 봉하자 염파는 솟아오르는 분노를 누를 길이 없었다. 이때 인상여는 자신과 염파의 사이가 좋아야 국가가 일어설 수 있으나, 만약 다툰다면 멸망할 것은 불을 보듯 뻔하다고 생각했다. 개인의 원한보다 국가의 이득을 더 중히 여긴 인상여는 염파의 마음을 움직여 난세 속에서도 조나라의 안정을 꾀할 수 있었다.

묵가학자 중에 진秦나라에 살았던 성은 거鉅요, 자字는 복腹이라는 사람이 있었는데, 그의 아들이 살인을 했다. 그러자 진나라 혜왕惠王이 말했다.
"선생은 이미 나이가 많고 다른 자녀가 없어 과인이 당신 아들을 죽이지 말라고 명했으니 내 말을 들으시오."
그러자 복이 대답했다.
"사람을 죽이면 목숨으로 대가를 치르고, 사람을 다치게 하면 벌을 받아야 마땅합니다. 이는 사람을 죽이거나 다치게 하는 것을 금하기 위한 천하의 공법입니다. 비록 왕께서 저에게 은혜를 베푸시어 저의 자식을 죽이지 말라고 명하셨지만, 저는 묵가의 법을 따르고자 합니다."
그가 혜왕의 의견을 받들지 않았으므로 아들은 처형됐다. 그는 비록 아들을 사랑했지만 사사로운 감정을 누르고 대의에 따랐으니, 진정 나라와 사회를 중시한 인물이었다고 볼 수 있다. 『여씨춘추呂氏春秋』

하늘은 사사로이 만물을 덮지 않고, 땅은 사사로이 만물을 싣지 않으며,

해와 달은 사사로이 만물을 비추지 않으니 이들이 덕을 행함으로써 만물이 번창하고 성장한다. 『여씨춘추呂氏春秋』

현대 경영인 역시 개인의 사사로운 감정보다 기업의 이익을 최우선으로 삼아야 원활하게 기업을 운영해 나갈 수 있다.

매사진선每事盡善 온 힘과 충성을 다하라

진나라의 여불위가 빈객 3000명을 모아 편찬했다는 『여씨춘추』의 「지충편」을 통해 매사진선의 의미를 살펴보자.

초나라 장莊왕이 운몽雲夢 지역에서 사냥을 하다가 수시隨兕(전설상의 맹수 이름)를 명중했다. 그러자 신배申培가 부리나케 달려가 사냥감을 낚아채 왔다. 이를 지켜본 왕은 "저자는 우악스럽고 예의가 없구나!"라며 그를 죽이라고 명했다. 그러자 곁에 있던 신하들이 왕을 만류했다.

"신배는 다른 신하들에 비해 그 능력이 100배가 뛰어난 인재입니다. 신배가 그렇게 한 것은 분명한 이유가 있을 것입니다. 바라건대 정황을 파악한 뒤 명을 내리소서."

3개월이 채 지나지 않아 신배가 병으로 죽었다. 그 후 초나라는 군대를 파병하여 필邲에서 진晉나라 적을 격파했다. 이에 왕은 공신들에게 상을 하사했다. 그러자 신배의 아우가 상을 청하며 말했다.

"다른 사람들은 군대에서 공을 세웠지만 저희 형님은 왕의 수레 아래에서 공을 세웠습니다."

왕이 그 이유를 묻자 신배의 아우가 대답했다.

"저희 형님은 왕 앞에서 예의에 어긋난 행동을 했다는 죄목으로 결국 목숨을 잃었습니다. 하지만 형님은 늘 왕께 충성을 다해왔고, 왕께서 천년만년 사시기를 바랐습니다. 언젠가 형님은 '수시를 죽이는 자는 3개월 이상 살지 못한다'는 글귀를 본 적이 있습니다. 왕께서 잡으신 수시를 낚아챈 것은 바로 그 때문이며, 결국 형님은 왕의 불운을 대신하여 세상을 떠났습니다."

왕은 신하에게 그러한 기록이 있는지 찾아보도록 지시했고, 과연 그런 기록이 존재하고 있음을 밝혀냈다. 그리하여 왕은 신배의 아우에게 상을 내렸다. 신배는 아무도 모르게 임금을 향한 충정을 바친 것이다. 이것이야말로 사람 됨됨이의 진정한 경지다.

사람의 충성심이란 마치 깊은 물속의 물고기와 같다. 물고기는 물을 떠나면 죽고, 사람이 충성심을 잃으면 험악해진다. 그러므로 장수가 어떤 덕목보다 충성심을 중시한다면 뜻을 세우고 이름을 떨칠 것이다.

충성심과 관련한 제갈량의 이 사상은 군대 운용에 있어 매우 중요한 의미를 지닌다. 제갈량은 중국 역사상 가장 뛰어난 지혜의 대명사이자 충성심의 본보기를 보인 사람이다.

중병에 걸린 유비가 성도成都에서 제갈량을 만나 사후의 일을 부탁했다.

"자네의 재능은 조비曹丕의 열 배가 넘어 훗날 국가를 인징시키고 천하를 다스릴 수 있을 것이네. 만약 내 아들이 그대가 보좌할 만한 인물이라면 그를 보좌하고, 능력이 부족한 인물이라면 그대가 승상의 자리에 올라도 좋네."

하지만 제갈량은 어린 군주를 대신하여 승상의 자리에 오르는 대신 죽는 날까지 충정을 다하여 후대 왕인 유선劉禪을 보좌했다. 그리고 재물에 탐욕을 보인 적도 없었다.

어느 날 제갈량이 왕에게 표表(임금에게 올리는 상소)를 올리며 말했다.

"신臣이 처음 선제를 받들었을 때, 관직에 의탁하여 살아갈 방도를 마련하지 않아도 되었습니다. 지금 성도에는 뽕나무 800그루와 거친 땅 15경頃이 있으니 자식들이 먹고 입기에 풍족합니다. (……) 신은 죽는 날 집 안에 비단을 남겨두거나 집 밖에 재물을 비축해둠으로써 폐하의 은총을 저버리는 일은 하지 않겠습니다."「제갈량집」「자표후주自表后主」

제갈량은 세상을 떠날 때까지 이를 지켰다. 중국 역사에는 왕권 쟁탈을 벌이느라 전국 각지에서 전쟁이 일어나고, 왕가에서는 부모 형제가 서로를 죽이는 끔찍한 비극이 난무했다. 그러나 제갈량은 유비의 유언에 따라 구제불능인 유선을 대신해 나라를 다스릴 수 있었음에도 죽는 날까지 유선을 도와 원활한 국정 운영에 힘썼다. 비록 그는 빈손으로 떠났지만 온 세상에 찬란한 이름을 남겼다.

위국헌신爲國獻身 나라를 위해 가족도 잊어라

전국시대에 울요尉繚가 지었다는 「병교하」에서는 군대에서 살아남으려면 다음 다섯 가지를 반드시 지켜야 한다고 했다.

장수가 되면 가족을 잊어야 하고, 국경을 넘으면 부모를 잊어야 하고, 적을 만났을 때는 자신을 잊어야 한다. 필사적으로 싸워야 살아남을 수 있고, 필요할 때는 신분이 낮은 인재도 중시해야 한다. 100명이 힘을 합쳐 전쟁을 치를 때는 적군을 혼란케 하여 진지를 점령할 수 있고, 1000명이 힘을 합쳐 전쟁을 치를 때는 적을 포로로 잡아 적의 장수를 죽일 수 있고, 1만 명이 힘을 합쳐 전쟁을 치를 때는 가는 곳마다 대적할 자가 없을 것이다.

맹자 역시 "큰 뜻을 세운 선비는 도랑에 버려질 수도 있다는 걸 잊지 말아야 하고, 용맹한 전사는 목이 잘릴 수도 있다는 사실을 잊지 말아야 한다."며 뜻을 펼치기 위해서는 죽음을 무릅써야 한다는 사실을 강조했다.

또한 후한後漢 때의 명장인 마원馬援은 62세의 고령에 무릉武陵과 오계五溪의 오랑캐를 무찌르고 오겠다며 종군을 자청했다. 그러나 광무제光武帝가 그의 연로함을 걱정하여 허락하지 않자 마원은 곧바로 말에 올라 민첩함을 뽐내 보였다. 그 모습을 지켜본 황제는 웃으며 종군을 허락했다. 마원은 배웅 나온 친구 두음杜愔에게 이렇게 말했다.

"나는 나라의 은혜를 입었지만 나이가 많아 시간이 얼마 남지 않았네. 항상 나라를 위해 죽지 못할까 두려웠는데 오늘에야 그 소원을 이루게 되었으니, 이제 안심하고 편안히 눈을 감을 수 있겠네."

마원은 결국 전쟁터에서 죽음을 맞았으나 사후에 간신들의 모함을 받고 억울한 누명을 썼다. 하지만 "사내는 마땅히 전장에서 죽어 말의 가죽에 시신이 싸여 돌아와 장례를 치러야 한다."라고 했던 자신과의 약속을 지킴으로써 훗날 세상 사람들의 칭송을 받았다.

솔선수범率先垂範 몸소 실천하여 사기를 북돋우라

제갈량은 「교령」을 통해 솔선수범 정신을 강조했다.

가르침의 원칙은 윗사람이 아랫사람에게 법에 저촉되는 말을 하지 않게 하고, 도의에 어긋나는 행동을 하지 않도록 지도하는 것이다. 윗사람의 모든 행동은 아랫사람들이 관심을 갖게 되어 있다. 그러므로 자신을 버리면서까지 다른 사람을 가르치는 것은 역정逆政이고, 자신이 모범이 되어 다른 사람을 가르치는 것은 순정順政이다. 따라서 군주는 먼저 자신을 바르게 한 후에 법령을 실시해야 한다. 군주의 행동이 바르지 않으면 사람들은 명령을 지키지 않아 결국은 혼란을 초래하게 된다.

위의 글은 아랫사람에게 모범이 되어야 할 장수의 덕목을 강조하고 있다. 다음은 『전국책戰國策』의 「제책齊策」 속의 이야기이다.

전단田單이 오랑캐를 공격하기 전 노중자魯仲子를 찾아갔다. 전단을 만난 중자는 다음과 같이 말했다.
"장군께서는 오랑캐를 공격하더라도 승리하지 못할 것입니다."
"저는 패전국의 병사들을 모아 만승지국인 연나라를 제패하여 제나라를 복원했습니다. 그런데 어찌 제가 오랑캐를 무찌를 수 없다 하십니까?"
전단은 이렇게 말하고는 말에 올라 작별 인사도 없이 돌아갔다. 그러고는 오랑캐를 공격했으나 3개월이 지나도 승패가 가려지지 않았다. 이때 제나라의 아이들이 이상한 동요를 부르는 것이었다.

큰 모자는 삼태기 같고 긴 검으로 턱을 받치고 있네
오랑캐를 공격했으나 이기지 못해 보루에 쌓인 해골은 언덕을 이루었네

이 동요를 들은 전단은 두려워졌다. 그래서 중자를 찾아가 물었다.

"왜 제가 이기지 못할 것이라고 하셨는지 그 연유를 말씀해주십시오."

이에 중자가 대답했다.

"장군께서 즉묵卽墨에 계실 때 앉으면 삼태기를 만들고 서서는 삽을 지팡이로 삼았습니다. 그러고는 병사들에게 말했지요. '우리가 돌아갈 곳은 어디인가? 국가는 망했고 정신도 흩어졌다. 우리의 터전은 어디란 말인가!'라고 말입니다. 그때 장군께서는 죽을 각오가 되어 있었습니다. 장군의 말씀을 들은 병사들 역시 어깨를 들썩이며 눈물을 흘리고는 구차하게 목숨을 보전하겠다는 생각은 없었습니다. 이것이 바로 연나라를 제패할 수 있었던 요인입니다. 하지만 지금 장군께서는 동쪽으로는 야읍夜邑에서 녹봉을 받고, 서쪽으로는 치수菑水의 즐거움이 있어 황금 허리띠를 차고 치수와 민수 사이를 오가며 일상의 기쁨을 누릴 뿐 결사적인 투지가 없어졌습니다. 그래서 승리할 수 없다고 한 것입니다."

그 말을 들은 전단이 말했다.

"결심했습니다. 선생께서 저에게 사기를 북돋아주셨습니다."

이튿날 전단은 사기가 충천하여 성을 시찰한 뒤, 적군이 화살을 쏘는 곳과 돌을 던지는 곳에서 북채를 잡고 진군을 알리는 북을 울렸다. 그러고는 오랑캐를 정복했다.

은의광시恩義廣施 내 것을 나누고 기쁨과 슬픔을 함께 하라

중국의 병법서인 『삼략三略』에는 장수가 병사를 어떻게 다스려야 하는지를 설명하는 좋은 구절이 있다.

장수는 반드시 병사들과 좋은 음식을 나누어 먹고 희로애락을 함께 해야 적과 맞서 싸울 수 있다.

옛날 한 장수가 전쟁을 치르던 중에 고급술을 선물 받았다. 그러자 장수는 그 술을 강에 뿌려 모든 병사들이 함께 맛보도록 했다. 비록 술단지 하나로 강물을 술로 만들 수는 없었지만 병사들이 목숨을 걸고 싸우겠다고 결심한 것은 자신들이 장수와 함께 술을 마실 수 있었기 때문이다. 『군참軍讖』에는 "장수는 군대의 우물을 다 파기 전에는 목마르다고 하지 않고, 막사를 다 짓기 전에는 피곤하다고 하지 않고, 불을 지펴 밥을 짓기 전에는 배고프다고 하지 않아야 한다. 또한 겨울에는 가죽 옷을 입지 않고, 여름에는 부채를 사용하지 않으며, 비가 오는 날에 덮개를 펴지 않는 것이야말로 장수의 도리다"라고 했다. 장수가 병사들과 함께 평화를 누리고 어려움을 극복해 나간다면 그들은 단결하여 전쟁에 임할 것이다. 장수가 평소 부하들에게 은혜와 덕망을 쌓고 그들과 의기투합해야 승리를 거둘 수 있다. 은혜를 베푸는 일을 게을리 하지 않으면 한 사람을 감동시켜 결국에는 1만 명을 이끌 수 있다. 『삼략三略』「상략上略」

이와 관련하여 『울요자』에서도 병사들을 사랑으로 돌볼 것을 전하고 있다. "사랑으로 병사를 돌보지 않는다면 나를 위해 그들을 부릴 수 없고, 엄격한 법령으로 다루지 않는다면 그들은 명령에 복종하지 않을 것이다. 사랑은 병사를 따르게 하고, 위엄은 권위를 세우게 한다. 사랑은 병사들이 두 가지 마음을 품지 않게 하고, 위엄은 그들이 잘못을 저지르지 않도록 한다. 따라서 병사를 잘 이끌기 위해서는 사랑과 위엄이 필요하다."

서기지심 恕己之心 나를 사랑하듯 남에게도 관대하라

관중과 포숙의 아름다운 교분은 우정을 이야기할 때 빠지지 않고 등장한다. 나를 사랑하듯 남에게 관대했던 그들의 이야기를 통해 사귐의 의미에 대해 다시 한 번 생각해보자.

관중管仲 이오夷吾는 영상潁上 사람으로, 어렸을 때 항상 포숙아鮑叔牙와 어울렸다. 포숙은 관중이 현명한 사람이라는 걸 잘 알고 있었다. 관중은 가난 때문에 늘 포숙을 속였으나 포숙은 끝까지 그것에 대해 말하지 않고 그에게 인정을 베풀었다. 관중은 이러한 포숙의 은혜에 대해 이렇게 말했다.

"내가 어려울 때 포숙과 장사를 한 적이 있었다. 장사한 돈을 분배할 때 내 몫을 더 챙겼으나 포숙은 나더러 탐욕스럽다고 하지 않았다. 나의 빈곤함을 알고 있었기 때문이다. 내가 포숙을 위하여 일을 도모하다가 오히려 그가 더 곤란해졌는데도 포숙은 나를 어리석다 하지 않았다. 시운이라는 것이 이로울 때도 있고 이롭지 않을 때도 있다는 것을 알았기 때문이다. 내가 세 차례 벼슬에 올랐다가 임금에게 추방당한 적이 있는데, 그때도 포숙은 나에게 무능하다고 하지 않았다. 내가 좋은 때를 만나지 못했음을 알고 있었기 때문이다. 내가 세 차례의 전쟁에 참전하여 세 차례 도망쳤지만 포숙은 나더러 비겁하다고 하지 않았다. 나에겐 노모가 계신 것을 알고 있었기 때문이다. 공자 규糾가 패하고 소홀召忽이 죽어 내가 감옥에 갇히는 모욕을 당했는데도 포숙은 나더러 부끄러워할 것이 없다고 하였다. 내가 작은 일에 개의치 않고 오히려 이름을 천하에 알리지 못하는 것을 부끄러워한다는 것을 알았기 때문이다. 나를 낳아준 분은 부모요, 나를 알아준 사람은 포숙이었다.” 『사기史記』「관안열전管晏列傳」

그 뒤 관중은 포숙의 적극적인 추천으로 제나라 환공을 보좌하여 천하를 평정했으며, 훗날 재상이 되었다.

종선여류從善如流 비판과 충고를 겸허히 받아들여라

아랫사람의 충고를 겸허히 받아들여 국정을 원활하게 운영한 사례를 소개해볼까 한다.

위징魏徵은 당나라 때의 명재상이다. 당 태종과 은태자隱太子 건성建成이 왕위를 다투는 것을 보고 위징은 은태자에게 계획을 서두를 것을 권했다. 그러나 계획이 미뤄지면서 태종이 은태자를 죽이고 말았다. 그 뒤 태종은 위징을 불러 추궁했다.
“너는 왜 우리 형제를 이간질했느냐?”
신하들이 이를 보고 모두 두려워했으나 위징은 태연하게 대답했다.
“황태자께서 저의 말을 들으셨다면 오늘의 화禍를 입지는 않았을 것입니다.”
이 말을 들은 태종은 곧 태도를 바로 하고 후한 예로서 위징을 대접한 다음 간의대부諫議大夫로 봉했으며, 여러 차례 만나 국정을 논의했다.
훗날 당 태종은 위징을 다음과 같이 평가했다.
“위징은 예전에 나의 원수였지만, 자신이 섬기는 군주를 위하여 충성을 다하였으니 가상히 여길 만하다. 그래서 짐이 그를 발탁하여 등용한 것이니 어찌 옛날의 열사에게 부끄럽다고 하겠는가? 위징은 매번 나의 안

색을 범했으나 늘 절실하게 간언했고, 내가 그릇된 행동을 하는 것을 허락하지 않았다. 이것이 내가 그를 중히 여기는 까닭이다."

『정관정요貞觀政要』「임현任賢」

당 태종은 나라를 위해 충언을 아끼지 않았던 위징에 대해 이런 말을 했다. "정관貞觀(당 태종 때의 연호) 이전에는 나와 함께 험난한 곳을 두루 돌아다니며 천하를 평정한 방현령房玄齡의 공로를 뛰어넘은 자가 없었다. 그러나 정관 이후 나에게 충성과 충언을 아끼지 않은 덕에 나라를 편안하게 하여 천하로부터 칭송을 듣게 한 자는 오직 위징뿐이다."

후세 사람들은 당 태종을 활달한 호걸이면서도 아랫사람의 의견을 겸허히 수렴한 왕으로 평가하고 있다. 중국 역사에는 이처럼 좋은 본보기가 된 인물이 있는가 하면 부정적인 사례를 남긴 인물도 있다. 여왕厲王의 예가 바로 후자에 속한다.

주나라 여왕은 사치스럽고 오만하여 온 백성들의 원성을 사고 있었다.

"백성들이 견디기 힘들어합니다."

소공召公이 여왕에게 아뢰자 왕은 분노하여 위魏나라에서 무당을 불러 자신을 비난하는 사람이 누군지 알아내도록 했다. 이때 고발당한 자는 참살 당했는데, 이를 본 백성들은 감히 왕에 대해 어떤 이야기도 하지 못하고, 길에서 만나도 서로 눈빛만 주고받았다. 그러자 여왕은 그게 기뻐하며 소공에게 말했다.

"짐을 비난하는 목소리를 모두 가라앉혔노라."

그러자 소공이 말했다.

"지금은 단지 비난하는 목소리를 막은 것뿐입니다. 백성들은 마음으로 생각하고 입으로 표현하며 생각을 한 후에 행동합니다. 그런데 어찌 이를 막을 수 있겠습니까? 지금 왕께서는 백성들의 입을 막아 잘못을 외면하고 계시지만, 앞으로 이는 나라의 큰 우환이 될 것입니다."

그러나 여왕은 소공의 의견을 받아들이지 않았고, 백성들 역시 아무런 말도 하지 못했다. 하지만 3년이 지나도 왕의 폭정이 그치지 않자 백성들은 결국 왕을 반격했고, 여왕은 체彘나라로 도망치고 말았다.

자중자애自重自愛 스스로를 아끼고 사랑하라

자기 수양은 장수의 기본 조건이다. 수많은 고대 병법서에는 장수의 성품을 매우 중시하여 이와 관련한 많은 문장을 남겼다.

장수가 되면 지위가 높다 하여 자만하지 말아야 하고, 군주의 위임을 받았다 하여 독단적으로 행동하지 말아야 하고, 기용되었다 하여 스스로가 고결하다는 생각에 거만하지 말아야 하고, 파면 당했다 하여 두려워하지 말아야 한다. 훌륭한 장수의 행동은 백옥처럼 흠이 없어야 한다.

『제갈량집諸葛亮集』「병요兵要」

무릇 군자는 고요함으로 몸을 닦고, 검소함으로 덕을 길러야 한다. 마음이 깨끗하지 않으면 원대한 뜻을 세울 수 없고, 고요하지 않으면 뜻을 널리 펼칠 수 없다. 배울 때는 반드시 고요해야 하고, 재능은 반드시 배움을 필요로 한다. 따라서 배우지 않으면 재능을 펼칠 수 없고, 뜻이 없으면 학문을 이룰 수 없다. 방탕하고 게으르면 정신을 가다듬을 수 없고, 조급해하면 심성을 다스릴 수가 없다. 나이는 시간과 함께 달려가고 뜻은 세월과 함께 사라지니, 결국 시들어 떨어지듯 세상과 멀어지고 만다. 그때서야 슬퍼하며 가난한 초가집을 지킨들 어찌 시간을 되돌릴 수 있겠는가? 『계자서誡子書』

고상한 절개가 있어야 세속을 격려할 수 있고, 부모에게 효도하고 형제 간에 우애가 있어야 이름을 떨칠 수 있고, 신의를 중시해야 벗과 사귈 수 있고, 깊이 생각해야 사람들을 포용할 수 있고, 최선을 다해야 공을 세울 수 있다. 이것이 바로 장수의 오강五强이다. 『제갈량집諸葛亮集』「장강將强」

무릇 뜻은 높고 원대해야 한다. 그러기 위해서는 선현先賢을 흠모하고 정욕을 멀리하고 늘 새로운 걸 받아들여 현명한 인재가 되려는 마음을 심중 깊이 묻어두고 절실히 갈구해야 한다. 또한 나아가고 물러남을 알고, 자질구레한 것은 버리며, 널리 자문을 구하고, 의심과 인색함과는 멀어져야 한다. 그렇게 하면 비록 지체하게 되더라도 어찌 크나큰 포부가 줄어들겠으며, 성공하지 못할까 걱정이 되겠는가? 만약 의지가 굳건하지 못하고 뜻이 강개하지 않으면 속세에서 허우적대는 보잘 것 없는 삶을 살게 될 것이다. 그런 삶은 감정에 구애되어 늘 실의에 차서 지내게 되므로 영영 하류에서 벗어나지 못하게 된다. 『계외생서戒外甥書』

무릇 성인군자는 흥망성쇠의 근원을 알고, 성공과 실패의 실마리를 알고, 국가가 잘 다스려지거나 어지러워지는 기미를 알고, 물러감과 나아감의 절도를 안다. 곤궁하더라도 망국의 벼슬을 지내지 않고, 빈곤하더라도 어지러운 나라의 녹봉을 받지 않는다. 이렇게 이름을 숨기고 도를 체득한 자는 때가 되면 움직여 가장 높은 자리에 올라 군주의 덕이 자신

과 합쳐지게 함으로써 크나큰 공을 세운다. 그리하여 그 도는 높고, 명
성은 후세에까지 떨치게 된다. 「삼략三略」

　개인의 도덕성과 지조, 포부와 취향은 그 사람의 인품이 되고, 결국
행동 방식으로 안착한다. 따라서 큰일을 이루고자 하는 사람이라면 반
드시 포부가 커야 하고, 그것을 이루려면 수양에 힘써야 한다. 물론 품
행이 바르지 못한 사람이라고 해서 대업을 이루지 못한 것은 아니었다.
중국 역사 속의 수많은 간신들이 기고만장하여 떵떵거리며 살았다. 하
지만 그들은 후대에 오명만 남겼을 뿐이다. 역사에 영예로운 이름을 남
긴 사람들은 인품이 고상하고 포부가 원대했다.

도덕적 카리스마를 형성하라

　지도자가 도덕적 수양을 쌓아야 하는 것은 군사를 이끄는 장군은 물
론이고 기업 경영인에게도 매우 중요한 요소다. 중국의 고대 병법가들
은 장수의 도덕적 수양에 대해 치밀하게 분석했다. 그들이 남긴 생동감
넘치는 문장은 우리에게 큰 울림을 준다. 물론 역사 속 장수들의 도덕적
기준과 현대 경영인이 갖춰야 할 덕목 간에는 크나큰 간극이 있다. 하지
만 고대 병법가들이 남긴 사상은 오늘날에도 중요한 가치를 지니고 있으
며, 기업 경영을 위한 나침반 역할을 하고 있다는 사실은 아무도 부인하
지 못할 것이다.
　오늘날 경영인을 묘사할 때 흔히 '카리스마'라는 단어를 사용한다. 그

렇다면 카리스마란 무엇일까? 이는 추상적 개념이다. 즉 정확한 내재적 의미가 있다거나 겉으로 확연하게 드러나지 않으며, 오직 사람들의 감각에 의해 판단된다. 경영인에게 카리스마란 리더십을 발휘하는 데 없어서는 안 될 필수 조건이다.

카리스마는 크게 도덕, 재능, 감성, 인간 본연의 카리스마 이 네 가지로 분류된다.

도덕적 카리스마란 남들이 존경하고 감탄할 만한 뛰어난 덕목을 가진 사람에게서 생성된다. 재능적 카리스마란 보통 사람을 뛰어넘는 전문적 지식과 그가 이룬 성공을 바탕으로 생성된다. 감성적 카리스마란 뛰어난 커뮤니케이션 능력과 타인에게 행복감을 주는 사교성이 있을 때 생성된다. 인간 본연의 카리스마란 행동, 말주변, 사람을 대하는 태도, 외모, 성격, 기질이 보통 사람을 뛰어넘는 특별한 매력을 풍길 때 생성된다.

이 네 가지 중에서 도덕적 카리스마는 사람을 판단하는 데 가장 중추적인 역할을 한다. 특히 유교 이데올로기가 지배하는 동양에서는 덕德을 모든 것의 우위에 두고 있다. 덕으로서 나라를 다스리고 군대를 통솔해야 성공할 수 있다는 사상이 천 년을 이어져 내려오면서 오늘날까지도 우리에게 지대한 영향을 미치고 있다.

특히 동양의 경영인들은 '도덕의 자기장' 속에 살면서 늘 알게 모르게 사람들로부터 도덕성에 대해 평기를 받는다. 따라서 끊임없는 수양을 통해 카리스마를 형성하는 것은 훌륭한 경영인의 이미지를 구축하는 데 반드시 필요하며, 이는 성공적인 기업 경영의 열쇠이기도 하다.

그렇다면 경영인의 도덕성은 기업을 성공으로 이끄는 데 어떤 역할을 할까? 다음 내용을 통해 구체적으로 살펴보도록 하자.

●● 리더십을 강화하라

리더는 권력을 통해 조직을 자기 뜻대로 움직이는 힘이 있어야 한다. 도덕성으로 무장이 된 경영인은 위신이 서 있어 리더십을 발휘하고, 추종 세력을 형성하여 원활하게 기업을 이끌어간다.

현대 경영 이론에서는 리더의 권위를 매우 중시하고 있다. 권위는 권력과 위신을 포함하는데, 그중 권력은 법으로 규정되어 있고, 조직이 그것을 부여하며, 타인이 반드시 따라야 하는 하드 파워다. 한편 위신은 실제 업무를 실행하는 중에 형성되는 것으로, 사람들이 진심으로 받아들이고 기꺼이 따르게 하는 소프트 파워다.

조직을 이끄는 리더에게는 권력과 위신, 이 두 가지 요소가 조화롭게 작용해야 한다. 리더가 위신을 세우기 위해서는 도덕성이 중요한 잣대가 된다. 기업과 구성원의 이익을 우선시하고, 사사로운 이익을 취하지 않는 경영인이라야 위신을 세울 수 있다. 따라서 비도덕적인 경영인에게 위신이나 권위란 찾기 힘들다.

예로부터 미덕을 천하에 밝히고자 하는 사람은 나라를 잘 다스려야 하고, 나라를 잘 다스리려면 집안을 잘 다스려야 하고, 집안을 잘 다스리려면 심신의 수양에 힘써야 하고, 심신을 수양하려면 마음을 단정히 해야 하고, 마음을 단정히 하려면 뜻을 정성스럽게 해야 하고, 뜻을 정성스럽게 하려면 앎을 지극히 해야 한다. 앎을 지극히 하려면 사물의 이치를 연구하여 밝혀내야 한다. 사물의 이치를 밝힌 후에야 앎에 이르게 되고, 앎에 이르러야 뜻이 정성스러워지고, 뜻이 정성스러워야 마음이 단정해지고, 마음이 단정해져야 몸이 수양되고, 몸이 수양되어야 집안이 잘 다스려지고, 집안이 잘 다스려져야 나라가 잘 다스려지고, 나라가 잘 다스려져야 천하가 평화로워진다. 따라서 진정으로 평화를 원한다면 임금과 백성 모두가 심신을 수양하는 것을 근본으로 삼아야 한다. 근본이 혼란스러운데 나라가 잘 다스려지는 것을 바라서는 안 된다. 두텁게 해야 할 것을 얇게 하거나, 얇게 해야 할 것을 두텁게 해서는 안 된다. 이것이 바로 사물의 근본을 아는 것이며 최고의 지혜다. 『대학大學』

이 대목은 중국 역대 최고의 통치자들이 모두 숭상하여 국정의 기본 신조로 삼았던 내용이다. '수신제가치국평천하修身齊家治國平天下'는 유능한 선비들의 행동 지침이었고, 그중에서도 특히 덕을 수양의 근본으로 삼았다. 이는 수천 년 전의 사상이지만 오늘날에도 여전히 그 빛을 잃지 않고 수많은 경영인의 좌우명으로 빛나고 있다.

●● 실행력을 높여라

실행력이란 목표를 현실로 전환하는 능력을 말한다. 하지만 세상을 뒤바꿀 만한 위대한 가치를 실현하는 일은 절대 한 사람의 노력으로 가능한 일이 아니다. 그렇기 때문에 훌륭한 리더가 알아야 할 가장 중요한 직무는 '모든 일을 혼자 도맡는 것'이 아니라 '조직 구성원들에게 분담해야 한다'는 사실이다. 이를 위해서는 목표도 중요하지만 농기부여, 즉 자극이 필요하다. 조직은 늘 자극을 필요로 한다. 동기부여가 안 된 조직은 고여 썩어가는 물과 같아 생기나 활력을 찾아볼 수 없다.

구성원들에게 동기를 부여하는 방법은 인센티브를 주거나 격려를 하는 것 등 여러 가지 방법이 있는데 가장 중요한 것은 경영인 스스로가 앞장서서 솔선수범해야 한다는 것이다. 솔선수범이야말로 그 어떤 것도 대신할 수 없는 가장 효과적인 동기부여 수단이다.

리더십 분야의 명저라고 불리는 존 맥스웰의『리더십 불변의 법칙』에서는 리더십의 다섯 가지 원칙을 제시하고 있다. 역할 모델이 될 것, 공동의 비전을 제시할 것, 과정에 도전할 것, 구성원들로 하여금 행동하게 할 것, 사기를 높일 것 등이 바로 그것이다. 그중에서도 '역할 모델이 될 것'을 가장 우선순위로 삼고 있다. 책의 저자가 실시했던 설문조사에서 응답자들은 연속 세 차례나 '성실함'을 리더가 갖추어야 할 자질의 1순위로 꼽았다. 경영인이 리더십을 발휘하는 데 있어서 성실성이 얼마나 중요한지 여실히 드러나는 대목이다.

리더는 힘든 일에는 적극 나서고, 기쁜 일은 서로 나눌 줄 알아야 한다. 기업의 운용 능력과 경영인의 리더십은 매우 밀접하게 연관되어 있으며, 이는 경영인의 도덕 수준과 직결된다. 우수한 경영인일수록 고매한 인품을 바탕으로 솔선수범하고, 이로써 조직을 올바른 방향으로 이끌어나간다.

●● 공감대를 형성하라

저명 경영학자로서 노벨 경제학상을 수상한 허버트 사이먼 Herbert Alexander Simon 은 "공감대 형성은 조직 응집력의 근본적 메커니즘"이라고 말했다. 그렇다면 공감대는 어떻게 형성되는 것일까? 이 질문에 답하기 위해서는 '누구와', '무엇으로' 공감대를 형성할 것인지의 문제부터 해결해야 한다.

우선 누구와 공감대를 형성해야 할까? 조직 구성원이 가장 먼저 공감대를 형성해야 할 대상은 조직의 리더다. 기업 정신은 곧 경영인의 정신이다. 따라서 기업은 바로 경영인의 인격이 담긴 그릇이라고 할 수 있다. 조직원들이 경영인의 인격에 문제가 있다고 생각하면 기업 정신에 대해서도 불만을 갖게 된다. 유유상종이라는 말처럼 기업체의 구성원과 경영인 간의 공감대가 형성된 곳일수록 지향점과 행위가 일치되고, 응집력과 경쟁력도 강해진다. 마찬가지로 외부의 우수한 인재 역시 해당 기업체 경영인의 인격을 존중하는 마음이 있어야 그 조직을 위해 일을 성심껏 한다.

그렇다면 무엇으로 공감대를 형성해야 할까? 심지가 곧고 정직하며 강인한 의지력을 지닌 사람은 누구에게나 인정받고 추종 세력이 따르게 마련이다. 반면 저속하고 옹졸하며 남을 기만하고 아첨하기를 좋아하는 자들은 설사 추종 세력이 있다 하더라도 오합지졸일 뿐이요, 여기저기 빌붙는 이들은 철새처럼 떠돌아다닌다. 따라서 도덕적 수양이 높은 경영인은 기업 구성원들을 끈끈하게 단결시키고 지혜로운 자들을 끌어모은다.

●● 경쟁력을 높여라

기업의 경쟁력은 상품, 마케팅, 자원, 인재 등을 기반으로 이루어지는데, 이 중에서 가장 중요한 것은 바로 신용을 바탕으로 하는 노덕적 사치다.

일반적으로 기업의 발전 단계는 상품 생산, 시장 형성, 그리고 브랜드 인지도를 구축하는 과정으로 이루어진다. 브랜드 인지도를 구축했다는 것은 어떤 의미일까? 바로 신뢰가 형성되었다는 것을 의미한다. 많은 기업체의 경영자들은 고객이 우선되어야 한다는 사실을 잘 알고 있지만 이를 실천하기란 쉽지 않다. 고객을 최우선으로 한다는 것은 바로 고객의 요구 사항을 만족시킴으로써 자사 상품에 대한 신용도를 향상시켜 최종적으로 고객을 자사의 추종 세력으로 만든다는 것을 의미한다.

이것이 바로 브랜드 이론에서 말하는 '브랜드 인지도·만족도·인기도·충성도'의 단계이다. 최종 단계까지 이르렀다면 고객의 충분한 신뢰를 얻었다고 볼 수 있다. 경제학자들의 통계에 따르면 유명 브랜드와 사제품의 가격 차이는 25퍼센트가량 된다고 한다. 이는 유명 브랜드일수록 고객의 신뢰도가 높다는 것을 반증한다. 바꿔 말해 기업 경쟁의 본질은 궁극적으로 누가 고객의 신용을 얻어내느냐에 달려 있으며, 여기에는 기술적인 문제와 경영상의 문제뿐만 아니라 도덕적인 문제도 영향을 미친다.

따라서 경영인은 고객의 신뢰를 이끌어낼 수 있는 방안을 끊임없이 고민해야 한다. 이 문제가 해결되었을 때 비로소 기업은 시장 경영에 참여할 수 있는 기본 요건을 갖추게 된다. 이를 위해 경영인은 기업의 경영 이념을 올바르게 정립하고 신용을 중시해야만 기업을 발전시킬 수 있다.

제2부
재능을
단련하라

The Mastery of Management

내가 말하는 군대를 이끄는 사람이란 지혜롭고 용감하며
문무의 재능을 두루 갖춘 자를 말한다.

– 증국번曾國藩

사람을 다루는 기술

나라를 다스리는 것은 몸을 가꾸는 것과 같다. 수신修身의 근본
은 정신을 가다듬는 것이고, 나라를 다스리는 근본은 현명한 인
재를 등용하는 것이다. 정신을 가다듬는다는 것은 수명을 연장하
기 위함이고, 인재를 등용하는 것은 국가를 안정시키기 위함이다.
『제갈량집諸葛亮集』「거조擧措」

인재를 뽑을 때는 본질을 살펴라

●● 인재 임용과 정예부대의 중요성

중국 역사에서는 유능한 인재 등용으로 천하를 제패하게 된 많은 사
례를 찾아볼 수 있다. 반면 그릇된 등용으로 천하를 잃게 된 사례 역시
비일비재하다.

중국 고대 병법가들은 장수를 평가할 때 용병 능력을 가장 중요한 기
준으로 삼았다. 이와 관련하여 『태백음경太白陰經』의 「선사편選士篇」에는
"국가의 흥망성쇠는 군주의 총명함과 재능에 있는 것이 아니라 등용한

인재가 얼마나 재능을 발휘하느냐에 달려 있다.”고 했다.

『여씨춘추』에도 인재 등용과 관련해 다음과 같은 문장을 볼 수 있다.

어떤 이는 왕이 되어 패권을 장악하는 업을 이루기도 하고, 또 어떤 이는 국가를 멸망시키기도 하였다. 걸桀왕이 신양辛辛을 등용하고, 주紂왕이 오래惡來를 등용하고, 송나라가 당앙唐鞅을 등용하고, 제나라가 소진蘇秦을 등용하자 천하의 모든 사람들은 이들 왕권이 무너질 것이라는 것을 알았다. 대업을 이루지 못한 이들이 오히려 자신의 공을 세우려 하니 이는 마치 하지夏至에 밤이 더 길기를 바라는 것과 같고, 물고기를 낚으면서 촉을 하늘로 향하게 하는 것과 같다. 순왕과 우왕조차 하기 어려운 일을 어찌 평범한 임금이 이룰 수 있겠는가?

또한 이전李筌이 저술한 『태백음경』에는 다음과 같은 내용을 찾을 수 있다.

경전에 이르기를 백만 군대를 이끌고 전쟁을 치르는데 정예부대를 뽑지 않고 각종 오합지졸을 뒤섞어 부린다면 총명한 자는 계략을 펼칠 수 없고, 언변이 뛰어난 자는 말재주를 뽐낼 수 없고, 싸움에 능한 자는 용맹을 떨칠 수 없고, 힘이 센 자는 건장함을 드러낼 수 없다. 이는 한 사람이 중원中原에서 홀로 싸우는 것과 다를 것이 없으니 어찌 전쟁에서 승리를 거두기를 바란단 말인가?

정예부대의 중요성에 대해 강조하는 글이다.

또 다른 관점에서 본다면 군대의 전투력이란 모든 인재가 각자의 역할을 충분히 발휘할 때 비로소 빛을 발한다는 사실을 알 수 있다. 즉 전쟁에서 승리하기 위해 지혜로운 자는 계략을 짜고, 언변이 뛰어난 자는 말재주를 펼치고, 용감한 자는 용맹스럽게 싸우고, 힘센 자는 강건함을 드러내야 한다는 것이다.

『사기』의 「제태공세가齊太公世家」에 수록된 다음 이야기를 보자.

제나라 양공襄公이 폭정을 일삼자 그의 두 동생인 공자 규와 공자 소백小白은 생명의 위협을 느꼈다. 규는 관중과 소홀의 보좌를 받아 노나라로 도망치고, 소백은 포숙의 도움으로 거莒나라로 도망쳤다. 후에 양공이 살해당하자 규와 소백은 왕위 쟁탈을 위해 앞 다투어 제나라로 돌아갔다. 제나라로 가는 길에 관중이 숨어 있다가 소백을 쏘았다. 그러나 화살이 빗나가 소백의 옷에 둘렀던 허리띠 장식에 맞아 소백은 죽은 척 가장하여 관중을 속였다. 소백을 죽였다고 생각한 관중과 규가 여유롭게 제나라에 도착했을 때, 소백은 이미 제나라 왕 환공桓公이 되어 있었다. 환공은 관중에게 복수하기 위해 노나라를 공격하여 관중을 잡아 잔인하게 살해하려고 했다. 그러자 노나라는 제나라가 두려워 규를 처형했다. 그 뒤 소홀은 자살했으며 관중은 옥에 갇히게 되었다. 그때 포숙이 환공에게 말했다.

"임금님께서 패왕霸王이 되고자 하신다면 관중 없이는 불가능합니다. 관중은 자신이 머무는 나라를 너 크게 만들 인물이므로 그를 놓쳐서는 안 됩니다."

환공은 포숙의 충언에 따라 관중의 죄를 추궁하는 대신 그를 재상으로 임명하여 제나라를 춘추 오패五霸로 성장시켰다. 하지만 관중이 죽고 난 뒤 환공은 간신들을 임용하는 우를 범해 결국 연금을 당해 굶어 죽고

말았다. 그가 죽은 뒤 60일이 지나서도 시체를 거둬들이지 않자 시체에
는 구더기가 득실거렸고, 그가 가꾸었던 강산은 폐허가 되어 있었다.

인재 등용에 관해 많은 시사점을 주는 이 이야기는 제갈량이 했던 말
과 일맥상통한다.

"어진 이를 잃고 위태롭지 않은 적이 없었고, 어진 이를 얻고 안정되지
않은 적이 없었다."

인사人事의 기본은 인재를 알아보는 것이다. 이를 위해서는 먼저 사전
에 조사하고, 세심하게 관찰하고, 개개인의 특성을 눈여겨보아야 한다.

●● 사전에 조사하라

이전이 저술한 『태백음경』의 「감재편」에서는 "사람을 등용할 때는 먼
저 그의 과거를 조사해야 하고, 과거의 모습을 보기 위해서는 현재의 모
습을 살펴봐야 한다. 등용하기 전에 상세히 조사한 뒤 임용하면 나라가
번창할 수 있지만, 임용한 뒤에 살피려 한다면 실패하게 될 것이다."라고
하였다.

이전은 이러한 그의 관점을 강조하기 위해 다음 두 가지 사례를 인용
했다.

옛날에 시장에서 물건을 훔친 자가 진秦나라로 팔려갔는데, 진나라에
서는 그를 조사한 뒤 등용시켰고, 훗날 초나라를 제패했다. 한편 이윤伊
尹이 상나라 탕湯왕의 노예로 팔려갔는데, 탕왕은 그를 조사한 뒤 등용
하여 하나라를 격파하고 걸왕을 추방했다.

탁상공론을 뜻하는 '지상담병紙上談兵'의 고사 역시 인재를 등용할 때

조나라와 진秦나라가 장평長平에서 전쟁을 벌이고 있었다. 그러던 어느 날 진나라의 간첩이 조나라에 와서 '진나라에서 가장 두려운 장수는 조괄趙括'이라며 떠들썩하게 소문을 퍼뜨렸다. 이 말을 들은 조나라 왕은 아무런 의심 없이 조괄을 장수로 임명했다.

조괄은 어렸을 때부터 병법을 배워 전쟁과 관련된 이야기를 나눌 때면 천하의 적수가 없다는 듯이 으스대곤 했다. 그러자 그의 아버지 조사趙奢는 훌륭한 장수였지만, 아들 조괄과 전법에 대해 이야기를 나눌 때면 그를 추어올리지 않았다. 조괄의 어머니가 그 이유를 묻자 조사는 이렇게 대답했다.

"전쟁은 생사와 존망을 다투는 중대한 일인데, 조괄은 이를 너무 쉽게 말하고 있소. 그러니 나라에서는 절대 조괄을 장수로 등용해서는 안 되오. 만약 그를 등용한다면 조나라 군대는 조괄 때문에 패배할 것이오."

하지만 조괄이 결국 왕의 명을 받아 출정하게 되자 그의 어머니는 상소하여 왕에게 아뢰었다.

"조괄은 장수가 되어서는 안 됩니다."

"어째서인가?"

"그의 부친이 장수였을 때는 우리 집의 식량을 수십 명의 병사들과 함께 나누어 먹었고, 수백 명의 벗을 사귀었습니다. 왕실에서 상으로 하사하신 물품도 모두 병사와 사대부들에게 나누어주었고, 임금의 어명을 받든 그날부터 집안일에 대해서는 일체 묻지 않았습니다. 그러나 조괄이 장수가 된다면 위세가 등등하여 어느 누구도 감히 고개를 들어 아들을 쳐다볼 수 없을 것입니다. 대왕께서 주신 비단은 모두 집에 숨겨두었고,

매일같이 하는 일이라곤 땅과 집을 사러 다니는 일뿐입니다. 대왕께서는 그런 제 아들이 어찌 그의 아비와 비교될 수 있다고 생각하십니까? 부디 아들을 장수로 임명하는 것을 재고하여주십시오."

하지만 왕은 그녀의 말을 무시한 채 조괄을 장수로 임명했다. 전쟁터로 나간 조괄은 결국 진나라 장수 백기白起의 술수로 죽임을 당했고, 그가 통솔했던 수십 만 군사들도 진나라로 끌려간 뒤 모두 생매장을 당했다.

『사기史記』「염파인상여열전廉頗藺相如列傳」

조나라 왕은 조괄에 대해 아무것도 파악하지 못한 상태에서 적수의 계략에 넘어가고 말았다. 그는 주위의 만류에도 불구하고 탁상공론에만 능한 조괄을 장수로 임명했고, 결국에는 참패를 당하고 말았다. 이 내용은 인재를 등용하기 전에 당사자에 대해 면밀히 조사하고 관찰해야 한다는 인사 원칙의 중요성을 이야기하고 있다.

기업에서 인재를 뽑을 때에도 세심한 조사와 관찰이 필요하며, 이를 위해서는 다음 세 가지 원칙을 지켜야 한다.

첫째, 피고용인이 가진 조건과 실제 능력을 정확하게 알아야 한다.

둘째, 피고용인의 능력을 객관적으로 평가할 수 있어야 한다.

셋째, 피고용인의 성공 경험과 기업의 채용 조건이 부합하는지를 살펴야 한다.

●● 현명해져라

인재를 등용할 때는 명지明智, 즉 현명함이 요구된다. 여기서 명明은 그릇된 생각과 편견이 없는 상태를 말하고, 지智란 계책과 예술적 감각이 있어야 한다는 뜻이다.

현명한 군주의 마음은 빛나는 거울처럼 둥글고 투명한 샘물처럼 깨끗하여 외부의 사물을 있는 그대로 볼 수 있어야 한다. 그래야만 인재를 등용할 때 옳은 판단을 할 수 있다.

만약 군주가 본인의 느낌이나 지혜를 접어둔 채 타인의 눈과 귀를 빌려 관찰하고자 한다면, 이는 마치 눈이 침침한 노인이 화려한 옷감을 보는 것과 같고, 귀머거리가 궁중 악사의 음악을 듣는 것과 같다. 지금까지 이러한 방법으로 인재를 구해 군주의 대업을 이룬 자는 없었다.

『태백음경太白陰經』「현유우시편賢有遇時篇」

이렇듯 사람을 제대로 관찰하려면 현명해야 한다. 편견으로 공정함을 잃거나 무지 때문에 기회를 잃어서는 안 된다.

옛날 풍훤馮諼은 빈곤하여 생계를 꾸려갈 수 없게 되자 왕족의 아들 맹상군孟嘗君을 찾아가 자신을 식객으로 받아줄 것을 요청했다. 맹상군은 그의 몰골이 하도 우스운데다가 별 재주도 없어 보였지만 받아주었다.

그러나 풍훤은 괴짜였다. 맹상군의 숙소에 살면서 고기반찬을 달라고 투덜대다가 얼마 후에는 수레가 없다고 불평을 하는 것이었다. 그리고 마지막에는 돈이 없다며 투덜댔다.

그러자 맹상군은 하인들에게 그를 다른 문객들과 똑같이 대우하라고 명을 내린 뒤 계속 부양했다.

맹상군에게는 3000명의 식객이 있었는데 그들을 부양하자면 많은 돈이 필요했다. 당시 맹상군은 설(薛:현재 산둥성 동남 지방)에 있는 자기 소유의

1만 호 식읍 주민들을 상대로 돈놀이를 하고 있었는데 누구도 돈을 갚을 생각을 하지 않았다. 맹상군은 누구를 보내 빚독촉을 할까 궁리하고 있는데 마침 괴짜 풍훤이 돈을 수금해오겠다고 자청했으므로 그를 보내기로 했다.

출발하기 전에 풍훤이 "빚을 받아서 무엇을 사 올까요?" 하고 물었다.

그러자 맹상군은 "무엇이든 좋소. 여기에 부족한 것을 사 오시오."라고 대답하였다.

설에 당도한 풍훤은 빚진 사람들을 모아서 차용증을 하나하나 점검한 끝에 이자만 10만 전을 받았다. 징수가 끝나자 그는 사람들에게 말했다.

"맹상군은 여러분이 빚 상환을 위해 노력한 것을 어여삐 보시고 모든 채무를 면제하라고 나에게 분부하셨습니다."

그러고는 모아 놓았던 차용증 더미에 불을 질렀다. 차용증은 모두 재로 변하고, 사람들은 그의 처사에 감격해 마지않았다. 설에서 돌아온 풍훤에게 맹상군이 물었다.

"선생은 거기서 무엇을 사 오셨소?" 하고 물었다.

그러자 풍훤이 이렇게 말했다.

"당신에게 지금 부족한 것은 은혜와 의리입니다. 차용증서를 불살라 당신을 위해 돈 주고 사기 힘든 은혜와 의리를 사 가지고 왔습니다."라고 하였다.

이 말을 들은 맹상군은 매우 마뜩찮게 생각했다.

1년 후 맹상군은 제나라의 새로 즉위한 민왕에게 미움을 사서 재상직에서 물러나자, 3천 명의 식객들은 모두 뿔뿔이 흩어졌다. 그러자 풍훤은 그에게 잠시 설에 가 있으라고 권유했다. 맹상군이 실의에 찬 몸을 이끌고 설에 나타나자 주민들이 환호성을 지르며 맞아주었다.

그러자 맹상군이 풍훤에게 물었다. "선생이 전에 은혜와 의리를 샀다고 한 말뜻을 이제야 겨우 깨달았소."

"교활한 토끼는 구멍을 세 개나 뚫지요[교토삼굴狡兎三窟]. 지금 경께서는 한 개의 굴을 뚫었을 뿐입니다. 따라서 아직 고침무우(高枕無憂:베개를 높이 베고 근심 없이 잠)를 즐길 수는 없습니다. 경을 위해 나머지 두 개의 굴도 마저 뚫어드리지요."

그래서 그는 위魏나라의 혜왕惠王을 설득하여 맹상군을 등용하면 부국강병을 실현할 것이며, 동시에 제나라를 견제하는 힘도 될 수 있다고 역설했다. 마음이 동한 위의 혜왕이 금은보화를 준비하여 세 번이나 맹상군을 불렀지만 그 때마다 풍훤은 맹상군에게 응하지 말 것을 권했다.

이 사실은 제나라의 민왕에게 알려지게 되었고 아차 싶었던 민왕은 그제야 맹상군의 진가를 알아차리고 맹상군에게 사신을 보내 자신의 잘못을 사과하고 다시 재상의 직위에 복직시켜주었다. 두 번째의 굴이 완성된 셈이다.

두 번째 굴을 파는 데 성공한 풍훤은 세 번째 굴을 파기 위해 제민왕을 설득하여 설 땅에 제나라 선대의 종묘를 세우게 만들어 선왕先王 때부터 전승되어온 제기祭器를 종묘에 바치도록 했다. 선대의 종묘가 맹상군의 영지에 있는 한 설혹 제왕의 마음이 변심한다 해도 맹상군을 함부로 대하지 못할 것이라는 계산에서였다.

"이것으로 세 개의 구멍이 뚫렸습니다. 이제부터 주인님은 고침안면하십시오."

맹상군이 수십 년간 재상 자리에 있으면서도 작은 재앙 하나 당하지 않은 것은 풍훤의 계략 덕분이었다.

인재를 살필 때 가장 중요한 것은 현명함이다. 사람을 채용할 때는 첫째, 피고용인이 재능이 있는지를 살펴야 하고 둘째, 고용인이 객관적이고 정확하게 사람을 판단할 수 있어야 한다. 이러한 두 가지 요소가 충족되어야만 비로소 인재를 제대로 선발했다고 할 수 있다.

또한 인재를 선발할 때는 다음 두 가지를 주의해서 살펴야 한다. 먼저 사람을 정확히 볼 줄 알아야 한다. 무능한 사람을 데려다가 머릿수만 채우는 남우충수濫竽充數의 우를 범해서는 안 되며, 반대로 유능한 사람을 놓쳐버리는 명주암투明珠闇投의 우를 범해서도 안 된다. 다음으로 중요한 것은 변화되는 모습을 지켜보아야 한다. 사람의 마음가짐이나 능력은 환경과 업무 내용에 따라 끊임없이 변화한다. 같은 사람이라도 어떤 일은 식은 죽 먹기로 하지만 어떤 일은 아무리 노력해도 제대로 해내지 못한다. 또 어떤 사람은 특정 시기에는 아주 뛰어난 능력을 발휘했다가도 시기가 지나면 이렇다 할 만한 성과를 내지 못한다. 따라서 사람을 살펴본다는 것은 정확성 못지않게 지속성도 중요하다. 그렇기 때문에 '옥을 시험해보려면 석 달을 태워보고, 인재를 가리려면 10년을 기다려야 한다'는 말이 있다.

●●● 세심하게 관찰하라

사람을 관찰할 때는 주도면밀해야 한다. 다음은 군주가 인재를 등용할 때 그 기준이 무엇이었는지 살핀 글이다.

현명한 군주는 인재를 등용할 때 그 사람이 해박하고 꼼꼼한지 살펴보고, 생김새가 넉넉하고 존귀한지 살펴보며, 심성이 맑고 깨끗한지 살펴

본다. 높은 곳에 올라 먼 곳을 바라보듯 상세하게 살펴보고 진지하게 경청하며, 생김새가 생기 있고 정신이 하나로 집중되어 있는지를 살펴 그것이 높은 산처럼 감히 도달할 수 없고, 깊은 샘물처럼 깊이를 헤아릴 수 없는지 알아야 한다. 그 후 말을 통해 그의 현명함을 심사하고, 일을 맡겨봄으로써 지혜와 용맹함을 알아본다. 그런 다음에야 비로소 등용이 이루어져야 한다. 『태백음경太白陰經』「감재편鑑才篇」

사람을 살펴볼 때는 재능, 외모, 심성, 행동, 현명함과 용감함까지 전면적으로 관찰해야 한다. 인재란 지식과 경험, 능력이 결합된 다면체와도 같다. 따라서 '활을 쏘려면 가장 강한 것으로 쏘고, 화살을 쓰려거든 가장 긴 것을 써라'는 말처럼 개개인의 장점과 그에 가장 적합한 업무가 결합한다면 최고의 효과를 볼 수 있다.

아울러 진정한 인재라면 한 가지 전문성을 보유하고 있으면서도 다방면에 두루 재능을 갖추어야 한다. 한 분야에 뛰어난 전문성이 있으면 다른 분야의 재능을 불러오기도 하고, 그러한 재능이 결국 전문성을 더욱 공고히 한다. 따라서 기업으로서는 뛰어난 인재를 찾는 것이 그만큼 중요한 일이다. 특히 기업체를 이끄는 경영인이라면 상품의 제조, 재무, 마케팅, 조직 관리, 인사 관리 등 다방면에 팔방미인이 되어야 한다. 어느 한 분야라도 능력이 부족하다면 기업 경영 과정에서 오점을 남기기 쉽다. 따라서 인재를 선별할 때는 당사자에 대한 선면직인 관찰이 반드시 이루어져야 한다.

●● 개개인의 특성에 주목하라

사람을 관찰할 때는 그들의 특성을 정확하게 간파해야 한다. 제갈량은 장수의 재능과 기량을 알아보는 방법을 상세히 서술하고 있다.

장수의 재능은 아홉 가지로 나타난다. ❶ 도덕을 규범화하고, 예의로 다스리며, 굶주림과 추위로부터 지켜주고, 노고를 살피는 자를 인장仁將이라 한다. ❷ 신중하고 진지하게 일에 임하고, 이해타산에 얽매이지 않으며, 정의를 위해 죽음의 영광을 택할지언정 굴욕적인 삶을 살지 않는 자를 의장義將이라 한다. ❸ 지위가 높다 하여 거만하지 않고, 승리했다 하여 자만하지 않으며, 덕과 재능을 겸비하여 병사들을 존중하고, 강인한 성품을 지녔으면서도 관대하고 너그러운 자를 예장禮將이라 한다. ❹ 전술의 변화를 예측하기 어렵게 하고, 예상치 못한 상황을 맞았을 때는 침착하고 능숙하게 대응하여 화禍를 복福으로 변화시키고, 위기의 순간에 승리를 거머쥐는 자를 지장智將이라 한다. ❺ 용감하게 전진하는 자에게는 큰 상을 내리고, 위축되어 퇴각하는 자는 엄벌에 처하며, 벌을 내릴 때는 신분의 귀천을 가리지 않는 자를 신장信將이라 한다. ❻ 발걸음이 군마처럼 빠르고 기세가 등등하여 천군을 제압하며, 전투에 능하여 국토를 튼튼하게 수호하는 자를 보장步將이라 한다. ❼ 높고 험준한 곳에 오르기를 마다하지 않고, 말 위에서 활을 쏘는 것이 나는 듯하며, 적진으로 돌격할 때 늘 앞장서고, 퇴각할 때는 용감하게 적의 퇴로를 차단하는 자를 기장騎將이라 한다. ❽ 기세가 삼군을 위협하고, 아무리 적이 강력하다 해도 하찮게 여기며, 작은 규모의 전쟁보다는 큰 전쟁에 용감하게 뛰어드는 자를 맹장猛將이라 한다. ❾ 재능이 있는 자를 알아보며, 자

신의 부족함을 깨닫고, 타인의 비판을 너그럽게 수용하며, 강직하고 용
맹하면서도 지략에 능한 자를 대장大將이라 한다.

『제갈량집諸葛亮集』「장재將材」

장수의 기량에는 제각각 차이가 있다. 만약 적의 간교함을 간파하고 미
리 그 화禍를 예측할 수 있다면 많은 부하들이 감복할 것이다. 이는 10명
을 통솔하는 장수이다. 일찍 일어나 늦게 잠자리에 들고 언사가 반듯하
다면 이는 100명을 통솔하는 장수이다. 올곧고 사려가 깊으며 용감하게
전투에 임한다면 이는 1000명을 통솔하는 장수이다. 늠름한 외모에 성
격이 온화하며 부하들의 노고를 격려하고 추위와 배고픔을 살핀다면 이
는 1만 명을 통솔하는 장수이다. 현명한 자와 유능한 인재를 기용하고
늘 근신하고 신용을 지키며 남에게 관대하고 재난을 슬기롭게 극복한다
면 이는 10만 명을 통솔하는 장수이다. 자애로서 천하를 다스리고 신의
로 이웃 나라를 감복시키며 천문, 인사, 지리에 능통하여 온 세상에서
일어나는 일을 집안일처럼 볼 수 있다면 이는 천하를 관장하는 장수이
다. 『제갈량집諸葛亮集』「장기將器」

인재를 관찰할 때는 개인적 특성도 주목해야 한다. 특성이란 정확히
무엇을 의미하는 걸까? 현대 심리학에서는 특성을 '능력, 기질, 성격으
로 구성된 개인의 독특한 심리적 특징'으로 정의하고 있다. 이런 심리적
특징은 개인의 가치가 내재된 바탕이 되며, 이는 기업 경영 과정에서 매
우 중요한 역할을 한다. 따라서 사람에 대해 조사하고 관찰할 때는 그
사람의 능력과 기질, 성격 이 세 가지 특징을 두루 살펴보아야 한다.

1 능력

능력이란 맡은 업무를 감당할 수 있는 힘을 말한다. 심리학에서는 인간의 능력을 세 가지로 구분하는데 이는 지적 능력과 전문가로서의 능력, 그리고 혁신적인 사고 능력을 말한다. 첫째, 지적 능력은 가장 일반적이고 기본적인 능력으로서 업무를 해결해내는 데 반드시 필요하며, 여기에는 관찰력, 주의력, 기억력, 상상력, 사고력 등이 포함된다. 둘째는 전문가로서의 능력이다. 각종 전문성을 띤 직업에 필요하며, 특수 분야에서 빛을 발한다. 셋째는 혁신적인 사고 능력이다. 이는 특히 창조적인 일을 하는 사람에게 요구되는 능력이다.

2 기질

기질은 담즙질, 다혈질, 점액질 및 우울질의 네 가지로 나뉘며 각기 다른 특성을 보인다.

담즙질 성격이 시원시원하며 정열적이고 충동적인 면이 있으며 외향적이다.

다혈질 활발하고 동적動的이며 반응이 민첩하다. 융통성이 있지만 쉽게 흥분하고, 집중력이 약해 싫증을 잘 낸다. 외향적이며 사교성이 있다.

점액질 비교적 조용하고 신중하며 반응이 느리다. 이성적이며 집중력이 높고 인내심이 강하다.

우울질 감성은 풍부하나 활발하지 못하고, 다른 사람들은 알아차리지 못하는 세세한 부분을 재빨리 포착해낸다. 내성적이며 열정이 부족하다.

3 성격

경영인의 심리적 특성 중 가장 중요한 것이 바로 성격이다. 사람의 성격은 구체적으로 다음과 같이 나타난다.

현실에 대한 태도의 특징 풍부한 사교성과 동정심, 명쾌함, 공정함, 진실함, 겸손함 등의 긍정적 특징과 괴팍함, 위선적 언행, 오만함, 난폭함 등의 부정적 특징이 있다.

의지적 특징 꿋꿋함, 과감함, 침착함, 통제력 등의 긍정적 특징과 우유부단함, 안하무인, 비겁함, 경솔함 등의 부정적 특징이 있다.

정서적 특징 낙관적, 명랑함, 평온함 등의 긍정적 특징과 우울함, 의기소침함, 비관적 등의 부정적 특징이 있다.

이성적 특징 주동적인 면과 수동적인 면, 주관적인 면과 객관적인 면, 꼼꼼함과 덜렁댐, 심오함과 얄팍함, 관대함과 편협함, 신중함과 경솔함 등의 특징이 있다.

기질과 성격은 그 사람의 행동의 바탕이 된다. 진시황을 평가할 때 "대장부라면 그 정도는 돼야지."라고 했던 유방劉邦과 "저 자리를 내가 차지해야지."라고 했던 항우項羽를 비교해볼 때 두 사람의 극명한 성격 차이를 엿볼 수 있다.

따라서 사람의 능력과 기질 및 성격적 특성을 파악하는 것은 경영인이 인재를 기용하는 데 있어 매우 세심한 주의를 기울여야 할 부분이다.

『회남자』의 「주술훈主術訓」에는 다음과 같은 구절이 있다. "큰 책략을 가진 자에게 빠른 성과를 요하는 일을 맡겨서는 안 되고, 작은 지혜를 가진 사람에게 중요한 일을 맡겨서는 안 된다."

즉, 점액질인 사람에게 연구·개발을 맡긴다면 그의 안정적이고 침착하며 집중력이 높은 특성을 잘 활용할 수 있다. 다혈질인 사람이 기업 경영을 한다면 그의 활달함, 사교성 및 민첩함이 빛을 발할 것이다. 적극적이고 낙관적인 사람이 회사 조직을 이끈다면 반 컵의 물에서 희망을 찾았던 유대인들처럼 주변 사람들에게도 일을 하고 싶게 하는 동기를 부여하여 고난을 슬기롭게 헤쳐 나갈 것이다. 의지력이 강한 사람에게 장기적이면서도 난이도가 높은 업무를 맡긴다면 중도에 포기하는 일이 발생하지는 않을 것이다.

조직 내에서의 업무 형태는 각양각색이기 때문에 해당 조직에서 필요로 하는 인재의 개성도 다양할 수밖에 없다. 경영인은 구성원 개개인의 개성은 물론 조직 전체를 경영하는 데에도 세심한 주의를 기울여야 한다. 조직 구성원의 능력과 기질 및 성격을 조화롭게 조율하여 부족한 부분은 보완하고 상충하는 점은 해소하는 것이 바로 경영인의 임무다.

●● 본질을 파악하라

『제갈량집』의 「지인성」을 통해 사람의 본질을 파악하는 법을 알아보자.

사람의 본성을 이해하는 것보다 어려운 일은 없다. 선과 악은 구별이 되지만 감정과 외모는 반드시 일치하지 않기 때문이다. 온화하고 선량해 보이지만 간사한 사람이 있는가 하면, 겉으로는 공손해 보이지만 기만하는 자가 있고, 겉으로는 용감해 보이지만 비겁한 자도 있으며, 최선을 다하는 것 같지만 불충한 자도 있다. 인간을 이해하는 방법은 일곱 가지가 있다. 첫째, 어떤 일의 옳고 그름을 물어 의지를 관찰한다. 둘째, 난처한 질문을 하여 임기응변 능력을 관찰한다. 셋째, 계략에 대해 물어 식견을 관찰한다. 넷째, 큰 재난을 알려 용기를 관찰한다. 다섯째, 술에 취하게 하여 품성을 관찰한다. 여섯째, 이로움으로 유혹하여 청렴함을 관찰한다. 일곱째, 기한을 정해 일을 수행하게 함으로써 능력을 평가한다.

제갈량은 사람을 파악할 때는 외적 요소도 중요하지만 본질이 더 중요하다고 생각했다. 특히 그는 겉으로 드러난 모습과 내면이 항상 일치하지 않는다는 사실에 주목했고, 이 점이 바로 사람을 파악하는 데 어려움을 준다고 보았다.

제갈량은 의지, 변통, 식견, 용기, 품성, 청렴, 신의 등 일곱 가지를 살펴봄으로써 그 사람을 전면적으로 파악하는 방법을 제시했으며, 이 일곱 가지 요소의 중요성을 강조했다.

사실 이는 제갈량이 처음 주장한 것은 아니었다. 중국의 고대 군사 사상을 살펴보면 이런 내용은 오래전부터 전해지고 있었다. 전국시대에 편찬된 『육도』에서는 선비의 외모와 마음씨가 일치하지 않는 열다섯 가지 사례를 소개하고 있다. ❶ 현명해 보이지만 덕이 없는 자 ❷ 온화하고 선량해 보이지만 알고 보면 도둑질을 일삼는 자 ❸ 겉으로는 공손해 보이지만 속으로는 오만한 자 ❹ 청렴하고 신중해 보이지만 진실성이 없는 자 ❺ 영리해 보이지만 무식한 자 ❻ 충직하고 성실해 보이지만 진실성이 없어 신뢰할 수 없는 사 ❼ 지략을 좋아하는 것 같지만 실제로는 능력이 부족한 자 ❽ 과감해 보이지만 결단력이 없는 자 ❾ 진실해 보이지만 신뢰감을 주지 못하는 자 ❿ 어수룩해 보이지만 충성심이 있고 믿을 만한 자 ⓫ 괴상하고 맹렬해 보이지만 공적을 세우는 자 ⓬ 용감해 보이지만 속으로는 겁이 많은 자 ⓭ 군자 같이 보이지만 남을 멸시하는 자

❹ 웃음이 없고 함부로 말을 하지만 침착하고 충실한 자 ❺ 지위가 낮고 외모는 추하지만 못하는 것이 없고, 무얼 해도 남보다 뛰어난 자가 그것이다.

이처럼 세상 모든 사람이 업신여기는 자가 알고 보면 충성심이 있고 믿을 만하다는 사실을 알 수 있다. 사람의 겉모습과 내면이 일치하지 않은 경우 오직 현명한 자만이 그 사람의 본질을 파악할 수 있다.

『육도』의 또 다른 구절을 보자.

사람을 알 수 있는 여덟 가지 징조가 있다. 첫째, 질문을 하여 답변을 살피고 둘째, 궁지에 몰아넣는 말을 하여 임기응변 능력을 살피고 셋째, 주변 사람에게 물어 성실성을 살피고 넷째, 명백하고 단순한 질문으로 덕을 살피고 다섯째, 재물을 다루게 하여 청렴함을 살피고 여섯째, 여자를 가까이 두어 정조를 살피고 일곱째, 어려움을 알려서 용기를 살피고 여덟째, 술에 취하게 하여 행실을 살핀다. 이 여덟 가지 징조를 시험해보면 어진 사람인지 어리석은 사람인지 구별할 수 있다. 『육도六韜』「선장選將」

『태백음경』에도 비슷한 내용의 구절이 있다.

성인聖人은 도덕성과 정의로움에 근거해 뽑고, 현명한 인재는 인품과 덕에 근거해 뽑고, 지혜로운 자는 지략에 근거해 뽑고, 용감한 자는 담력에 근거해 뽑는다. 탐욕스러운 자를 살필 때는 재물을 이용하고, 간신을 판별할 때는 기회를 이용하고, 우매한 자를 살필 때는 위기를 이용한다. 똑같은 상황에서 문제 해결 능력을 살필 때는 그들의 지략을 관찰하고,

전혀 다른 상황에서 문제 해결 능력을 살필 때는 처세와 품행을 관찰한다. 때로는 임기응변 능력을 통해 지략을 살펴보고, 때로는 적군의 성을 함락시키게 하여 담력을 시험하고, 때로는 재물을 통해 물질적 욕망을 대하는 태도를 살펴보고, 때로는 합종연횡의 수단으로 간첩을 이용하는 방법을 살펴보며, 때로는 공포감을 조성하여 위기에 대처하는 능력을 알아본다. 『태백음경太白陰經』「감재편鑑材篇」

어질고 의로운 사람의 마음을 알아보려면 재물이 아닌 신용으로서 평가해야 하고, 용사의 마음을 알아보려면 위협이 아닌 신의로서 평가해야 하고, 지혜로운 자의 마음을 알아보려면 기만이 아닌 충성으로서 평가해야 한다. 우매한 자의 마음을 알아보려면 드러내기보다는 은폐함으로써 살펴야 하고, 그릇된 자의 마음을 알아보기 위해서는 관례가 아닌 위협으로 살펴야 하고, 재물을 좋아하는 자의 마음을 알아보려면 청렴이 아닌 뇌물로 살펴야 한다. 『태백음경太白陰經』「수유탐심편數有探心篇」

다음은 『자치통감資治通監』의 「주기일周紀一」에 등장하는 즉묵대부와 아阿대부의 이야기를 보자.

제나라 위왕이 즉묵대부를 불러들여 말했다.
"네가 즉묵의 대부로 취임한 뒤에 너를 헐뜯는 소문이 떠돌았다. 그래서 사람을 시켜 즉묵을 시찰하게 했더니 땅과 들은 개간되어 있고 백성들은 풍족하고 관아는 청렴하여 모두 평안하였다. 그런데도 너를 비방하는 소문이 떠돌았던 것은 네가 내 주변에 있는 자들에게 아첨하지 않아 그들의 도움을 받지 않았기 때문이었음을 알았다."

이에 위왕은 즉묵대부에게 식읍食邑 1만 호를 봉했다. 위왕은 아대부를 불러들여 말했다.

"네가 아읍 지역을 관할한 이후부터 너를 칭찬하는 소문이 자자했다. 사람을 시켜서 아읍을 시찰하게 했더니 땅과 들은 개간되어 있지 않았고 백성들은 굶어 죽거나 얼어 죽고 있다고 했다. 과거에 조나라가 견甄을 침략했을 때 도움을 주지 않았고, 위衛나라가 설릉薛陵 지역을 빼앗았을 때도 너는 모르고 있었다. 네가 내 주위에 있는 자들에게 많은 뇌물로 칭찬을 구걸했음을 알았다."

위왕은 아대부와 거짓으로 그를 칭찬했던 자들을 모두 삶아 죽였다. 그러자 신하들은 두려움에 떨며 감히 거짓말을 하지 않았으며, 솔직하고 상세하게 실상을 아뢰었다. 그 후 제나라는 잘 다스려져 강국으로 발전하여 천하를 다스렸다.

사람을 관찰할 때 겉모습으로 본질을 파악하고 진면목을 살핀다는 것은 참으로 어려운 일이다. 그 이유는 첫째, 사람은 그 특징이 제각각이다. 따라서 시간과 장소, 환경과 상황에 따라 각기 다른 특성을 나타낸다. 둘째, 사람은 누구나 변화 속에 살아간다. 정지된 채 변함이 없는 사람은 존재하지 않으며, 시간이 흐름에 따라 사람의 특성도 변화한다. 셋째, 개개인의 교육 수준 및 소양과 본성은 천차만별이다. 이에 따른 처세 방법도 각양각색이다. 인간 본연의 특징이 이렇듯 복잡하기 때문에 사람에 대한 판단도 복잡하고 다양해질 수밖에 없다.

●● 관찰의 궁극적 목적을 파악하라

제갈량은 사람을 관찰하는 것과 관련하여 「병요」에서 다음과 같이 말했다. "재능 있는 자가 그것을 감추는 일은 어렵고, 재능이 없는 자가 있는 것처럼 거짓되게 꾸며내는 것도 어려우니, 유명무실한 자는 발탁되기 더욱 어렵다."

또한 『여씨춘추』의 「우합편」에서는 인재 등용의 중요성을 다음과 같은 사례를 들어 깨우치고 있다.

진陳나라에 생김새가 추한 돈흡수미敦洽讎糜라는 사람이 있었다. 이마는 지나치게 튀어나오고 눈썹과 눈 사이는 멀고 얼굴색은 새빨갛고 눈은 처져 코에 닿아 있었고 팔꿈치는 휘어져 있었다. 게다가 말투는 상스럽기 그지없었다. 그러나 진나라 왕은 그를 몹시 좋아하여 국가의 통치를 맡기는 한편 개인적인 업무를 관리하도록 위임했다.

어느 날 초나라가 제후국들의 왕을 초청했는데, 마침 진나라 왕이 병이 들어 참석하지 못하게 되자 돈흡수미를 대신 보내 사의를 표하고자 했다. 이름이 괴상하다 여겨 먼저 그를 만나본 초나라 왕은 그의 언행에 혐오감을 느끼고는 부하들을 소집하여 말했다.

"이 자가 사신으로서의 자격이 부족하다는 것을 진나라 왕이 몰랐다면 현명하지 못한 것이고, 알고도 보냈다면 나를 모욕한 것이다. 나를 모욕했든 우매한 사람이든 나는 진나라를 공격해야겠다."

왕의 선포가 떨어지자마자 초나라는 진나라를 정벌했고, 진나라는 3개월 만에 멸망했다.

돈흡수미의 생김새는 사람들이 두려워할 만큼 추했고, 그의 언변은 국가를 망하게 할 만큼 상스러웠지만, 진나라 왕은 그를 지나치게 총애한 나머지 결국 국가의 멸망을 초래하는 우를 범했다. 신임을 받아서는 안 되는 자가 신임을 받게 되면 국가는 쇠퇴하게 되고, 신임을 받아야 할 자가 신임을 받지 못하면 국가는 멸망한다. 인재 발탁에 실패하면 국가는 쇠락하고 사회는 혼란스러워지며 백성들은 근심걱정으로 하루도 편안한 날이 없다.

인재를 추천하는 기준이 되어야 하는 것은 첫째는 도덕성이고, 둘째는 사업성이며, 셋째는 업적이다. 이 세 가지를 모두 충족시키는 인재를 등용하지 않는다면 문제가 발생할 수밖에 없고 인사에 실패한 왕도 크나큰 불행을 당하게 된다. 진나라 왕은 그릇된 인사로 스스로를 불행에 빠뜨렸음은 물론 국가적 재앙을 초래했다.

좌종당左宗棠은 "사람을 얻는 길은 사람을 아는 데 있고, 사람을 아는 방법은 실체를 알아보는 데 있다."고 말했다. 그렇다면 어떻게 한 사람의 실체를 알아볼 수 있을까? 이는 현대 경영인이 풀어야 할 크나큰 숙제다. 현명한 해답을 찾기 위해서는 사람의 심리를 이해하고 판단하는 능력을 꾸준히 향상시켜야 한다. 사람을 관찰할 때는 특히 다음을 경계해야 한다.

선택적 주의 Selective attention 우리는 사람을 살필 때 당장 필요로 하는 것, 또는 가장 관심이 있는 한 가지 측면에만 모든 주의력을 집중하고 나머지에 대해서는 무시하는 경향이 있다. 누군가를 좋아하게 되면 그 사람의 장점만 주목하는 바람에 그의 모든 점이 좋게 느껴지는 것이 단적인 예다. 반대로 누군가를 싫어하게 되면 그의 단점만 보고 장점이라고는 한 가지도 없는 구제불능이라고 여기게 된다. 선택적 주의는 기능적 가치가 큰 자극에 주의를 집중하고 나머지는 무시하는 심리 상태를 말한다.

심리적 거부 Psychological denial 자신에게 고통을 주거나 받아들이고 싶지 않은 자극을 회피하려는 심리를 말한다. 심리적 거부는 선택적 주의와는 반대되는 개념이라고 볼 수 있는데, 선택적 주의가 자신이 좋아하는 면에 주의를 집중하는 것이라면 심리적 거부는 받아들이기 힘든 면을 거부하는 것을 말한다. 즉 인지자는 객관적인 사실 앞에서 자신이 인정하기 싫은 자극을 애써 무시하거나 받아들이기를 거부한다. 이 역시 선택적 주의와 같은 극단적인 경우로, 자신이 싫어하는 사람의 장점을 받아들이지 못한다.

고정관념Stereotype 인지하고자 하는 대상이 속한 집단의 특성을 통해 개인의 속성을 단정지어버리는 것으로, 한 집단 또는 같은 부류에 속한 개인에게는 각각의 차이가 존재한다는 사실을 망각하는 것이다. 명문 대학에 다니는 학생은 모두 우수하다고 생각하거나, 유명한 병원의 의사는 모두 의술이 뛰어나다고 단정짓는 것이 단적인 예다.

정서적 투사 Emotional projection 인지자가 자신의 감정을 대상자에 투영하여 개인 선호도에 따라 감성적 판단을 내리는 깃으로, 자신이 좋아하는 것은 타인도 좋아할 것이라고 생각하는 것이 대표적인 예다.

후광효과Halo effect 인상이나 사전에 내렸던 결론을 근거로 사람을 평가하는 것으로, 반드시 피해야 할 오류 중의 하나다. 심리학적으로 볼 때 후광효과의 영향력은 매우 크다. 이를 바탕으로 사람을 판단하거나 평가할 경우 객관적인 사실에 위배되는 상황이 종종 발생한다.

논리의 오류 Logic error   개인의 한 가지 특징만을 가지고 '이 사람은 반드시 저럴 것이다'고 잘못 추측하는 것을 말한다. 이런 결정은 추론 과정에서 논리적 필연성이 배제되어 있으며, 단지 개인의 인격에 대한 가설만 세워놓은 상태에서 단정을 내린다. 예를 들어 똑똑한 사람은 반드시 유능할 것이라고 생각한다거나, 성질이 급하고 불같은 사람은 막무가내일 것이라고 판단하는 경우다. 이러한 추론은 가설을 바탕으로 얻어지는 결론이기 때문에 둘 사이에 필연적인 인과관계는 존재하지 않으며, 이러한 그릇된 인식은 잘못된 결론을 도출해내기 쉽다.

관대화 현상 Leniency effect   선량함을 전제로 사람을 평가하다 보면 부정적인 것보다는 긍정적인 쪽으로 치우치게 되고, 대상을 과장되게 평가함으로써 판단이 왜곡되기 쉽다.

요컨대 경영인이 인재를 기용하기 위해서는 대상에 대한 정확한 인식이 선행되어야 한다. 이때 과학적인 방법을 활용한다면 인재를 선발하는 데 어려움이 없다.

고대 병서인『태백음경太白陰經』에서는 인재 채용과 관련하여 다음과 같은 글을 찾을 수 있다.

덕은 높으나 지위가 낮은 자가 있다면 이는 인재를 잘못 기용한 것이고, 덕은 낮으나 지위가 높은 자가 있다면 이 역시 인재를 잘못 기용한 것이다. 차라리 군자를 등용하지 않는 잘못을 행할지언정 소인을 발탁하는 잘못을 저질러서는 안 된다. 군자를 기용하는 데 실패하면 백성들을 잘 다스릴 수 없고, 소인을 기용하게 되면 하는 일마다 실패한다.

●● 인사는 공정해야 한다

고대 중국 진나라의 재상이었던 여불위가 논객들과 함께 편찬한『여씨춘추』에서는 인재를 채용할 때의 공정성을 중요하게 다루었다.

진晉나라 왕 평공平公이 기황양祁黃羊에게 물었다.
"남양현南陽縣의 현령 자리가 비어 있는데 누가 적합하겠소?"
"해호解狐가 적격입니다."
"해호는 자네의 원수가 아닌가?"
왕이 의아하여 묻자 기황양이 대답했다.
"왕께서는 누가 현령이 되는 것이 적합한지 물으셨지, 누가 저의 원수인지 물으신 것이 아닙니다."

왕은 해호를 임용했고, 백성들은 만족해했다. 얼마 지나지 않아 왕은 다시 기황양에게 물었다.

"현재 위관尉官의 자리가 비어 있는데 누가 적합하겠는가?"

"기오祁午가 적합합니다."

"기오는 자네 아들이 아닌가?"

왕이 의아하여 묻자 기황양이 대답했다.

"왕께서는 누가 위관이 되는 것이 적당한지 물으셨지, 저의 아들이 누군지 물은 것이 아닙니다."

왕은 기오를 임용했고 백성들은 만족해했다.

공자는 이 이야기를 듣고 말했다.

"인재를 추천할 때는 밖으로는 원수를 꺼리지 않고, 안으로는 가족을 꺼리지 않는구나. 기황양은 대공무사大公無私한 자로다!"

「거사편」에는 무사無私(사사로움이 없음)를 강조한 또 다른 이야기가 등장한다.

하늘은 이익을 취하기 위해 대지를 덮고 있는 것이 아니고, 땅은 이익을 취하기 위해 만물을 지탱하는 것이 아니고, 해와 달은 이익을 취하기 위해 천하를 밝히는 것이 아니고, 사계절은 이익을 취하기 위해 끊임없이 순환하는 것이 아니다. 그들은 덕을 원칙으로 소임을 다하며, 이로써 만물은 비로소 성장한다.

인사는 사사로움이 없이 공정해야 한다. 반드시 원칙과 기준에 따라야 하며, 여기에 혈연이나 지연 또는 개인적인 원한 관계가 개입되어서는 안 된다. 이는 인사의 기본 원칙이자 채용하려는 주체의 인사 능력과 수준을 가늠하는 척도이기도 하다. 다시 말해 인사는 도덕성과 지혜로움을 토대로 이루어져야 하는데, 이를 무시한 채 내 편 만들기에만 급급하다면 결국 그 한 사람으로 인해 모든 걸 잃게 된다.

삼국 시대, 촉蜀나라의 장군 요립廖立은 제갈량으로부터 '초나라의 우수한 인재'라는 칭송을 받고 있었다. 그러자 그는 자신의 재능이 제갈량 다음으로 뛰어나다고 자부하여 이엄李嚴보다 낮은 위치에 있는 것에 항상 불만이었다. 그의 불만은 날이 갈수록 쌓이면서 나중에는 왕을 비방하고 신하들을 헐뜯기에 이르렀다. 결국 그는 평민으로 강등되어 문산군汶山郡으로 쫓겨났다.

촉나라 장수였던 이평李平은 군량을 감시하는 과정에서 큰 잘못을 저질러 평민으로 강등되어 재동현梓潼縣으로 유배를 갔다. 후에 제갈량이 병사했다는 소식을 전해 들은 이평은 화병으로 죽었고, 요립은 눈물을 흘리며 탄식했다.

"이제 나는 조정으로 돌아갈 수 없는 몸이니 평생 평민으로 살아야겠구나."

요립 역시 유배지에서 생을 마감했다.

진晋나라 사람 습착치習鑿齒는 이 이야기를 듣고 이렇게 말했다.

"잔잔한 수면은 거센 파도와 물결이 밀려와도 다시 잔잔해지고, 맑은 거울은 추악한 사람의 모습이 비쳐도 화를 내지 않는다. 물과 거울이 사물의 실체를 드러냈음에도 원망의 말이 없는 것은 그들에게 사사로움이 없기 때문이다. 이렇듯 사사로움이 없어야 주변으로부터 비난을 받지 않는 법인데, 하물며 대인배인 군자가 생명을 아끼는 마음과 동정심, 그리고 너그러운 인품을 갖는다면 어떠하겠는가! 법률을 시행하는 것은 질서를 유지하기 위해서이고, 형벌을 가하는 것은 죄를 다스릴 필요가 있기 때문이다. 사람을 발탁할 때 사심이 없고, 사람을 주살할 때는 죽은 자의 노여움조차 사지 않는 자가 어찌 복종하지 않을 수 있겠는가?”

●● 재능은 덕의 지휘를 받는다

“덕은 재능에 따라 발휘되고, 재능은 덕의 지휘를 받는다.” 이는 사마광이 한 말이다.

사마광은 덕과 재능의 유무 및 그 정도에 따라 인간을 네 가지로 분류했다. 덕과 재능을 겸비한 자는 성인聖人이고, 덕도 재능도 갖추지 못한 자는 우인愚人이며, 재능보다 덕이 높은 자는 군자요, 덕보다 재능이 뛰어난 사람을 소인으로 분류했다.

사람을 기용할 때 만약 성인과 군자가 없다면 소인보다는 차라리 우인이 더 낫다. 왜냐하면 소인은 재주를 가지고 악한 일을 하지만, 우인은 나쁜 짓을 하려 해도 지혜와 힘이 부족하기 때문에 행동으로 옮기는 것이 불가능하다. 사마광은 국가의 역신逆臣과 집안의 문제아는 모두 재능은 넘쳤으나 덕이 부족한 자였다고 했다.

예로부터 인사의 핵심은 덕과 재능을 살피는 것이었다. 이 명제는 수천 년 동안 끊임없이 논의되어왔으며, 특히 이와 관련하여 섬세하면서도 명료한 사마광의 사상은 오늘날 경영인들에게 많은 시사점을 준다. 그렇다면 군자와 간신을 등용한 국가는 각각 어떤 결과를 맞았을까?

어진 신하가 권력을 쥐면 간신은 밖으로 배척당하고, 간신이 권력을 쥐면 어진 신하는 모함을 당한다. 이렇듯 인재의 쓰임이 안팎으로 올바르게 행해지지 않으면 혼란과 재난이 대대로 이어진다. 대신이 군주에게 의심을 품으면 간신이 몰려들고, 신하가 군주보다 자신을 높이면 위아래의 질서가 흐트러지며, 군주가 신하의 지위에 서면 마땅히 있어야 할 질서를 잃게 된다. 현명한 자에게 해를 입힌 자는 그 화禍가 3대에까지 미치고, 현명한 자를 천거하지 않으면 스스로가 해를 입게 되며, 현명한 자를 질투한 자는 명성을 보전하지 못한다. 그러나 현명한 자를 등용하는 자는 그 복福이 대대손손 이어지므로 군자가 현명한 자를 천거하는 일에 힘쓴다면 그 명성은 날이 갈수록 빛날 것이다. 한 사람의 이익을 위해 100명에게 손해를 끼치면 백성은 성곽을 떠날 것이고, 한 사람의 이익을 위해 1만 명에게 해를 끼치면 민심이 동요할 것이다. 한 사람의 희생으로 100명이 이익을 얻는다면 백성들은 그의 은덕에 감사할 것이고, 한 사람의 희생으로 1만 명이 이익을 얻는다면 국가는 평화로워질 것이다. 따라서 사람을 등용할 때는 반드시 소인을 경계해야 한다.

『삼략三略』「하략下略」

『원사元史』의 「열전列傳」에도 간신과 소인에 대한 내용이 상세하게 언급되어 있다.

간사한 자의 속셈은 음흉하고 위험하며 교활하다. 음흉하고 위험하기에 그런 자의 천태만상을 알 수가 없고, 교활하기에 상황에 대처할 수가 없다. 아첨하여 빌붙지만 마치 공경하는 것 같고, 간사하고 음흉하나 정직한 것처럼 보이고, 윗사람과 아랫사람을 기만하지만 신뢰가 있는 것처럼 보이고, 간사하고 부도덕하지만 친근한 것처럼 보인다. 이런 자는 몰래 군주의 마음을 살펴 군주의 취향에 영합하고, 군주의 위세를 빌려 자신의 권위를 세우며, 군주의 욕망을 이용하여 자신의 꿈을 실현하고자 한다. 위로는 총애를 받고 아래로는 세도를 부리니, 대신들은 감히 비난할 수 없고, 왕족도 감히 의견을 말할 수 없어 그 악행이 천하에 드러나도 군주는 이를 알지 못한다.

●● 포부 하나로 역사에 이름을 남긴 사람들

이번에서 비천한 집안에서 태어나 많은 사람들의 조롱을 받았던 평범한 사람들이 포부 하나로 역사에 이름을 남긴 사례를 소개하려고 한다.

현인으로 태어났으나 가문이 보잘것없어 신분이 높은 친척이 없으며, 외모가 걸출하지도 않거니와 지혜와 용맹함이 겉으로 드러나지 않으며, 때로는 현명해 보이지만 때로는 우매해 보이고, 어떤 때는 취해 있으나 어떤 때는 깨어 있는 사람이 있다. 이런 사람은 그가 살아온 발자취를 근거로 인물 됨됨이를 알아내거나 다른 사람의 평가를 통해서도 알아낼 수가 없다. 이런 현인을 얻는 방법은 현명한 군주의 마음속에 있다. 사상이 맞고 포부가 같고 신념이 일치하고 말이 통하면, 물을 땅에 뿌리면 움푹 패여 습한 곳으로 먼저 흐르고, 황야에 큰 불이 번지면 건조한 곳부터 타는 것과 같다. 『태백음경太白陰經』「현유우시편賢有遇時篇」

이윤은 신莘 지역의 경부更夫[2]였다가 하나라 걸왕 때에는 술 심부름꾼이

---

[2] 전통 시대에 밤을 오경五更으로 나누었는데, 경부는 일경마다 종을 쳐서 시간을 알려주었던 사람이다.

었으며, 상나라 탕왕 때는 궁궐 주방에 기용되어 훗날 탕왕이 이隔를 정복하는 것을 도와 걸왕을 추방했다. 강태공은 조가朝歌에서 백정 노릇을 하고 극진棘津에서 술을 팔기도 했는데, 위수渭水에서 낚시를 하다가 주나라 문왕에게 발탁되어 태자인 무경武庚을 왕위에 앉혔다. 오자서伍子胥는 머리를 풀어헤치고 발가락을 드러낸 채 팔에 활과 화살을 끼고 오나라로 구걸을 하러 다녔는데, 합려가 그의 인품을 흠모하고 절의에 감복하였다. 그리하여 자신을 찾아온 오자서를 계단까지 친히 내려가 맞이하고는 사흘간 이야기를 나눈 뒤 주저 없이 그를 기용했다. 다섯 가구가 살고 있던 가난한 마을에서 태어난 범려范蠡는 어려서부터 시력과 청력이 나빠 미치광이라는 놀림을 받았지만 훗날 월나라 대부大夫 문종文種이 그가 현자임을 간파하고 발탁했다. 관중은 노나라에서 납치되어 제나라로 압송되었는데 제나라 환공이 그의 인물됨을 알아보고 재상으로 임명했다. 백리해百里奚는 진秦나라로 팔려갔다가 목공穆公에게 발탁되어 조정의 일에 힘썼다. 한신은 본래 남정南鄭을 도망친 탈영병으로, 회음淮陰 지역에서 불량배들의 사타구니 사이를 기어가는 과하지욕跨下之辱의 굴욕을 맛보기도 했지만, 훗날 한漢나라 고조高祖에게 기용되어 조정을 도왔다. 『태백음경太白陰經』「현유우시편賢有遇時篇」

위의 사례들은 우리에게 다음과 같은 교훈을 준다.

첫째, 경영인은 인재를 채용할 때 기업의 목표와 피고용인의 포부가 서로 일치하는지, 즉 양자의 문화적 배경이 동일한지 살펴보아야 한다. '뜻이 같지 않으면 함께 일을 도모하지 않는다'는 사상은 2천 년 전부터 중시되었지만 이를 실천하기란 쉽지 않다.

앞서 『태백음경』에 나왔던 "사상이 맞고 포부가 같고 신념이 일치하고 언사가 맞다."는 것은 인사의 전제조건이다. 특히 중요한 직무를 맡길 사람을 기용할 때는 이를 유념해야 한다. 문화적 공감대와 전략적 목표에 대한 공동의식은 조직의 응집력과 경쟁력을 쌓는 기초로, 사업을 성공시키는 중요한 요인이라고 할 수 있다.

여기서 조직이란 단순히 여러 사람의 집합체가 아니라 '공동의 목표와 신념을 가진' 사람들의 단체를 말한다. 만약 조직 내의 구성원들이 동일한 목표와 신념이 없다면 모래알처럼 흩어져 결국 사업은 실패하고 말 것이다. 따라서 지향점과 포부의 일치 여부는 인재 채용 시 가장 유념해야 할 부분이다.

둘째, 인재를 채용할 때는 한 가지 문제에만 얽매이지 말고 선택의 폭을 열어두어야 한다.

『잠부론』에서는 인재 등용과 관련하여 다음과 같은 글을 찾을 수 있다.

"화씨의 구슬은 박석璞石에서 나왔고, 수후隋侯의 진주는 대합조개에서 나왔다"

인재를 알아보는 것이 쉽지 않다는 뜻을 내포하고 있는 '화씨지벽和氏之璧'의 이야기처럼 숨은 명품인 인재를 찾아내기 위해서는 '돌을 쪼개어 옥을 찾고 조개를 갈라 진주를 찾는' 수고로움을 감내해야 한다.

강태공은 나이 일흔이 다되어 조가에서 백정 노릇을 하고, 맹진盟津에서 밥장사를 했다. 그 나이가 될 때까지 임금이 그의 말에 귀를 기울이지 않았던 것이다. 그러자 사람들은 그를 미치광이로 취급했다. 그러던 어느 날 문왕을 만나 3만여 명의 군사를 이끌고 싸워 천하를 안정시켰다. 무의武議(군사상 지략)가 아니었으면 어찌 이렇게 합치될 수 있었겠는가?

그러므로 '뛰어난 말에게는 채찍이 있어 먼 길에 닿을 수 있고, 뛰어난 선비는 군주와 의견이 합치되어야 큰 뜻을 펼칠 수 있다.'고 한 것이다.

『울요자尉繚子』「무의武議」

강태공은 벼슬을 얻기 위해 여러 번 시도했지만 현명한 군주를 만나지 못해 재능과 지략을 뽐내지 못했다. 그러다 주나라 문왕을 만나 자신의 포부를 마음껏 펼쳐 주나라가 패업을 이룸으로써 중국 역사에 길이 이름을 남겼다.

이와 관련해 제갈량은 다음과 같은 말로 우리를 일깨우고 있다. "견고한 기둥을 세우려면 나무가 곧아야 하고, 군주가 현명해지려면 보좌하는 선비가 곧아야 한다. 곧은 나무는 깊은 숲에서 나오고, 현명한 선비는 아랫사람들 사이에서 나온다."

이윤, 강태공, 오자서, 범려, 관중, 백리해, 한신은 모두 비천한 가문의 출신인데다가 이름도 알려지지 않았으며, 심지어 뭇사람의 조롱을 받았던 중생이었다. 하지만 전쟁으로 나라가 어지러울 때 천하를 평정하여 고통 받는 백성을 구해내는 데 탁월한 능력을 발휘했다.

태어난 곳을 묻지 말고
마땅히 행하는 바를 물어야 하네
작은 나무에서도 불꽃이 일어나듯
신분이 미천한 사람 가운데서 현명한 사람이 나오네

『별역잡아함경別譯雜阿含經』

셋째, 인재의 진정한 가치는 보통 사람이 실현 불가능한 일을 해낼 수 있다는 데 있다. 이런 사람은 역사를 바꾸고 천추의 위업을 이룰 수 있다. 따라서 한 명의 거인이 1만 명의 난쟁이를 이길 수 있다는 점을 경영인은 항상 명심해야 하며, 개개인의 가치와 역할에 대해 명확하게 인식해야 한다.

●● 공감대가 형성되어야 에너지를 분출할 수 있다

공감이란 '함께 느끼고, 함께 아파한다'는 것을 의미한다. 따라서 조직을 이끄는 데 있어 가장 중요한 요소가 바로 공감이라고 할 수 있다. 다음은 옛 군사 사상가들이 공감의 중요성에 대해 남긴 글들이다.

장수는 영웅의 마음을 사로잡고, 공을 세운 자에게 녹봉을 하사하고, 아랫사람들에게 자신의 뜻을 상기시켜야 한다. 백성과 좋아하는 바가 일치되면 이루지 못할 일이 없고, 미워하는 것이 일치하면 쳐부수지 못할 적이 없다. 나라가 잘 다스려지고 가정이 평화로운 것은 사람의 마음을 얻은 결과이고, 나라가 멸망하고 가정이 몰락하는 것은 사람의 마음을 잃은 결과이다. 사람은 누구나 자신의 뜻이 실현되기를 소망한다.

『삼략三略』「상략上略」

남자는 자신을 알아주는 이를 위해 목숨을 바치고, 여자는 자신을 기쁘게 하는 이를 위해 용모를 가꾸고, 말은 자신에게 채찍질하는 이를 위해 달리고, 신통한 생각을 가진 이는 자신과 통하는 이를 위해 앞을 밝혀준다. 『제갈량집諸葛亮集』「찰의察疑」

『사기』의 「항우본기項羽本紀」 속의 이야기를 살펴보자.

항우는 조나라를 구하는 문제와 관련하여 송의宋義와 의논했으나 의견
이 맞지 않아 그를 죽이고 대장군이 되었다. 그 후 항우의 명성은 초나
라의 제후들에게까지 전해졌다.

어느 날 그는 조나라 왕을 구하기 위해 모든 병사와 군마를 이끌고 강을
건넌 뒤, 배는 모조리 침몰시키고, 솥과 취사도구도 부수어버렸다. 그리
고 막사를 태운 뒤 3일간의 식량만 가지고 전쟁터로 갔다. 생사를 건 마
지막 전투임이 여실히 드러나는 행동이다.

거록巨鹿에 도착해서는 진秦나라 군대와 수차례 접전을 벌여 적이 도망
갈 수 있는 통로를 모두 막아 적을 격파한 뒤 소각蘇角을 죽이고 왕리王離
를 포로로 잡았다. 그러자 섭간涉間은 초나라에 항복하는 것을 거절하고
분신자살했다.

이때 초나라 군대는 제후국 중 가장 막강했는데, 거록을 구하려고 온 제
후군이 열 진영이 넘었지만 감히 출전하지 못하고, 초나라 군대가 진나
라를 공격할 때 뒤에서 관전만 할 뿐이었다.

초나라 병사들은 한 사람이 열 명을 상대할 정도로 용맹하여 그 살기가
천하를 뒤흔들 정도였으므로, 모든 제후군이 벌벌 떨었다.

항우가 진나라를 격파한 뒤 제후의 장수들을 불러 모으자 기어 들어와
서는 아무도 고개를 들어 쳐다보는 이가 없었다. 이때부터 항우는 제후
들의 진정한 장군이 되었고, 모든 지역의 제후들이 그를 따랐다.

이것이 바로 결사적으로 싸우겠다는 의지를 나타내는 고사성어인 파
부침주破釜沈舟의 이야기이다. 장수가 자신의 뜻을 부하들에게 전달하여

생사를 같이하고 어려움을 함께 극복하려는 공감대 형성의 중요함이 여실히 드러나는 대목이다.

구성원과 뜻을 공유하는 것, 이것이 바로 조직을 이끄는 리더가 지녀야 할 가장 중요한 덕목이다. 조직을 이끌기 위해서는 공통의 이념이 필요한데, 이는 조직 발전의 나침반 역할을 하며, 구성원의 행동적 준거이기도 하다. 공통의 이념이 수립되면 공감대가 형성되어 엄청난 에너지를 분출할 수 있다.

구성원은 자신의 신념이 조직과 일치한다는 걸 느꼈을 때 비로소 의욕이 생긴다. 이로써 모든 구성원은 맡은 바 임무를 성실히 수행하게 되고, 그들의 창의력과 업무 효율은 더욱 높아지며, 스트레스는 줄어든다.

그렇다면 공통의 이념은 어떻게 형성되는 것일까? 공통의 이념은 두 가지로 분류된다.

첫째는 조직 이념이다. 조직 이념이란 오랜 시간 축적된 조직의 가치관을 말한다. 경영인은 기업 이념을 수립하여 자신의 목소리를 내고, 이를 몸소 실천함으로써 조직의 공감대를 형성하게 된다.

둘째는 개인 이념이다. 개개인의 이념은 조직에 대한 충성도 및 업무의 적극성을 가름하는 시금석이다. 조직 이념을 명확히 세우는 것도 중요하지만, 개인 이념을 수립하는 것은 실질적인 업무에 매우 중대한 영향을 미친다. 모든 업무의 주체는 조직 구성원 개개인이기 때문이다. 사람들은 자신의 사상이나 신념과 상반되는 조직을 위해 일하려 하지 않으므로, 경영인은 조직 이념뿐 아니라 개인의 이념에도 관심을 기울여야 한다.

조직의 이념과 개인의 이념이 조화롭게 융합될 때 조직은 비로소 최적의 상태가 된다. 이를 위해 경영인은 개인과 조직의 중간자 역할을 원활하게 해낼 수 있어야 한다. 이런 관점에서 볼 때 『삼략』에서 말한 장수의 덕목 중 '통지어중通志於衆' 즉 '자신의 뜻을 사람들에게 알려 함께 한다'는 내용은 새겨볼 만하다.

공감대가 형성되면 구성원간의 소통이 원활해지고, 공동의 목표와 이념을 추구하는 과정에서 개개인의 역할은 더욱 빛을 발한다.

●● 마음을 하나로 모으는 단합의 효과

유방이 천하 제패의 위업을 달성한 것은 여러 명의 인재를 적재적소에 배치하여 그 효력을 극대화시켜 거둔 쾌거다. 다음은 여러 사람이 마음을 하나로 모으는 단합의 효과에 대해 알아보자.

지능이 비슷한 두 사람에게 같은 일을 시킬 수 없고, 힘이 대등한 두 사람은 싸워 이길 수 없고, 권력이 대등한 두 사람은 위아래를 다툴 수 없고, 목표가 같은 두 사람은 동시에 군주가 될 수 없고, 실력이 대등한 두 사람은 동시에 왕이 될 수 없고, 성격이 비슷한 두 사람은 서로 순응할 수 없다. 성격이 다르면 순조롭게 지낼 수 있으나, 비슷한 성격을 가진 사람은 갈등을 겪게 된다. 대장군은 지혜를 발휘해야 하고, 부장군은 용기를 발휘해야 하며, 지략으로써 용기와 힘을 발휘한다면 백전백승할 수 있다. 『태백음경太白陰經』「진장편陳將篇」

총명하고 두뇌가 출중한 자를 영재英才라 칭하고, 담력이 큰 자를 웅재雄才라 칭한다. 영재는 지혜가 그 기반이며, 웅재는 용기가 그 기반이다. 영재만 있다면 과감하게 일을 실행할 수 없고, 웅재만 있다면 지략을 펼칠 수 없다. 따라서 영재는 웅재와 함께여야 과감하게 실력을 펼칠 수 있고, 웅재는 영재와 함께여야 성공을 거둘 수 있다.

『태백음경太白陰經』「감재편鑑材篇」

두 이야기 모두 '단합'을 강조하고 있다. 경영인이라면 한두 명의 인재를 독립적으로 고용하는 것보다 재능이 뛰어난 인재를 효율적으로 배치하여 조직을 강력하게 만들어야 한다.

한나라 고조 때 유방이 항우를 격파하고 천하를 제패한 뒤 승리를 거둔 이유에 대하여 이렇게 말했다.

장막 안에서 계략을 세워 천리 밖의 승리를 쟁취하는 것은 내가 장량만 못하고, 나라를 편안하게 다스리고 백성을 어루만지며 군량을 원활하게 보급하는 것은 내가 소하蕭何만 못하고, 백만의 군사를 거느리고 싸우면 반드시 이기고 공격하면 반드시 승리를 쟁취하는 것은 내가 한신만 못하다. 이 세 사람은 모두 인재다. 내가 이들의 능력을 알아보고 등용했으니 이것이 천하를 얻은 이유다. 『사기史記』「고조본기高祖本記」

한 사람의 인재보다 여러 명의 인재를 조화롭게 배치하여 만들어진 조직이야말로 진정한 힘을 갖는다는 것을 알 수 있다. 만약 유방에게 장량만 있었다면 계획을 세우는 데만 그쳤을 것이고, 소하만 있었다면 나라를 편안히 하고 백성들을 잘 돌보는 것으로 끝났을 것이고, 한신만 있었다면 전쟁에서 승리하는 것 외에는 더 이상 기대할 게 없었을 것이다. 하지만 천하 제패라는 원대한 목표를 실현하기 위해서는 계획 수립, 국가 통치, 전쟁에서의 승리 등 그 어느 것 하나도 소홀히 해서는 안 되었다. 따라서 각 분야의 인재들이 모여 마음을 합침으로써 믿을 수 없는 힘이 생겨난 것이다.

기업의 조직은 반드시 효율적으로 구성되어야 하며, 이를 위해서는 다음 네 가지를 유념해야 한다.

첫째, 조직을 구성할 때는 기업의 업무 특징과 전략을 바탕으로 이루어져야 한다.

둘째, 조직 내의 인력 구성은 해당 기업의 가치사슬과 부합해야 한다. 조직의 효율성은 기업의 가치관과 부합할수록 높아지는데, 만약 그렇지 않을 경우 아무리 개인의 능력이 뛰어나다 하더라도 밑 빠진 독에 물 붓기 식으로 발전이 없다.

셋째, 인재의 전문성을 고려해야 한다. 전문성이 높은 인재일수록 상품을 생산해내는 수준도 높다. 그러므로 인재를 발탁하고 양성하는 과정에서 이를 유념해야 한다.

넷째, 조직 전체의 효율성을 중시하여 '1+1>2'의 효과를 거둘 수 있도록 해야 한다. 우리는 주변에서 개인의 수준은 평범하지만 한데 어우러진 조직의 수준은 최고인 경우를 볼 수 있다. 전쟁과 경영은 조직이 제 기능을 하느냐에 따라 승패가 갈린다. 다시 말해 군대와 기업은 조직의 수준과 능력으로 평가되며, 이는 인재가 얼마만큼 조화롭게 구성되어 있느냐에 따라 결정된다. 영재와 웅재가 조화롭게 배치되어 각자 제 역할을 해내고 상호보완적이라면 그 조직은 더욱 완벽해질 것이다.

●● 격려의 방식을 정확하게 인지하라

무경칠서의 하나인 『삼략』의 「상략」에는 다음과 같은 구절이 있다.

군사를 부리는 방법의 핵심은 당사자에게 예의를 다하여 존중하며 후한 녹봉을 내리는 것이다. 예를 다하여 존중한다면 총명하고 유능한 자들이 따를 것이고, 후한 녹봉을 내린다면 의로운 자들이 죽음을 두려워하지 않을 것이다. 따라서 유능한 자에게 내리는 녹봉이 인색해서는 안 되고, 공적이 있는 자에게 녹봉을 내릴 때는 시한을 따지지 말아야 한다.

강태공이 문왕에게 했던 다음의 말 역시 위의 문장과 일맥상통한다.

낚싯줄이 얇고 미끼가 또렷하면 작은 물고기가 걸리고, 낚싯줄이 적당하고 미끼가 향기로우면 중간치의 물고기가 걸리고, 낚싯줄이 튼튼하고 미끼가 풍부하면 대어가 낚인다. 물고기가 미끼를 물면 낚싯줄에 끌려오고, 사람이 녹봉을 받으면 군왕에 복종한다. 따라서 향기로운 미끼로 낚시를 하면 물고기를 잡을 수 있고, 녹봉으로 사람을 끌어 모으면 나라를 지키기 위해 열심히 싸울 것이다. 『육도六韜』「문도文韜」

위의 이야기는 오늘날 우리에게 많은 시사점을 준다.

첫째, 사람은 누구나 격려 받고 싶어 한다. 현대 심리학에서는 격려를 '행위를 불러일으키고, 행위의 방향을 제시하며, 그 행위를 지속하게 만드는 원동력'이라고 정의하고 있다. 에이브러햄 매슬로 Abraham H. Maslow 는 욕구 5단계 이론에서 인류의 생존 과정에서 발생하는 다섯 가지 기본 욕구를 다음과 같이 제시했다.

인간의 다섯 가지 기본 욕구는 생리적 욕구, 안전의 욕구, 사회적 욕구, 존중의 욕구, 자아실현의 욕구로 분류되며, 이는 단계적으로 발전한다고 보았다. 물론 단계적이라는 것은 각각 독립적이고 기계적으로 발전

한다는 의미가 아니며, 이들 역시 상호작용을 통해 발전한다는 의미다.

중국의 고대 병법가들이 강조했던 예우와 포상은 정신적 격려와 물질적 격려를 말한다. 두 가지를 통해 인류의 생존과 안전의 욕구뿐 아니라 사회적 욕구, 존중의 욕구와 자아실현의 욕구까지도 충족시켜줄 수 있다.

둘째, 사람마다 차이가 존재한다. 세상에 좌우가 완전히 일치하는 나뭇잎은 없다. 사람 역시 저마다의 특성이 다르기 때문에 격려를 받아들이는 방식이나 추구하는 내용도 각기 다르다. 어떤 이는 물질적 격려를 중시하는 반면 어떤 이는 정신적 격려를 더 중시하고, 또 어떤 이는 물질적 격려와 정신적 격려 모두를 추구하기도 한다. 따라서 경영인은 먼저 상대방이 원하는 격려의 방식과 내용에 대해 정확하게 알아낸 뒤 이를 바탕으로 격려를 해야 한다.

셋째, 격려의 효과를 어떻게 평가할 것인가? 이 역시 격려 과정에서 반드시 선결해야 할 중요한 문제다. 격려는 부작용이 아닌 긍정적인 효과를 불러와야 한다. 한데 격려가 오히려 상처가 되기도 하고, 열 번 격려했을 때 아홉 번의 효과는 좋았으나 한 번은 문제가 생겨 이것이 오히려 아홉 번의 효과까지 상쇄해버리는 경우가 발생한다. 따라서 격려의 효과에 대해 평가할 때는 '적당한 만족'을 원칙으로 해야 한다. 즉 지나치게 남용하거나 시도 때도 없이 격려함으로써 상대방이 이를 당연한 것으로 받아들이게 해서는 안 된다.

●● 의심스럽다면 기용하지 말고 기용했으면 의심하지 말라

주어진 임무를 감당해낼 수 있는 힘을 가진 사람에 대해 우리는 능력이 있다고 한다. 군대를 운용하거나 기업을 경영하는 사람은 인재를 채용할 때 그 사람이 능력이 있는지 잘 살펴야 한다.

군주의 가장 큰 잘못은 부하에게 관직을 주고도 그를 기용하지 않는 것과, 그를 기용해놓고도 사리에 어두운 자와 함께 그를 평가하는 것이다. 강을 건너는 자는 배에 의지하고, 먼 길을 가는 사람은 좋은 말에 의지하고, 천하를 제패한 자는 현명한 신하에게 의지한다. 이윤, 여상, 관중, 백리해는 천하를 제패한 자들의 나룻배이자 좋은 말이었다. 자신의 부모형제나 자제를 등용하지 않은 것은 관계가 소원해서가 아니고 요리사, 낚시꾼, 원수, 노비를 등용하는 것은 그들을 편애해서가 아니었다. 이것은 국가를 통치하고 입신양명하기 위해 필연적인 일이었다. 이는 마치 명장이 궁궐을 지을 때 크기를 가늠해 목재가 얼마만큼 필요한지 알아내는 것과 같고, 공사 규모를 짐작하여 몇 명의 일꾼이 필요한지 알아내는 것과 같다. 이윤과 여상이 중용되었을 때 세상 사람들은 은나라와 주나라가 천하를 제패할 것을 알았고, 관중과 백리해가 중용되었을 때는 제나라와 진나라가 천하를 제패할 것을 알았다. 『여씨춘추呂氏春秋』「지도知度」

이 이야기는 우리에게 두 가지 교훈을 준다. 먼저 사람을 기용할 때는 반드시 능력이 있는 자를 기용해야 성공할 수 있으며, 다음은 인재를 채용할 때는 능력을 충분히 발휘할 수 있는 환경을 조성하는 데 각별히 신경을 써야 한다는 것이다. 의심스럽다면 기용하지 말고, 기용했다면 의심하지 말라. 그래야만 그들이 각자의 위치에서 제 역할을 충분히 발휘할 것이다.

●● 오기 장군의 부하 사랑

　용병에게는 정情을 베풀어야 한다. 인정이야말로 상사와 부하를 연결하는 중요한 끈이다.

　옛날 우수한 장수는 병사를 자식처럼 대했다. 어려운 일이 있으면 먼저 나서고, 공로를 세울 일이 있을 때는 뒤로 물러났다. 다친 자에게는 울면서 어루만져주고, 죽은 자는 애도한 뒤 장례를 치러주었으며, 굶주린 자에게는 자신의 음식을 아껴 나눠 먹었으며, 추위에 떠는 자에게는 자신의 옷을 벗어 입혔고, 지혜로운 자에게는 녹봉으로 예우를 했으며, 용감한 자에게는 상을 주어 격려했다. 장수가 이와 같이 한다면 가는 곳마다 승리할 것이다. 『제갈량집諸葛亮集』 「애사哀死」

　전국시대의 위나라 장군 오기는 서하를 지킬 때 병사 중 계급이 가장 낮은 자가 입는 얇은 옷을 입고 함께 거친 음식을 먹었다. 누울 때는 자리를 깔지 않았고, 외출할 때는 말을 타지 않았으며, 식량을 친히 지니고 다니면서 병사들과 동고동락했다.

　어느 날 종기를 앓는 병사를 발견한 그는 그곳을 직접 입으로 빨아주었다. 이 이야기를 전해들은 병사의 어머니가 눈물을 흘리자 누군가가 물었다.

　“당신 아들은 일개 병사인데도 장군께서 친히 종기를 빨아주었소. 그런데 어째서 우는 것이오?”

　그러자 병사의 어머니가 대답했다.

　“그럴 만한 사정이 있습니다. 과거에 지아비에게 종기가 났을 때 오기 장군께서 빨아주었더니 감격하여 전쟁터에서 물러서지 않고 싸우다가 세상을 떠났습니다. 지금 오기 장군께서 제 자식의 종기를 빨아주었으니 자식이 언제 죽을지 알지 못해 우는 것입니다." 『사기史記』「오기열전吳起列傳」

이 이야기는 장수가 병사를 사랑하는 애병愛兵의 전형적인 사례로 평가받고 있으며, 오늘날까지도 많은 사람들에게 회자되고 있다.

●● 위엄이 있어야 위계 질서가 잡힌다

그 사람이 존경할 만한 가치가 있고 점잖고 엄숙한 모습을 보일 때 우리는 위엄이 있다고 한다. 장수는 위엄으로 아랫사람을 다루어야 위계 질서가 잡힌다.

병사를 갓난아기처럼 아껴주면 그는 위험 속으로 기꺼이 뛰어들 것이고, 병사를 사랑하는 자식처럼 대한다면 그는 장수와 생사를 함께 할 것이다. 아끼면서도 그를 부릴 수 없고, 사랑하면서도 명령하지 못하고, 군대가 혼란스러워도 다스릴 수 없다면 응석받이로 자라난 아이처럼 아무런 쓸모가 없을 것이다. 『손자병법孫子兵法』「지형편地形篇」

여기서 손자가 강조하는 것은 '아끼면서도 부릴 수 없고 사랑하면서도 명령하지 못한다'의 구절이다. 손빈孫矉 역시 병사를 대할 때는 '응석받이 아이처럼 사랑하고 엄격한 스승처럼 공경하되 흙과 티끌처럼 쓰라.'라고 했다.

부하를 사랑으로 기쁘게 하지 못하고, 엄격함으로 경외감을 갖게 하지 못한다면 그들을 부릴 수 없다. 사랑은 아랫사람들이 순종하도록 하는 것이고, 위엄은 자신을 그들 위에 세우는 것이다. 사랑은 부하들에게 충성심을 갖게 하고, 권위는 잘못을 범하지 않게 한다. 그러므로 훌륭한 장수란 사랑을 실천하고 위엄을 세우는 자다. 『울요자尉繚子』「공권功權」

두 편의 사례는 병사를 다스릴 때는 당근과 채찍을 모두 활용하여 너그러움과 엄격함, 강함과 부드러움이 조화를 이루어야 한다는 것을 강조하고 있다. 이는 군대를 운용함에 있어 매우 중요한 과제다. 위엄 없이 사랑만 베푼다면 병사들을 통제할 수 없어 장수의 권위가 실종되므로 군대의 전투력은 약화될 수 있다. 반대로 사랑 없이 위엄만 있다면 병사들은 분열되어 반항심과 적개심을 갖게 될 것이다.

따라서 장수는 사랑과 위엄을 두루 갖추어야 한다. 하지만 여기서 특히 강조하는 것은 사랑보다는 위엄이다. 위엄이 있어야 군대가 잘 다스려지고 병사들의 행동이 질서정연해진다. 만약 위엄이 없다면 군사들은 모래알처럼 흩어질 것이다. 병사를 다스리는 것은 자식을 키우는 것과 같아 응석을 지나치게 받아주면 효자로 키울 수 없다. 사랑하되 때로는 엄격하게 교육해야 훗날 대업을 이룰 수 있다.

●● 적재적소에 인재를 배치하라

알맞은 인재를 알맞은 자리에 쓴다는 것을 적재적소라고 한다. 과거 군사 사상가들이 인재를 어떻게 적재적소에 배치했는지 알아보자.

계략을 세울 때는 지략이 뛰어난 자를 이용하고, 유세하고 협상할 때는 말재주가 뛰어난 자를 이용하고, 적을 이간질시킬 때는 간첩을 이용하고, 제후국에 들어갈 때는 길눈이 밝은 자를 이용하고, 무기를 만들 때는 기술자를 이용하고, 성을 수호하고 적군을 공격할 때는 용맹한 자를 이용하고, 적을 습격할 때는 민첩한 자를 이용하고, 정보를 탐색하여 신속히 전달할 때는 발 빠른 자를 이용하고, 적을 공격하여 돌진할 때는 힘센 자를 이용하고, 어리석음을 은폐하거나 적을 유혹할 때는 술수가 뛰어난 자를 이용해야 한다. 이것이 바로 인사의 원칙이자 방법이다. 하나라, 상나라, 주나라의 3대가 끝나고 춘추 오패가 군림한 이후부터 인재를 적재적소에 등용했던 국가는 번성했지만 그 방법을 터득하지 못한 국가는 멸망했다. 『태백음경太白陰經』「선사편選士篇」

또한 손자는 「지형편」을 통해 우매하고 탐욕스러운 자도 반드시 필요하다는 것을 설파하고 있다.

지략을 갖춘 자, 용감한 자, 재물을 탐내는 자 그리고 우매한 자를 기용하라. 지략을 갖춘 자는 업적을 쌓는 일을 기꺼이 할 것이고, 용감한 자는 포부를 실현하는 일을 기꺼이 할 것이고, 재물을 탐내는 자는 이익을 추구하는 일을 기꺼이 할 것이고, 우매한 자는 생명을 기꺼이 희생할 것이다. 그들 각자의 특성을 적절히 이용하는 것이 인사의 미묘한 방법이다.

그리고 처세와 지략의 보고인 『지낭智囊』에는 다음과 같은 이야기가 전해진다.

당나라 사람 한황韓滉이 삼오三吳를 관할하게 되었을 때 인재의 능력에 따라 적재적소에 배치했다.

어느 날 오랜 친구의 아들이 몸을 의탁하러 찾아왔다. 한황은 그가 아무런 재주가 없음을 알고 연회에 참가시켰다. 그랬더니 연회가 시작되었을 때부터 끝날 때까지 단정하게 앉아 있기만 할 뿐 주변 사람들과 한 마디도 말을 하지 않는 것이었다.

이를 지켜본 한황은 그에게 창고를 지키도록 했고, 과연 그는 매일 아침부터 해가 질 때까지 꼼짝도 않고 창고를 지키고 앉아 있어 병사들이 함부로 들락거리지 못했다.

이는 인재를 어떻게 적재적소에 등용해야 하는지를 생각하게 하는 좋은 사례다.

●● 병사를 부리기 전에 교육이 선행되어야 한다

충분한 교육과 훈련이 이뤄지지 않은 상태에서 병사를 이끌고 전장에 나가게 되면 큰 곤란을 겪게 된다. 고대 병법가들은 군대의 훈련을 매우 중시했다.

병사들은 능력이 부족하여 죽고, 방법이 숙련되지 아니하여 패하곤 한다. 따라서 병사를 부릴 때는 교육과 훈련이 우선되어야 한다. 한 사람이 전쟁의 기술을 익히면 열 명을 가르칠 수 있고, 열 명이 배우면 100명을 가르칠 수 있고, 100명이 배우면 1000명을 가르칠 수 있고, 1000명이 배우면 1만 명을 가르칠 수 있고, 1만 명이 배우면 군대 전체를 가르칠 수 있다. 가까운 곳에서 먼 길을 오는 적을 기다리고, 편안한 상태에서 적이 피로해지기를 기다리고, 배불리 먹은 뒤 적이 굶주리기를 기다려야 한다. 원진圓陣을 방진方陣으로 바꿀 수 있고, 앉은 자세에서 일어선 자세로 바꿀 수 있고, 이동하다가 멈출 수 있고, 왼쪽으로 가다가 오른쪽으로 갈 수 있고, 전진하다가 후퇴할 수 있고, 분산되었다가 집결할 수 있고, 모였다가 흩어지게 할 수 있어야 한다. 이런 변화를 모두 익히고 훈련한 뒤라야 비로소 전쟁에 나가 싸우는 것이 가능하다. 이것이 바로 장수가 할 일이다. 『오자吳子』「치병治兵」

『무경총요武經總要』에도 훈련의 중요성에 대한 내용이 언급되어 있다.

선발된 병사들이 훈련을 받지 않거나 사졸들이 복종하지 않으면 거처가 혼란스럽고, 행동이 불안정해 승리를 쟁취할 수 없고, 끊임없이 재난이 닥치고, 앞에서 공격해오면 뒤에서는 흩어진다.
군대에서는 병사의 많고 적음이나 용맹함의 여부를 따지지 않는다. 오직 다스리면 승리하고, 어지러워지면 패배가 있을 뿐이다. 병사가 장수를 알아보지 못하고, 장수가 병사를 알지 못하고, 북소리를 듣고도 진격할 생각을 하지 못하고, 징소리를 들어도 멈추지 않으면 백만 명의 병사가 있다 한들 위육호혜委肉虎蹊(호랑이가 다니는 길에 던져진 고기)의 신세가 되는데 어찌 승리할 수 있겠는가?

앞의 사례를 종합해볼 때 고대 병법가들은 군대의 훈련을 얼마나 중시했는지 알 수 있다. 그들의 사상은 다음과 같이 요약할 수 있다.
첫째, 병사를 부리기 전에 교육이 선행되어야 한다는 원칙은 반드시 지켜져야 한다. 이는 군사 활동 시 반드시 요구되는 사항일 뿐 아니라 군대 및 병사들에 대한 책임이기도 하다.

둘째, 선 교육 후 처벌은 군대를 다스리는 중요한 원칙이다. 가르치지도 않고 벌을 가하는 것은 반드시 금해야 한다. 모르고 잘못을 저지른 자에게는 죄를 묻지 않는 법이며, 죄가 없는 자를 죽인다면 병사들의 사기가 저하된다.

셋째, 군대의 교육 방식은 소수 정예 부대가 나머지 부대를 이끄는 형태여야 한다. 한 명의 병사가 10명의 병사를, 10명의 병사가 100명의 병사를 이끌 수 있어야 한다.

넷째, 전쟁에서 대처해야 할 세부 사항을 꼼꼼하게 교육해야 한다.

다섯째, 엄격한 훈련을 받은 군대만이 강한 전투력을 갖추어 전쟁에서 자기 역할을 제대로 해낼 수 있다.

인사 및 조직 운용은 예나 지금이나 기업의 성패를 가르는 핵심 요소이며, 대업 성취의 비법이다.

국가를 위기로부터 구하는 자는 천하의 가장 안전한 위치에 오를 수 있고, 국가를 우환으로부터 구하는 자는 천하태평의 즐거움을 누릴 수 있고, 국가를 재난으로부터 구하는 자는 천하의 복을 얻을 수 있다. 따라서 은덕이 천하의 백성에게 두루 미치면 현명한 자가 뒤따르고, 은덕이 곤충에게까지 미치면 성인聖人이 뒤따른다. 현인이 따르면 국가는 강대해지고, 성인이 따르면 국가는 통일된다. 그러므로 덕德으로서 현인을 구하고 도道로서 성인을 불러 모아야 한다.

반면 현인이 떠나가면 국가는 쇠약해지고, 성인이 떠나가면 국가가 다스려지지 않는다. 쇠약해진다 함은 위험으로 가는 계단이며, 다스려지지 않는다는 것은 국가가 멸망할 징조다. 「삼략三略」

덕으로서 현명한 사람을 구하고 도로서 성인을 불러 모으라고 했다. 현명함은 나라를 다스리는 바탕이고, 도는 나라를 다스리는 방책이니, 이로써 국가의 이익과 안전을 도모할 수 있다.

의사 결정 능력

전쟁의 승패는 사후가 아닌 사전에 결정되며, 전장에서가 아닌 사당祠堂에서 결정된다. 사전의 생각이 올바르다면 승산이 있겠지만, 생각이 그릇되었다면 재앙이 닥칠 것이다. 『손자병법孫子兵法』

유리하면 나아가고 불리하면 물러서라

계획을 세우고 결단을 내리는 것은 장수의 주요 임무이며, 이러한 의사 결정 능력은 장수의 자질을 필요로 한다. 어떻게 하면 전쟁을 승리로 이끌어 국가와 백성의 안녕을 꾀할 수 있을 것인가? 이 질문에 답하기 위해서는 먼저 전쟁의 특징과 규칙을 알아야 하다.

전쟁이란 무엇인가? 클라우제비츠의 『전쟁론』에서는 다음과 같이 전쟁의 특징을 제시했다.

❶ 전쟁이란 상대방이 나의 의지를 따르도록 강요하는 폭력 행위이

다. 참전자는 누구나 상대방 역시 나처럼 폭력을 행사할 수밖에 없도록 만든다.

❷ 전쟁의 최종 목표는 적군 소탕이다. 적을 굴복시키려면 그들의 저항 능력을 완전히 소멸시켜야 한다. 따라서 전쟁의 유일한 목적은 적을 무장 해제시킨 뒤 그들을 격파하는 것이다.

❸ 전쟁의 유일한 수단은 전투다. 전투란 전쟁에서 가장 효과적인 군사 활동이다. 모든 군사 활동은 직간접적으로 전투와 연관되어 있으며, 군사 활동의 효과는 전투 배치를 한 뒤 전투를 치름으로써 얻을 수 있다.

❹ 전쟁에서 가장 중요한 것은 군사의 전략적 배치와 전투 횟수를 결정하는 일이다. 전투 시 적군 소탕과 아군의 세력 유지는 동일한 목적을 가진 군사 행위로, 떼려야 뗄 수 없을 만큼 밀접한 관계가 있다. 적군 소탕은 적을 공격하여 물리치는 적극적인 행위인 반면 아군의 세력 유지는 소극적 행위이다. 즉 아군이 힘을 아끼며 특별한 행동을 취하지 않는다면 적의 의도가 분산되고 그들의 대응은 단순한 저항에 그친다.

❺ 전쟁은 결코 고립된 상황에서 행해지는 것이 아니다. 적은 추상적인 대상이 아니라 구체적인 대상이다. 또한 전쟁은 갑자기 발발하는 것이 아니며, 규모도 순식간에 간파할 수 있는 것이 아니다. 따라서 양측 모두 상상이 아닌 실제 규모와 동향을 근거로 상대방을 파악해야 한다.

❻ 전쟁이란 눈 깜짝할 사이의 일격이 아니다. 만약 결전이 단 한 차례만 일어났을 경우에는 그 전투를 위한 준비는 극단적인 상황에서 발생한 것이라고 보아야 한다.

❼ 공격과 방어는 전쟁에서 가장 중요한 기술이다. 이 둘의 기술적 형식은 서로 차이가 있으며, 강약에도 차이가 있다. 공격은 적극적인 행위인 반면 방어는 수동적인 행위이다.

❽ 적군을 소탕하는 방법은 여러 가지가 있다. 적군과 싸워 이기는 것만이 유일한 방법은 아니다. 적군의 사기를 꺾는 방법 등 다양한 전술이 필요한데, 이때 어떤 전술이 가장 효과적인가는 상황에 따라 융통성 있게 판단해야 한다. 여기에서 전략 결정자의 성격과 특성은 매우 중요한 역할을 한다.

❾ 전쟁의 결말은 결코 절대적인 승리나 패배라고 단정 지을 수 없다. 따라서 전쟁의 최종 결말은 고정적인 것이 아니다. 패전국은 종종 자국의 실패를 미래 국제 정치에서 만회할 수 있는 일시적인 불행일 뿐이라고 생각하기도 한다.

❿ 전쟁은 필연과 우연이 결합된 산물이다. 모든 전쟁은 역사적 필연성과 현실적 우연성이 결합되었을 때 발발한다. 인류가 사회 활동을 시작한 이래 전쟁만큼 빈번하게 우연성과 맞아떨어진 활동은 찾기 쉽지 않다. 우연으로 인한 기회, 또는 그로 인한 의외의 수확은 전쟁에서 매우 중요한 의미를 지닌다.

⓫ 전쟁과 정치는 불가분의 관계에 있다. 전쟁은 일종의 정치적 행위일 뿐 아니라 정치적 도구가 되기도 하며, 연속적으로 접촉하게 되는 모종의 정치적 수단이자 교류다.

⓬ 전쟁은 도박과 닮았다. 군사 영역에는 수학적 용어인 절대치의 문제를 적용시킬 만한 공간이 전혀 없다. 군사 활동 및 전쟁에는 가능성만 존재할 뿐 행운과 불운은 마치 경도와 위도처럼 서로 뒤얽혀 있다. 이처럼 전쟁은 인류의 모든 활동 중에서 도박과 가장 많이 닮아 있다.

전쟁의 규칙은 앞서 언급한 전쟁의 특징에서 기인한다. 따라서 이러한 특징을 먼저 간파해야 전쟁의 규칙을 이해할 수 있다. 중국의 고대 군사

전문가들은 전쟁의 규칙과 관련해 많은 주옥같은 사상을 남겼으며, 이
는 오늘날 기업 경영에도 매우 유용한 가치를 지닌다.

●● 적정 탐색의 필요성

"적군의 사정을 모르면서 치르는 전쟁은 위태롭다." 이는 제갈량이 한
말이다. 즉 올바른 전략을 펼치기 위해서는 적의 동태를 제대로 파악해
야 한다는 뜻이다. 군사 배치는 정확한 전략을 바탕으로 이루어지고, 전
략은 정확한 판단에 의해 결정되고, 판단은 주도면밀한 탐색과 연구 결
과에 의해 도출된다. 지휘관은 가능한 한 모든 수단을 동원하여 적의
동태를 관찰하고, 이를 자군이 처한 현실과 비교·분석하고 판단한 뒤
전략을 세워야 한다. 모든 군사 전문가들은 전략을 수립하기 전에 반드
시 이 과정을 거쳐야 한다. 다시 말해 적정 탐색은 모든 전략 및 계획 수
립의 전제 조건이다.

10만 대군을 파병하여 천릿길로 출정시키면 백성과 국가의 재정이 엄청
나게 소모된다. 병사들은 길거리에서 싸우다 지쳐 쓰러지고, 정상적인
생산 활동이 불가능한 가구가 수십만에 달하게 된다. 수년간 적과 대치
하다가 최후의 승리자가 되려는 목적이 오직 직위와 재물을 바라서일
뿐, 실상은 적의 동태조차 제대로 모르는 자라면 장수로서의 자질이 없

다고 봐야 한다. 현명한 군주와 훌륭한 장수가 출정할 때마다 뛰어난 공을 세우는 것은 사전에 적의 정황을 세밀히 간파했기 때문이다. 이는 귀신에게 물을 수도 없고, 점을 쳐서 알 수 있는 것도 아니며, 별자리를 통해 예측할 수 있는 것도 아니다. 반드시 사람, 그중에서도 적의 상황을 가장 잘 알고 있는 자를 통해 알아야 한다. 『손자병법孫子兵法』「용간편用間篇」

손자의 사상은 역대 병법가들의 칭송을 받으며 중국 군사 사상의 최고봉으로 자리 잡았다. 『무경총요』에서는 적정 탐색에 관해 다음과 같이 명쾌하게 정리되어 있다.

"적정을 모르면 병력을 늘리지 않고, 적의 상황을 모르면 맹세하지 않고, 적의 장수를 모르면 먼저 공격하지 않고, 적의 병사를 모르면 먼저 진을 치지 않는다. 적을 알고 나를 알면 안으로는 계략을 세울 수 있고, 밖으로는 출정할 수 있다."

무식하면 겁이 없고, 상황을 모르면 결심이 원대하며, 요령이 없으면 의욕만 앞서는 법이다. 이는 전쟁에서든 기업 경영에서든 가장 경계해야 할 사항이다. 하지만 아이러니하게도 이런 문제는 빈번하게 나타나고 있다.

●● 적정을 파악하는 방법

1 스파이를 이용하라

현명한 군주와 유능한 장수가 지혜로운 자를 첩자로 기용한다면 반드시 대승을 거둘 것이다. 이것이 용병의 핵심이며 군사 행동의 근간이다.

『손자병법孫子兵法』「용간편用間篇」

간첩 활용의 중요성에 대한 내용이다. 손자는 현명한 군주와 유능한 장수, 그리고 지혜로운 첩자의 삼박자가 자연스럽게 조화를 이루어야 간첩 활용의 효과가 제대로 발휘된다고 보았다. 또한 그는 간첩 활용은 군사 활동의 핵심으로, 필수불가결한 요소라고 거듭 강조했다.

전쟁에 활용되는 간첩은 다섯 종류가 있다. 향간鄕間, 내간內間, 반간反間, 사간死間, 생간生間이 그것이다. 이 다섯 가지 간첩을 동시에 이용한다면 아군은 적군의 동향을 쉽게 파악할 수 있다. 이것은 매우 신비한 간첩 활용법이며, 전쟁에서 승리를 거두는 열쇠다. 향간이란 적국의 백성을 간첩으로 이용하는 것이며, 내간은 적군 내부의 관료를 간첩으로 이용하는 것이고, 반간은 적군의 간첩을 역이용하는 것이다. 사간은 적의 진영에 유언비어를 퍼트려 잠복 중인 아군의 간첩에게 알리고, 이 정보를 적군의 간첩에게도 알리는 것이다. 생간은 적정을 은밀히 살펴본 뒤 다시 살아 돌아오는 간첩이다. 『손자병법孫子兵法』「용간편用間篇」

손자가 분류한 다섯 종류의 간첩은 각각 나름의 특징이 있고, 그 역할도 다르지만 최종 목표는 하나다. 바로 적군의 동태를 파악한 후 아군의 정확한 전술을 돕는 것이다. 거듭 강조하지만 간첩은 과거의 전쟁에서 상대편의 동향을 파악하기 위해 사용되었던 매우 중요한 수단이었다. 이는 오늘날 비즈니스 경쟁에서도 정보 수집을 위해 매우 유용한 방법으로 활용되고 있다.

장수라면 반드시 곁에 복심腹心(진정으로 믿을 수 있는 자), 이목耳目(정보를 알려주는 자), 조아爪牙(신변을 보호하는 자)가 있어야 한다. 복심이 없으면 한밤중에 길을 걷는 것처럼 어찌할 바를 모르게 된다. 이목이 없으면 까마득한 어둠 속에 있는 것과 같아 어떻게 행동해야 할지 알 수가 없다. 조아가 없으면 굶주린 사람이 독이 있는 음식을 먹고 생명을 잃는 것과 같다. 따라서 유능한 장수라면 식견이 넓고 지략이 풍부한 자를 복심으로 삼고, 사려가 깊고 엄숙하여 주도면밀한 자를 이목으로 삼고, 용감하여 전쟁에 능한 자를 조아로 삼아야 한다. 『제갈량집諸葛亮集』「복심腹心」

『사기』에 간첩과 관련된 매우 유명한 이야기가 있다.

한漢나라 왕 유방이 진평陳平에게 물었다.
"천하가 말할 수 없이 혼란스럽네. 언제쯤 평안해지리라 생각하는가?"
"항왕項王(항우)은 공손하고 예의가 있으며 백성을 사랑합니다. 하지만 상이나 작위를 하사할 때에는 매우 인색합니다. 반면 대왕께서는 평소에 오만하고 무례하시어 지조 있는 선비들이 따르려 하지 않으나, 작위와 봉읍을 하사할 때에는 아낌이 없으시기 때문에 많은 자들이 따르지요. 만약 두 왕의 단점을 버리고 장점만 취한다면 천하가 편안해질 것입니다. 지금 초나라 군대는 어지럽고 항왕의 신하들은 범증范增, 종리매鐘離昧, 용차龍且, 주은周殷 등 몇 십 명에 지나지 않습니다. 대왕께서는 이 기회를 놓치지 마시고 반간反間을 이용하십시오. 반간으로 초나라 신하들을 이간질시킨다면 의심 많은 항왕은 속아 넘어갈 것이고, 그의 신하들은 서로 시기하고 의심할 것이 분명합니다."
유방은 진평의 계략을 듣고 4만 냥의 황금을 내어주었다. 진평은 이를 초나라 군대를 이간질하는 데 사용했다. 그는 큰 업적을 세웠는데도 아무런 포상을 받지 못한 항우의 신하들이 한나라 왕과 연합하여 항우를 죽이고, 초나라의 땅을 분할한 뒤 그 땅의 왕이 되려고 한다는 소문을 퍼뜨렸다. 과연 항우는 자신의 신하들에게 의심을 품기 시작했다.

의심 끝에 항우는 한나라 군대를 염탐하기 위해 사신을 보냈다.

그러자 한나라 왕 유방은 초나라 사신을 환대하며 최고급 식기에 먹음직한 음식을 가득 차린 호화로운 연회를 베풀었다. 그때 한 신하가 말했다.

"범증이 보낸 사신인 줄 알았더니 항왕이 보낸 사신이군."

그러더니 준비한 것들을 물리고 싸구려 식기와 맛없는 음식으로 바꾸어 내놓았다. 사절은 초나라로 돌아가 항우에게 모든 상황을 보고했다. 상황을 보고받은 항우는 범증에 대한 의구심이 점점 커져만 갔고, 결국 서둘러 형양滎陽을 공격해야 한다는 범증의 말을 의심하게 됐다. 왕이 자신을 의심하자 범증은 크게 분노했다.

"천하의 대업이 거의 이루어졌으니 이제는 대왕께서 스스로 하십시오. 저는 고향으로 돌아가겠습니다."

범증은 고향인 팽성彭城으로 돌아가던 길에 등창이 생겨 죽었다.

유방의 신하 진평은 의심 많은 항우의 약점을 이렇게 이용했다. 먼저 돈으로 항우의 신하를 매수하여 유언비어를 퍼트린 뒤, 항우가 사람을 보내 상황을 알아보도록 하자 진평은 또 한 번의 교묘한 계략으로 항우와 범증을 철저하게 이간질시켜 두 사람을 완전히 갈라놓았다. 범증을 잃은 항우는 날개 꺾인 매 신세가 되어 해하垓下 지역에서 대패했으며, 결국 초나라는 멸망했다.

2 적을 저울질하라

적을 저울질해보고 장수를 살펴본 후에 군대를 일으켜야 한다.

『울요자尉繚子』「공권攻權」

적을 저울질한다는 것은 적군의 동태를 전면적으로 파악해야 한다는 것을 의미한다. 그들의 전략적 의도부터 구체적인 전술, 그리고 군대의 편성과 배치, 장수 및 사병의 사정까지 속속들이 알고 있어야 한다. 제갈량은 이에 덧붙여 적의 장수뿐 아니라 그의 측근 병사에 대해서도 꿰뚫고 있어야 한다고 강조했다.

병사를 안다면 적을 안다고 할 수 있으나 병사를 모른다면 적을 안다고 할 수가 없다. 적을 모른다면 모든 전투가 위태로울 것이다. 따라서 상대방을 공격하고자 한다면 먼저 병사들의 마음을 알고 있어야 한다.

『제갈량집諸葛亮集』「제군制軍」

적의 상황을 분명하게 파악해야만 그들에 대항할 수 있는 확실한 대책을 세울 수 있다.

3 적의 움직임을 파악하고 기회를 살펴라

전쟁에서는 병력의 증감을 통해 적의 변화를 관찰하고, 폭넓은 시야로 적의 전략적 의도를 파악하고, 진격과 후퇴를 통해 적의 진영이 견고한지 살피고, 가까이 다가가 위협하여 적이 두려워하는지 보고, 움직이지 않음으로써 적이 나태한지 살피고, 군대를 움직여 적이 현혹되는지 살피고, 기습하여 적의 기강이 세워졌는지 판단해야 한다. 적이 미혹되었

거나 무방비 상태일 때 공격하여 그들이 힘을 쓸 수 없도록 하고, 적군
의 전략적 배치를 흐트러트려 그들이 전략을 수행하지 못하게 하고, 작
전 계획을 무너뜨려 적이 두려움에 빠지게 한 뒤 공격해야 한다.

『사마법司馬法』「용중用衆」

고대 군사 전문가들은 군대의 모습을 매우 세심하게 관찰하고 분석하
여 수많은 법칙과 결론을 도출하였으며, 이를 실전에 적절히 활용했다.

적이 가까이 왔는데도 조용하다면 그들은 위험한 지형을 이용하는 것이
다. 적군과 아군과의 거리가 먼 데도 도발하려 한다면 아군의 전진을 유
도하려는 것이다. 적이 평평한 지역에 주둔하고 있다면 그들은 유리한
지형을 차지한 것이다. 풀과 나무가 흔들린다면 그들은 숨어서 다가오는
것이다. 풀밭에 장애물이 있다면 아군을 미혹시키려는 것이다. 새들이
놀라 달아난다면 복병이 배치된 것이다. 동물들이 아연실색하여 줄행랑
친다면 몰래 습격해오는 것이다. 먼지가 높게 날리고 날카로운 것이 보인
다면 적군의 전차가 달려오는 것이다. 먼지가 낮게 날리고 그 면적이 넓
다면 걸어오는 것이다. 먼지가 여기저기 뒤얽혀 흩날린다면 땔나무를 하
는 것이다. 작은 먼지가 생겼다 없어졌다 한다면 주둔지에 진을 치는 것
이다. 사절의 언사가 겸손하지만 전쟁 준비에 박차를 가하고 있다면 공
격하려는 것이다. 사절의 언사가 강경하고 공격 태세를 갖추고 있다면
퇴각을 준비하는 것이다. 적군의 수레가 양쪽에 배치되어 있다면 진을
치는 것이다. 사전에 통보도 없이 갑자기 화해를 원한다면 음모를 꾸미
는 것이다. 적군이 빠르게 움직여 전차를 배치하고 대오를 갖춘다면 우
리와의 전쟁을 기다리는 것이다. 적군 중 절반은 진격하고 절반이 후퇴

한다면 아군을 미혹시키려는 것이다. 적군이 무기에 지탱해 일어선다면 굶주린 것이다. 수전水戰 후에도 앞 다투어 목을 축이려 한다면 목마른 것이다. 이익을 보고도 움직이지 않는다면 피로한 것이다. 적군의 병영 위에 새들이 날아든다면 그 진영은 텅 빈 것이다. 적군이 밤중에 소란을 피운다면 두려움에 떠는 것이다. 적군이 어수선하게 움직인다면 그들의 장수는 위엄을 잃은 것이다. 깃발이 어지러이 흔들린다면 군대가 혼란에 빠진 것이다. 적군의 관료가 계속 분노해 있다면 피로한 것이다. 자신이 기른 말을 죽여 먹은 뒤 취사도구를 챙겨 병영으로 되돌아가지 않는다면 궁지에 몰린 것이다. 적군의 장수가 나지막하고 간곡하게 병사들과 이야기를 나눈다면 인심을 잃은 것이다. 끊임없이 병사들에게 포상한다면 적군은 더 이상 쓸 카드가 없는 것이다. 계속해서 병사들을 징벌한다면 악에 받쳐 분노한 것이다. 적군의 장수가 부하들을 포악하고 잔인하게 대한다면 매우 무식한 것이다. 적군이 사절을 보내 완곡하게 사죄한다면 휴전을 원하는 것이다. 『손자병법孫子兵法』「행군편行軍篇」

손자는 서른한 가지 상황을 소개한 뒤 이러한 상황이 벌어진 배경에 대해 정확한 분석을 제시했다. 장수는 적의 동태를 정확하게 파악한 뒤에야 비로소 적절한 정책 결정을 내릴 수 있음을 강조하고 있다.

●● 비즈니스 경쟁에서 경쟁사 파악하기

경쟁업체의 동태를 파악하기란 기업 간 경쟁에서도 매우 중요한 일이다. 그렇다면 경쟁사의 정보를 알기 위한 효과적인 방법은 무엇이 있을까? 이 문제는 경쟁 구조의 관점에서 접근해야 한다.

기업 간 경쟁과 전쟁 사이에는 닮은 점도 있지만 차이점도 많다. 우선 전쟁은 적군과 아군이 양측의 힘을 겨루는 2차원적 구조이다. 물론 특정 상황에서는 제3자가 개입되기도 하지만 기본적으로는 쌍방 간에 벌어지는 군사 및 정치적 투쟁이다.

반면 기업 간 경쟁은 고객, 기업(나), 경쟁 상대의 세 가지 요소로 구성된 3차원적 구조이다. 경쟁의 목표는 고객 선점이며, 이를 위해서는 경쟁 상대를 이겨야 한다. 기업은 경쟁 상대에게 이기기 위해서 상대방뿐 아니라 나 자신까지도 정확하게 이해하고 분석해야 한다. 실제로 일부 기업은 고객에 대한 연구는 중시하면서도 경쟁업체에 대한 연구는 등한시하여 결국 상대방에게 무릎을 꿇기도 한다.

반면 어떤 기업은 경쟁업체에 대한 연구에는 적극적이나 제대로 된 결과를 얻지 못해 패배하기도 한다. 또 어떤 기업은 경쟁업체나 고객에 대한 연구는 소홀히 한 채 독불장군처럼 밀고 나가는 가장 낮은 단계의 전략에 의존하기도 한다. 이렇게 하면 결국 기업의 운명이 다른 사람의 손에 넘어가 버리는 비운에 빠지고 만다.

●● 나의 고객 연구하기

경영인의 가장 중요한 임무는 바로 고객 연구다. 피터 드러커는 이 문제와 관련해 다음과 같이 말했다. "기업의 목표에 대한 가장 정확한 정의는 단 하나, 바로 '고객 창조'다. 따라서 모든 기업은 오직 두 가지 기본 능력만을 필요로 한다. 바로 마케팅과 혁신이다."

올바른 고객 연구를 위해서는 다음 몇 가지 사실을 유념하자.

１ **나의 진정한 고객은 누구인가**

이는 경영인이 첫 번째로 고민해야 할 문제다. 하지만 많은 경영인이 섣불리 사업에 뛰어들었다가 실패를 경험하기도 한다. 그중 첫째는 '상품이 있으면 반드시 고객이 있을 것이다'고 생각하는 경우다. 이런 생각을 가진 경영인은 먼저 상품을 만든 뒤 고객을 탐색하려고 한다. 물론 운이 좋으면 고객이 생길 수도 있겠지만 일반적으로 성공 가능성은 희박하다. 둘째는 '물건만 팔리면 자연스럽게 고객이 늘 것'이라고 생각하는 경우다. 이런 유형은 막무가내로 투자하여 공장을 짓고 생산 규모를 늘린다. 하지만 안타깝게도 제품 진열대에는 파리만 날리는 경우가 허다하다. 셋째는 '우리 제품을 구매할 의향이 있는 사람은 모두 나의 고객이다'라고 생각하는 경우다. 이러한 잘못된 판단은 보잘것없는 수확에 만족해야 한다. 이 모든 '재앙'은 고객에 대한 무지에서 기인한다.

고객이란 무엇인가? 한마디로 '기업의 상품을 받아들이고, 기업과 스스로를 위해 가치를 창출하는 제품의 사용자'다. 여기에는 두 가지 전제 조건이 따른다. 첫째, 고객은 반드시 그 기업 제품의 구매자여야 한다. 둘째, 고객은 반드시 구매 행위를 통해 본인 및 해당 상품의 생산 기업에 가치를 창조해야 한다. 여기서 가치라 함은 경제적 가치뿐 아니라 경제외적 가치까지도 모두 포괄한다.

그렇다면 고객은 누가 결정하는가? 바로 기업이 결정한다. 기업은 성능, 디자인, 품질, 가격, 브랜드 등 고객의 요구 사항을 만족시킬 만한 상품을 만들어 판매한다. 이렇게 고객과 기업은 상호간에 서로의 가치를 생산하는데, 이때 기업은 비로소 고객을 결정하게 된다.

② 고객의 특징은 무엇인가

고객의 주요 특징은 고객군마다 각기 차이가 존재한다. 이는 구체적으로 다음의 다섯 가지로 나눌 수 있다.

첫째는 구매 규모이다. 모든 기업의 고객은 구매 규모에서 각기 다른 특징을 보인다. 일반적으로 전체 구매 규모의 상당 부분을 차지하는 이들을 가리켜 키 어카운트 Key Account, 즉 '주요 구매 고객'이라고 부른다. 이들은 기업의 매출을 올리는 주요 소비 계층이다.

둘째는 구매 빈도다. 구매 빈도가 높은 고객은 기업의 매출 향상에 기여할 뿐 아니라 기업에 대한 신뢰도와 의존도가 높다. 구매 빈도가 높다는 것은 해당 기업의 상품을 신뢰한다는 의미이므로 이는 고객과 기업 간의 장기적인 파트너십을 구축하는 데 도움이 된다. 이러한 관계가 형성되면 경쟁 상대의 진입 장벽을 높일 수 있다. 따라서 기업은 이들 핵심 고객에게 각별한 관심을 기울여야 한다.

셋째는 구매 구조이다. 기업의 고객 중에는 소매상도 있고 도매상도 있으며 집단 구매자도 있을 것이다. 기업은 이들 고객의 구매 패턴을 정확하게 파악하여 적절한 서비스를 제공해야 한다.

넷째는 전환비용 Switching cost 이다. 고객이 경쟁사의 제품으로 전환하는 데 드는 비용이 높을수록 어려움도 커진다. 그러므로 기업은 반드시 우수한 품질의 서비스를 통해 경쟁업체에게 고객을 빼앗기지 않도록 노력해야 한다.

다섯째는 고객의 구매 취향 및 욕구다. 상품의 브랜드, 디자인, 포장, 성능 등에 관한 고객의 취향은 각양각색이다. 동일한 기능을 가진 제품에 대해서도 고객들은 각기 다른 매력에 이끌려 상품을 구매한다. 따라서 기업은 고객이 진정 원하는 것이 무엇인지 고민해보고 고객을 만족시킬 수 있는 제품을 만들어내야 한다.

●● 나의 고객을 잡아라

▮ 고객 만족을 위한 제품 및 시장 포지셔닝

기업은 자사 제품을 객관적 시각으로 볼 수 있어야 한다. 각 상품의 특징은 무엇인가? 고객의 욕구를 만족시킬 수 있는가? 고객에게 어떤 감동을 줄 수 있는가? 타사의 동종 제품에 비해서 얼마만큼 혁신적인가?

상품 경쟁력은 곧 시장 경쟁력이다. 따라서 제품을 소비자에게 확실하게 각인시키기 위해서는 상품 경쟁력을 향상시켜 자사 제품만의 매력을 형성하는 것이 무엇보다 중요하다. 그러기 위해서는 특정 제품을 선택하여 집중적인 홍보를 하는 것도 한 가지 방법이다. 반면 현재 진행 중인 프로젝트가 장기적으로 볼 때 이익 창출이 힘들 것이라고 판단되면, 과감히 포기할 줄도 알아야 한다.

또한 시장 포지셔닝을 위해서는 반드시 제품의 서비스 대상을 명확히 해야 한다. 시장 포지셔닝이 정해지면 개념과 지향점이 명확해지면서 시장 장악력도 커질 수 있다. 따라서 각 기업은 자사만의 경쟁 분야를 찾아야 한다.

▮ 제품 및 시장 포지셔닝을 통해 진짜 고객 구별하기

만약 내가 내놓은 상품을 선택할 고객이 어떤 사람인지조차 알지 못하는 기업이라면 마케팅 전략 자체가 의미가 없다. 올바른 고객 연구를 위해서는 다음 세 가지를 유념해야 한다.

첫째, 자사에 걸맞은 고객을 선택하라. '걸맞다'는 것은 자사 상품의 가장 적절한 구매고객을 말한다. 경영인은 자사의 기술, 상품, 시장 현황을 파악한 뒤 어떤 타입의 고객에게 가장 만족할 만한 서비스를 제공할 것인지를 결정해야 한다. 이때 자사의 제품을 객관적으로 평가할 수 있어야 한다. 동일한 제품을 출시한 수많은 경쟁 상대 중에서 자사의 위치는 어느 정도인지, 경쟁업체들을 제치고 고객을 선점할 수 있는 방법은 무엇인지 고민해야 한다. 가능성이 없다면 시작도 하지 말아야 한다.

둘째, 가치를 창조하는 고객을 선택하라. 당신을 늪으로 빠뜨릴 고객은 절대 사절해야 한다. 기업의 높은 성장, 이윤 및 만족도의 80%는 20%의 이윤창출 고객으로부터 온다. 매출과 이윤의 피라미드에서 이윤을 창출하는 고객 및 결손을 초래하는 고객은 각각 소수이고, 약간의 이윤을 창출하거나 균형을 이루도록 하는 고객은 다수이다. 기업은 이러한 고객 구조를 정확하게 이해한 뒤 이윤창출 고객을 중점 관리하고, 결손을 초래하는 고객은 과감히 버려야 한다.

셋째, 잠재 고객과 가망 고객을 명확히 구분하라. 잠재 고객과 가망 고객은 엄청난 차이가 있으며, 이들을 대하는 방식도 완전히 달라야 한다. 기업은 잠재 고객을 가망 고객으로 전환하여 실질적인 주문서를 받아내야 한다. 또한 기업은 이미 확보한 가망 고객과의 관계를 더욱 공고히 하고 나아가 자사 제품에 대한 그들의 충성도를 높이도록 노력해야 한다.

한 연구 결과에 따르면, 신규 고객을 유치하기 위해서는 기존 고객을 붙잡아둘 때보다 다섯 배나 더 많은 시간을 투자해야 한다고 한다. 또한 제품에 불만이 있는 고객은 다수의 사람들에게 해당 제품과 기업을 비난하는 반면, 제품이 마음에 드는 고객은 단 한 사람에게만 그 제품을 칭찬할 뿐이라고 한다.

이러한 연구 결과는 새로운 고객보다는 기존 고객과의 관계를 강화하는 것이 훨씬 중요하다는 사실을 일깨워준다. 기존 고객들은 당신의 제품 및 브랜드를 신뢰하고 충성심을 갖고 있으며, 이는 기업이 오랜 노력 끝에 비로소 얻는 소중한 자산이다. 요컨대 기업은 기존 고객 유지와 신규 고객 유치라는 두 마리 토끼를 한꺼번에 잡아야 한다.

●● 경쟁업체를 연구하라

기업은 경쟁업체도 연구해야 한다. 현대 마케팅 이론에 따르면 경쟁업체를 분석하기 위해서는 다음 내용을 유념해야 한다.

■ 경쟁업체 가려내기

경쟁업체 선별은 상대방에 대한 정확한 분석을 위한 전제 조건이다. 일부 기업은 경쟁업체 분석을 위한 기본 지식과 능력이 부족하여 편파적인 시각으로 경쟁업체를 가려내기도 한다. 현실 속의 경쟁 상대에만 주의를 기울인 채 잠재적 라이벌은 등한시한다거나, 상대적으로 중요성이 낮은 기업에 신경을 곤두세우고 정작 중요한 상대는 외면해버리는 경우가 있다.

또 경쟁 상대의 일부만 보고 전체적인 것을 보지 못하는 경우도 있다. 이렇게 되면 경쟁업체에 대한 분석이 제대로 이루어질 수 없고, 이는 잘못된 결론을 도출하게 되어, 결국 기업의 경쟁력 강화에 부정적인 영향을 미치게 된다.

2   경쟁사 전략 분석하기

기업의 전략에는 해당 기업의 발전 목표와 계획이 고스란히 녹아 있다. 모든 기업은 상품 전략을 수립한 뒤 본격적으로 목표를 실현한다. 따라서 경쟁 상대를 분석하고 연구할 때에도 먼저 경쟁 상대의 전략을 파악하는 것이 우선되어야 한다. 경쟁 상대의 전략을 파악했다면 경쟁업체에 대한 연구는 자연스럽게 이루어진다.

경쟁의 승패는 기업 전략에 달려 있다. 그러므로 경쟁업체가 신상품 전략을 시행하는 과정을 유심히 살펴볼 필요가 있다. 자금을 어떻게 배분하는지, 제품의 경쟁력을 어떻게 향상시키는지, 시장을 확대하고 조직을 화합하기 위해 어떤 노력을 하는지, 어떠한 과정을 거쳐 최종적으로 전략적 목표를 실현하는지 등에 관해 주의를 기울여야 한다. 또한 상대와 나의 전략을 비교함으로써 상대를 이길 기회를 찾아내고 방어 대책을 마련해야 한다.

3   경쟁업체의 강점 및 약점 분석하기

경쟁업체의 강점과 약점을 분석하는 것은 적군과 아군의 힘을 비교하는 것과 같다. 이는 기업의 올바른 의사 결정을 위해서도 반드시 필요한 일이다. 경쟁업체의 강점과 약점을 파악할 때는 경쟁업체의 경쟁력을 중점적으로 분석해야 하는데, 여기에는 자금력, 제품 연구 및 개발 능력, 시장 장악력, 기업 경영 능력, 인재 보유 현황 등이 포함된다.

한 기업의 경쟁력은 모든 부분을 포괄한 종합 세트라고 할 수 있다. 물론 모든 부분이 서로 조화를 이룬다면 매우 이상적이겠지만, 현실에서는 분야별로 강점과 약점이 존재한다. 제품의 품질은 좋지만 판매량이 저조하거나, 자금력은 있으나 기업 경영은 취약한 경우가 있다. 이러한 부조화는 기업 경쟁력의 불균형을 초래하여 경쟁업체에 기회를 빼앗기는 결과를 초래할 수 있다.

따라서 경쟁 상대의 강점과 약점을 분석하면 전기田忌의 말이 제나라 위왕의 말과 경주에서 이겼던 것처럼, 나의 장점을 활용하여 상대의 허를 찌를 수 있다. 물론 여기서 가장 중요한 것은 경쟁사뿐만 아니라 나의 강점과 취약점도 정확히 알고 있어야 한다. 이러한 지피지기의 정신이야말로 승리를 쟁취하는 지름길이다.

▨ 경쟁업체의 반응 유형 분석하기

경쟁업체의 반응은 현실에 대한 기업의 만족도를 나타낸다. 만약 경쟁업체가 현실에 만족한다면 업계 및 외부 환경 변화에 둔감하다는 의미로 받아들일 수 있다. 이런 기업은 혁신적으로 새로운 일을 감행하거나 현재의 균형을 깨뜨리기를 원치 않는다. 반면 현실에 불만이 있거나 경쟁의식이 강한 기업이라면 자사가 목표로 한 시장이 공격 받았을 때 한 치도 양보하지 않으려는 태도로 반격할 것이다. 따라서 경쟁 전략을 수립할 때에는 경쟁 상대의 반응 유형을 살펴 사전에 대비해야 한다.

▨ 공격해야 할 대상과 피해야 할 대상 구분하기

기업은 자사가 처한 상황을 다방면으로 분석한 후 공격해야 할 대상과 피해야 할 대상을 명확히 구분해야 한다. 승산이 있다면 공격하고, 패할 것이 분명하다면 물러서라. 경쟁 상대가 빠른 속도로 성장하고 있거나 확실한 강적이라면 일단은 피하는 것이 좋다. 반면 열세에 있거나 반격의 힘이 달리는 경쟁업체는 적극적으로 공격하라. 유리하면 나아가고 불리하면 물러서는 것이 이치다.

●● 많이 보고 많이 듣기

상품개발을 위해서는 먼저 정보를 수집해야 한다. 정보의 양과 질은 기획의 수준을 결정한다. 옛말에 '한쪽 의견만 들으면 어두워지지만 양쪽의 말을 모두 들으면 밝아진다'고 했듯이 폭넓게 관찰하고 경청해야 구매력 있는 상품을 개발하는 데 성공할 수 있다.

제갈량 역시 많이 보고 듣는 것의 중요함을 강조했다. "국가를 잘 다스리려면 많이 듣는 것이 관건이다. 아랫사람의 의견을 받아들이고 백성들을 국정에 참여시킨다면, 모든 만물은 나의 눈과 귀가 되어 세상의 모든 소리를 들을 수 있게 된다."

해와 달의 형상을 볼 수 있음은 단지 눈이 좋아서가 아니고, 천둥소리를 들을 수 있음은 단지 귀가 밝아서가 아니다. 군주는 많이 보는 것[多見]을 지혜로움으로 삼고, 많이 듣는 것[多聞]을 신통함으로 삼아야 한다.

『제갈량집諸葛亮集』「시청視聽」

제갈량은 특히 작은 형체에서 들리는 미세한 소리도 놓치지 말아야 한다고 했다. 작은 것에서 큰 것을 보고, 일부에서 전체를 보며, 안과 밖이 서로 조화를 이룬다면 사물의 진면목을 볼 수 있을 것이다. 한편 제갈량은 편견을 특히 경계해야 한다고 주장했다.

공자께서 말씀하셨다. 현명한 군주는 나라를 다스릴 때 백성들이 자신을 알아주지 않을까 걱정하지 않고, 오히려 자신이 백성에 대해 알지 못함을 걱정한다. 바깥에서 안을 알아주지 않을까 걱정하지 않고, 안에서 바깥을 알지 못함을 걱정한다. 아래에서 위를 알아주지 않을까 걱정하지 않고, 위에서 아래를 알지 못함을 걱정한다. 빈곤한 자가 부귀한 자를 알아주지 않을까 걱정하지 않고, 부귀한 자가 빈곤한 자를 알지 못함을 걱정한다." 『제갈량집諸葛亮集』「찰의察疑」

공자는 군주가 반드시 알아야 할 대상을 나와 타인, 바깥과 안, 위와 아래 및 존귀함과 비천함, 이렇게 네 가지로 나누었다. 또한 이 네 가지 대상을 어떻게 이해해야 하는지 설명했으며, 이는 정사政事와 국가의 안녕에 매우 중요한 의미를 지닌다. 모든 상황을 전면적이고 객관적으로 파악해야 그 진상을 좀 더 정확하게 알 수 있는 법이다.

장수는 위로는 하늘의 제약을 받지 않고, 아래로는 땅의 제약을 받지 않고, 또한 사람의 제약을 받지 않는다. 마음이 넓어 주변 사람의 자극을 받아도 분노하지 않고, 청렴하므로 탐욕에 이끌려 뇌물을 받지 않는다. 광분하여 앞을 보지 못하거나, 듣지 못하는 자는 군대를 이끌 수 없다. 『울요자尉繚子』「병담兵淡」

눈으로는 밝게 보는 것이 중요하고, 귀로는 잘 듣는 것이 중요하고, 마음에는 지혜로운 사고력을 갖는 것이 중요하다. 천하의 눈으로 보면 보이지 않는 것이 없고, 천하의 귀로 들으면 듣지 못할 것이 없고, 천하의 마음으로 생각하면 알지 못할 것이 없다. 축을 중심으로 바퀴살이 뻗쳐 있듯, 세상 사람들의 눈과 귀와 지혜를 모두 모은다면 그 무엇도 신통함을 막거나 가릴 수 없다. 『육도六韜』「문도文韜」

●● 정보와 경쟁

오늘날 우리는 기하급수적으로 팽창하는 정보화 시대에 살고 있다. 지구촌의 경제 발전을 이끄는 원동력은 통신 기술을 기반으로 하는 글로벌 정보화 물결이다. 이러한 환경에서 기업의 성장에 가장 중요한 자원이자 무기는 바로 정보다. 정보의 사용 가치를 알고 사용 효과가 높을수록 기업의 발전 속도가 빨라지지만, 정보를 제대로 활용하지 못하는 기업은 시대에 뒤처지기 쉽다. 따라서 효과적인 정보 시스템을 구축하고 기능을 극대화하여 이를 기업 발전의 원동력으로 삼아야 한다.

정보는 기업 경영 과정에서 매우 중요하게 활용된다. 다음의 내용을 통해 상품 개발과 경쟁력을 강화하는 방법을 모색해보자.

상품 개발 새로운 상품 개발은 기업 경영의 본질이자 경영인의 주요 직무다. 이는 기업의 생존을 위한 생명줄과 같은 것이므로 기업이 성장하기 위해서는 소비자의 구매력을 높일 수 있는 상품을 개발해야 한다. 이를 위해서는 먼저 시장 조사를 해야 하는데, 이때 객관적이고 정확한 정보 수집은 필수다.

경쟁력 강화 경쟁 사회가 도래하면서 모든 기업은 치열한 경쟁을 벌여야 하는 상황에 직면했다. 그렇다면 어떻게 해야 경쟁사의 노하우를 정확하게 읽어내고, 이를 바탕으로 서로의 장단점을 비교할 수 있을까? 여기서 필요한 것이 바로 경쟁업체의 정보다.

경영 능력 향상 지식경제 시대에서는 정보와 지식의 양이 분초를 다투며 쏟아진다. 따라서 기업의 가장 시급한 과제는 바로 제품 품질 및 마케팅 능력 향상이다. 이를 위해서는 많은 정보를 획득하는 것이 필수다. 이런 정보들은 새로운 경영 모델을 도입하는 데 유리하며, 마케팅 능력의 제고와 기업의 성장으로 연결된다.

정보를 수집할 때는 반드시 정보의 상세한 특징을 파악해야 정보의 질을 높일 수 있다. 이를 위해서는 소문과 정보를 구분해야 한다. 소문과 정보는 일반적으로 다음과 같이 구분할 수 있다. 취득 방식으로 볼 때 정보는 노력으로 얻는 데 반해, 소문은 노력과 우연이 반반이다. 정보 취득은 뚜렷한 목표를 바탕으로 이루어지기 때문에 그 내용이 비교적 전문적이고 구체적이다. 반면 소문은 광범위하고 그 대상이 구체적이지 않다. 정보는 정책 결정의 직접적인 근거로 사용되지만, 소문은 참고 자료로서의 가치가 있을 뿐이다. 정보의 기원은 소문이며, 소문이 한 단계 업그레이드된 것이 바로 정보다.

다음은 정보의 특징을 파악하는 방법이다. 정보의 특징은 다음과 같다.

전면성 정책 결정의 근거가 되는 정보는 상품 기획자의 참고 자료로 사용하는 데 충분한 양이어야 한다. 정보가 부족하거나 분산될 경우 편파적이거나 잘못된 결정을 초래하기 쉽다.

진실성 정보의 진정한 가치는 진실성에 있다. 그러므로 수집한 정보에서 옥석을 가려내는 것은 매우 중요한 일이다. 진실된 정보의 경우 인기 상품 기획의 바탕이 될 수 있지만 허위 정보는 그릇된 인식을 심어줄 수 있다.

시의성 모든 정보에는 시의성이 있다. 시기가 지난 정보는 기업에 아무런 가치가 없다. 정보 입수가 늦어지면 전략적 기회를 놓치기 쉽고, 중요한 기회를 놓친 기업은 시장에서 주도권을 잃게 된다. 따라서 정보를 수집할 때는 늘 시의성을 염두에 두어야 한다.

기밀성 정보가 지닌 가장 큰 특징은 기밀성이다. 모든 기업은 경쟁업체의 공격에 대비하기 위해 반드시 기밀을 유지해야 한다. 정보 취득을 위해서는 그에 상응하는 정보 은폐 수단을 이용하고, 이미 취득한 정보에 대해서는 철저히 보안을 유지해야 한다.

가치 모든 정보는 고유의 가치를 지닌다. 기업이 해당 정보를 얼마나 효율적으로 사용하느냐에 따라 정보의 가치는 달라진다. 특히 파급력이 큰 정보일수록 그 가치는 더욱 높아진다. 따라서 기업은 정보를 수집할 때 해당 정보가 자사의 가치를 높일 수 있는지 확인해야 한다.

혼란을 즐기며 갈등 속에서 성장하라

●● 현재를 생각하고 미래를 계획하라

'전쟁이란 먼저 계획을 세운 다음에 실행을 하는 것이다.' 계획은 모든 일의 바탕이 되며, 그 일을 실행하는 것이 바로 계획 실천의 방법이다. 따라서 미리 계책을 세우고 이를 활용하는 것이야말로 사고의 핵심이다.

사려慮慮라 함은 현재를 생각하고 미래를 계획하는 것이다. 훗날을 생각하지 않으면 가까운 곳에 근심이 있게 마련이다. 그래서 군자는 생각할 때 항상 자신의 위치에서 벗어나지 않는다. 사思는 정확한 계획을 세우는 것이고, 려慮는 사물을 헤아리는 방법에 대해 생각하는 것이다. 그 지위에 있지 않다면 그 지위에 관한 일은 도모하지 않고, 자신의 위치에서 처리해야 할 일이 아니라면 그것에 대해 고려할 필요가 없다. 큰일은 어려움 속에서 시작되고, 작은 일은 쉬운 데서 시작된다. 따라서 어떤 일을 꾀하여 이익을 얻기를 바란다면 반드시 그 위험성을 먼저 생각하고, 만약 성공을 얻고자 한다면 실패까지도 고려해야 한다. 층층의 누각은 비록 높지만 언젠가는 파괴될 수밖에 없다. 그렇기 때문에 먼 곳을 바라볼 때는 발밑을 소홀히 하지 말고, 앞을 바라볼 때는 뒤를 염두에 두어야 한다. 진秦나라 목공穆公이 정나라를 정벌할 때 백리해와 건숙蹇叔은 재앙을 예측했고, 오나라 왕 부차夫差가 월나라의 서시西施를 받아들이자 오자서는 그 때문에 오나라가 패망할 것을 예견했다. 우군虞君이 진晉나라에서 보내온 옥과 말을 받자 궁지기宮之奇는 그 위험성을 간파했고, 송나라의 양공襄公이 군대를 훈련시킬 때 목이目夷는 그가 틀림없이 패배할 것이라는 사실을 알았다. 이러한 지혜는 모든 문제에 대해 진지하게 생각해보고 고민한 결과다. 이 얼마나 현명한가. 위험은 안전에서 생겨나고, 죽음은 생존에서 자라나며, 재난은 태평성세에 일어난다. 만약 군주가 사소한 것에서 위험을 발견하거나 사물의 시작에서 그 끝을 예견할 수 있다면 재난을 막을 수 있다. 이것이 바로 사고思考의 원칙이다.

『제갈량집諸葛亮集』「찰의察疑」

여기에서 제갈량은 다섯 가지 문제를 제시하고 있다.

❶ 사려, 즉 생각이란 무엇인가?

사思는 정확한 계획을 세우는 것이고, 려慮는 사물을 헤아리는 방법을 생각하는 것이다.

❷ 무엇을 생각하는가?

현재를 생각하고 미래를 계획한다.

❸ 누가 생각하는가?

자신이 처한 위치에서 그에 맞는 일을 도모한다.

❹ 어떻게 생각하는가?

군대와 나라를 다스리는 핵심에 관한 것 즉 가까운 곳과 먼 곳, 큰 것과 작은 것, 이익과 손해, 성공과 패배, 안전과 위험, 생존과 죽음, 다스려지는 것과 혼란에 대해 생각하는 것이야말로 국정 운영과 군대 운용의 핵심이다.

❺ 왜 생각하는가?

작은 것에서도 위험을 발견하거나 사물의 시작에서 그 끝을 예견할 수 있다면 재난이 발생할 일은 없을 것이다.

예로부터 사고력은 군대의 운용, 전쟁의 승패, 국가의 안위에 매우 큰 영향을 미쳤다. 특히 바둑에서처럼 결정적인 한 수로 인해 게임의 승패가 좌우되는 일이 비일비재할 정도로 사고력은 매우 중요하다.

무릇 정성은 신명에 달려 있고, 전쟁의 권모술수는 도의 지극함에 달려 있다. 있어도 없는 듯이 하고 없어도 있는 듯이 한다면 적이 어찌 그것을 믿겠는가? 『울요자尉繚子』

손자는 "전쟁의 승패는 사후가 아닌 사전에 결정되며, 전장에서가 아닌 사당祠堂에서 결정된다."고 했다. 사전의 생각이 올바르다면 승산이 있겠지만, 생각이 그릇되었다면 재앙이 닥칠 것이다.

●● 사고방식과 기업 경영

중국의 군사 전문가들이 강조한 '바르게 사고하기'란 정확하고 현명한 사고를 한다는 의미이다. 여기서 말하는 사고방식이란 생각하는 방법을 말한다. 이는 오늘날의 기업 경영에도 그대로 적용된다. 특히 기업의 모든 활동은 경영인의 사고방식에서 비롯되는데, 이는 기업의 성패를 좌우하는 중요한 문제이다. 기업이 오랫동안 성공가도를 달릴지, 아니면 이따금 운 좋게 실적을 내는 데 그칠지, 심지어 작은 행운마저도 놓치는 불운을 당할지는 경영인의 통찰력에 달려 있다. 따라서 성공하는 CEO가 되기 위해서는 올바른 사고를 확립하는 것이 중요하다.

1 긍정적 사고와 부정적 사고

긍정적 사고나 부정적 사고란 일종의 심리 상태로서, 지속적인 정서적 상태를 지칭한다. 모든 사고는 심리 상태를 기반으로 생겨난다. 고난을 두려워하지 않는 사람은 아무리 힘겨운 고난이 닥쳐도 태연하다. 하지만 매사에 부정적인 사람은 늘 걱정과 고민이 한가득이다.

경영학에서 자주 인용되는 유명한 이야기가 있다. 물이 반쯤 담긴 컵을 보고 긍정적인 사람은 '그래도 절반이나 남았네'라고 생각하지만, 부정적인 사람은 '반밖에 남지 않았어'라고 생각한다. 성공적으로 기업을 이끌기 위해서는 긍정적으로 생각하는 자세를 가져야 한다. 긍정의 힘은 지혜를 발휘하여 어려움을 헤치고 빛을 발견하게 하지만, 부정적 사고는 더 이상 전진하지 못하고 애꿎은 하늘만 바라보게 할 뿐이다.

2 미래지향적 사고와 과거지향적 사고

사고의 방법에 따라 네 가지 부류로 나눌 수 있다. 문제 발생 이전에 이를 알아차리는 사람, 도중에 알아차리는 사람, 사후에 알아차리는 사람, 사후에도 알아차리지 못하는 사람이 그것이다. 이는 그 사람이 미래지향적 사유를 가졌느냐 과거지향적 사유를 가졌느냐에 따라 결정된다.

미래를 바라보는 통찰력이 없으면 리더로서의 자격이 없다. 사람들은 흔히 통찰력을 가지려면 직감이 필수적이라고 하지만, 사실 이 직감이라는 것은 통찰력을 바탕으로 생겨난다. 통찰력은 객관적 사실과 자신이 알고차 하는 분야의 규범을 알고 난 연후에야 생겨난다. 따라서 통찰력을 가진 경영인의 사고방식은 반드시 미래지향적이어야 하며, 이를 위해서는 객관적 사실과 규범을 이해하는 능력을 갖춰야 한다.

3 이성적 사고와 감성적 사고

이성적 사고란 이성적인 판단에 의한 사유 활동을 말한다. 이는 사유의 법칙과 단계에 따라 객관적 사실 중 옳은 것을 엄선하는 가공 과정이며, 이를 바탕으로 과학적이고 논리적인 결론을 도출해낼 수 있다. 반면 감성적 사고는 감정의 지배를 받는 사유 활동이다. 사유의 법칙이나 단계에 근거하지 않고 기쁨과 슬픔, 때로는 충동적인 감정에 따라 결론을 도출해낸다.

경영인의 사고 체계는 전략을 세우는 데 직접적인 영향을 미친다. 이성적 사고는 사유 과정의 단계에 따라 형성되므로 상품 전략에 긍정적인 영향을 미친다. 반면 감성적 사고는 전략 결정에 부정적 영향을 미친다. 따라서 경영인은 감정에 휘둘리지 않도록 노력해야 한다.

(……) 장수는 감정에 휩싸여 군사문제를 처리해서는 안 되며, 전쟁을 치를 때에는 모든 병사들이 마음을 합쳐 싸우도록 해야 한다. 만약 개인적인 분노를 가라앉히지 못해 전쟁을 일으킨다면 그 군대는 패배할 수밖에 없다. (……) 마음에 분노가 일어나면 결국에는 후회막급한 일을 저지르게 마련이며, 순간의 분노는 스스로를 망친 후에야 끝이 난다. 군주는 위엄을 세우면서도 사납게 행동하지 않아야 하고, 답답한 일이 있다 해도 겉으로 노여움을 표출하지 말아야 하며, 근심이 있어도 드러내지 말고, 기쁜 일이 있어도 감정 표현을 해서는 안 된다. 분노가 솟구쳐도 냉정을 잃지 말고 형벌로서 모략꾼들을 척결해야 한다. 장수가 위엄이 없으면 모략꾼을 근절시킬 수 없어 결국 국가의 멸망을 초래할 수밖에 없다. 『제갈량집諸葛亮集』「희노喜怒」

제갈량의 이 사상은 오늘날 경영인들이 깊이 생각해볼 만하다.

4 세심한 사고와 투박한 사고

『장자莊子』의 「양생주養生主」에는 포정해우庖丁解牛의 이야기가 나온다. 다음의 내용을 통해 사물의 규칙을 알고 세심한 사고력을 기르는 훈련을 해보자.

솜씨가 뛰어난 포정이라는 백정이 이렇게 말했다.

"보통 백정이 한 달에 한 번 칼을 바꾸는 것은 뼈를 베기 때문이고, 솜씨 좋은 백정이 일 년에 한 번 칼을 바꾸는 것은 살을 가르기 때문입니다. 하지만 나는 이 칼로 19년 동안 수천 마리의 소를 잡았는데도 방금 간 칼과 같습니다."

그렇다면 포정은 도대체 어떤 방법으로 소를 잡았을까?

"저는 사물의 규칙을 찾아내는 것을 좋아합니다. (……) 제가 처음 소를 잡았을 때 눈에 보이는 것은 오로지 소뿐이었습니다. 하지만 3년이 지나자 드디어 눈이 아닌 마음으로 소를 만지게 되었습니다. 눈에 노화가 찾아온다 해도 마음의 움직임은 멈추지 않지요. 몸통 구조에 따라 근육과 골격 사이의 큰 틈을 가르고, 그 틈에 칼을 꽂아 골격 구조에 따라 살을 자릅니다. 이때 기혈이 집중되어 있는 부위나 뼈와 살이 붙어 있는 곳은 건드리지 않습니다. 소의 살과 뼈 사이에는 틈이 있습니다. 얇은 칼을 넣어 움직일 수 있을 정도의 충분한 공간이지요. 저만의 방식으로 요령껏 작업을 했기 때문에 이 칼을 19년간이나 사용했는데도 방금 간 것처럼 칼날이 뾰족합니다."

포정은 소의 뼈에서 살을 분해할 때 몸통의 구조를 연구한 뒤 이를 토대로 작업했다. 반면 다른 백정들은 무조건 소를 가르고 자르는 데에만 급급해 골격과 구조에 대해서는 알려고도 하지 않은 채 작업을 했기 때문에 달마다, 또는 해마다 새 칼로 바꿀 수밖에 없었던 것이다.

포정에게서 배울 점은 세심하고 정확한 사고방법이다. 사고는 정확성은 물론 사물의 본질까지도 꿰뚫어볼 수 있어야 한다. 세심한 사고는 객관적 사물의 본질과 특징을 잡아내는 데 매우 중요한 역할을 한다. 일류 화가가 정확성을 바탕으로 사물의 독특한 개성을 찾아내어 형상화하는 것과 같은 이치다. 따라서 경영인은 세심한 사고력을 기르는 훈련을 해야 한다. 작은 불씨가 큰 불길을 초래하는 법이다. 세부 사항은 놓친 채 큰 틀만 바라보는 투박한 사고방식은 매우 위험하다.

5 개방적 사고와 폐쇄적 사고

가을이 되면 냇물이 넘쳐 황하로 흘러들어 가는데, 강폭이 어찌나 넓은지 양쪽 해안가의 소나 말조차도 판별하기 어려울 정도였다. 이에 황하의 신 하백河伯은 천하의 모든 아름다움이 자신에게 모였다며 기뻐했다. 들뜬 마음에 강물을 따라 동쪽을 지나 북쪽 바다에 도착해보니 끝이 보이지 않았다. 그제야 하백은 득의양양했던 과거의 모습을 버리고 해신海神에게 탄식하며 말했다.

"옛말에 '큰 도를 깨치면 스스로가 천하의 모든 사람을 능가한다고 여긴다'는 말이 있는데, 이는 바로 지금의 저에게 해당되는 말입니다. 공자의 학식이 부족하고 백이伯夷의 의로움이 부족하다는 이야기를 들었을 당시만 해도 저는 그것을 믿지 않았습니다. 그런데 오늘 이렇게 당신의 넓고 무한한 모습을 보니, 이곳에 오지 않았더라면 어떠했을지 생각만 해도 아찔합니다."

해신이 말했다.

"우물 안 개구리와는 넓은 바다에 대해 이야기할 수 없다. 개구리는 공간의 제약을 받기 때문이다. 여름 곤충과는 눈과 얼음에 대해 이야기할 수 없다. 그들은 시간적 제약을 받기 때문이다. 교양이 없는 사람과는 세상의 큰 이치에 대해 논할 수 없다. 교양의 한계가 있기 때문이다. 너는 강가에서 벗어나 큰 바다를 보고 나서야 비로소 너 자신의 미약함을 알게 되었다. 이제야 나는 너와 함께 큰 이치에 대해 이야기할 수 있게 되었구나. 천하에 바다보다 크고 넓은 것은 없다. 수천만 개의 강줄기

가 바다로 끝없이 들어오는 데도 넘치지 않고, 미려尾閭(큰 바다의 깊은 곳
에 있으며 물이 새어나가는 구멍)에서 해수가 끊임없이 새어나가는 데도 줄
어들지 않으며, 봄이나 가을에도, 홍수나 가뭄이 있어도 변하지 않는다.
이는 큰 바다는 강의 물줄기와는 비교할 수 없을 정도로 넓어 그 양을
헤아릴 수 없기 때문이다. 하지만 나는 한 번도 그런 이유로 자만하지 않
았다. 나는 그저 천지로부터 형체를 받고 해와 달로부터 원기를 받은 작
은 돌멩이나 나무처럼 산속에 사는 것과 다름없다고 생각해왔다. 내가
이처럼 미약한 존재라는 사실을 아는데 어떻게 자만심이 생기겠는가?
생각해보라. 천지에 존재하는 바다라고 해봐야 큰 연못에 있는 작은 구
멍과 다를 것이 뭐란 말인가? 나아가 세상에 존재하는 대지라고 해봐야
큰 식량 창고 안의 쌀알 한 톨과 다를 것이 뭐란 말인가."

이 이야기는 세상을 바라보는 안목의 중요성을 역설하고 있다. 폐쇄적
이고 편협한 사고를 가진 경영인이 실패를 초래한 사례는 쉽게 찾아볼
수 있다. 따라서 기업체를 운영하는 경영인이라면 폭넓은 사고의 소유자
여야 거시적 관점으로 시장을 직시할 수 있는 눈이 생긴다. 아래의 내용
은 경영인이면 반드시 알아두어야 할 것들이다.

거시적 관점에서 미시적인 것을 보라　미시는 거시의 제약을 받는다.
또한 거시적 환경은 미시적 성장의 토양이다. 따라서 기업은 항상 국가
의 경제 현안, 발전 목표, 미래의 전략, 산업 정책 등의 거시적 환경을 예
의주시해야 한다.
　그렇다면 거시적인 환경을 효과적으로 활용할 수 있는 방법은 무엇일
까? 그리고 어떻게 하면 거시적 환경이 가져다주는 유해 요소를 피하거

나 완화할 수 있는가?

이는 기업 발전의 향방을 결정하는 중요한 명제다. 이를 소홀히 한 채 그저 '열심히'만 외친다면 언젠가 큰 화를 당할 수 있다.

업계의 관점에서 기업을 판단하라 해당 기업의 업계에서의 입지는 기업 간 경쟁에서 중요한 요소로 작용한다. 그 기업의 입지는 경쟁력의 객관적 결과물로, 해당 기업의 경영전략을 결정한다고 할 수 있다. 기업의 발전 정도를 평가할 때는 수직적 평가보다는 수평적 평가가 더 믿을 만하다. 속도라는 것은 상대적이기 때문이다. 업계 선두로 올라서는 것은 모든 기업이 추구하는 궁극적 목표다.

전략을 통해 전술을 구사하라 전략은 기업이 나아가야 할 방향이자 기업 발전의 핵심이므로, 이를 토대로 전술이 수립되어야 한다. 전략이 전술과 배치되면 기업 경영의 방향을 잃게 된다.

6 본질적 사고와 표상적 사고

불교 선종의 제5조五祖인 홍인弘忍대사는 자신의 뒤를 이을 제6조를 선발하기 위해 제자들에게 수양의 기본에 관한 게偈(불교를 찬미하고 불교의 교리를 적은 시구詩句) 한 수를 짓도록 했다. 신수神秀는 제자 중에서도 특히 뛰어나 이를 눈여겨본 홍인은 그가 제6조가 될 것이라고 굳게 믿었다. 물론 신수 역시 제6조가 되기를 간절히 바랐다.

몸은 보리수와 같고
마음은 맑은 거울과 같으니
항상 부지런히 털고 닦아서
먼지가 끼이지 않게 해야 하네

신수가 게를 적어내자 모든 제자가 박수를 치며 환호했다. 하지만 홍인은 이렇게 평가했다.

"그대가 지은 게는 문 밖에 다다랐을 뿐 문 안으로 들어가지는 못했다. 이와 같은 생각으로는 무상보리無上菩提를 찾는다고 해도 얻을 수가 없을 것이니라."

이때 사당에서 허드렛일을 하던 혜능慧能이 한 수 지어 보였다.

보리에는 본래 나무가 없으며
맑은 거울 역시 받침대가 없다네
본래 그 무엇도 없었는데
어찌 먼지가 일어날 수 있으랴

이를 본 홍인이 밤중에 혜능의 집으로 찾아갔다. 그러고는 『금강경金剛經』 중의 한 구절을 읊어주었다.

"머무름이 없는 곳에서 그 마음을 내어라."

이를 들은 혜능은 모든 법이 본디 속성에서 벗어나지 않는다는 사실을 깨닫고 홍인에게 말했다.

"어찌 본래의 속성이 청정함을 알고, 생멸하지 않는 것임을 알고, 족한 것을 알고, 동요가 없음을 알고, 일체의 법을 만듦을 알겠습니까?"

결국 홍인은 혜능을 제6조로 삼았다. 『단경壇經』「행유품行由品」

신수와 혜능의 차이점은 무엇일까? 혜능은 불도의 본질을 깨달았지만 신수는 사물의 표면만 보았을 뿐이다. 즉 한 사람은 문 안에, 한 사람은 문 밖에 있었다. 그렇다면 불佛의 본질은 무엇인가? 바로 모든 생각은 비어 있다[空]는 것이다. 신수는 '있음[有]'을 전제로 했으므로 불도의 본질을 파악하지 못한 것이며, 혜능은 '없음[無]'을 전제로 했기에 불도의 정수를 파악한 것이다.

이처럼 경영인은 사물의 본질을 파악해내는 사고력을 기르는 훈련을 게을리해서는 안 된다. 이를 위해서는 기업과 기업이 속한 업계의 본질적 특징부터 이해해야 한다. 그러기 위해서는 업계의 특성이 무엇인지 간파하고 발전 동향을 살펴 이를 바탕으로 경영에 힘써야 한다. 모든 기업은 고유의 기업문화, 경영 마인드, 제품의 특성, 마케팅 방법, 고객관리, 경영 성과 등의 특징을 가지고 있으므로, 경영방식에도 해당 기업만의 색깔을 부여하여 경쟁력 우위를 점해야 한다. 본질을 파악한다는 것은 고유의 개성을 파악하는 것과 같다. 세상에 모양이 완전히 똑같은 나뭇잎은 없다. 일부 경영인은 이를 간과한 채 맹목적인 모방과 투자를 감행하다 결국 실패의 고배를 마시기도 한다. 지혜로운 경영인이라면 개성을 파악하는 것이 전략의 본질이며, 상황과 특징에 맞게 전술을 구사하는 것이 경영의 핵심이라는 사실을 기억해야 한다.

7 창조적 사고와 보수적 사고

송나라와 초나라의 군대가 홍수泓水에서 교전 준비를 하고 있었다. 송나라 군대는 진영을 이미 갖추었지만 초나라 군대는 아직 강도 채 건너지 않은 상태였다. 공손고公孫固는 송나라 양공에게 즉각 공격할 것을 권했지만 그는 허락하지 않았다. 초나라 군이 모두 강을 건넜는데도 아직 진영을 갖추지 않고 있자 공손고는 양공에게 또다시 공격할 것을 권했다. 그러나 양공은 여전히 그의 말을 따르지 않았다. 초나라 군대가 모두 진영을 갖추고 난 뒤에야 양공은 공격을 명령했고 결국 송나라 군은 대패했다. 양공은 부상을 당했으며 호위무사들은 전멸했다. 송나라 백성들의 양공을 원망하는 목소리가 높아지자 그는 이렇게 말했다.

"군자는 이미 다친 적을 또다시 공격하지 않고, 머리카락이 희끗희끗한 사람은 잡지 않는다. 옛날에 전쟁을 할 때에는 위험한 상황을 이용하여 승리를 구하지 않았다." 『좌전左傳』「자어론전子魚論戰」

이 이야기는 꽉 막힌 사고방식으로 전쟁에 임했던 어리석음의 대표적인 사례로 전해진다. 양공은 시대가 변했음에도 불구하고 여전히 시대착오적 발상으로 상황을 타결하려고 했다.

현대의 많은 기업에서도 이와 비슷한 사례를 찾아볼 수 있다. 수많은 경영인이 어리석은 판단으로 인한 실패를 한번쯤 겪어봤을 것이다. 사고방식의 고착화를 방지하고 시대의 흐름을 따르는 것은 모든 경영인이 반드시 숙고해야 할 대목이다.

미국의 저명한 경영학자인 톰 피터스Tom Peters는 그의 저서 『미래를 경영하라Re-imagine』에서 급격한 변화 속에서 기업이 어떻게 혁신을 이루어낼 것이지에 대해 다음과 같이 기술했다.

"변혁을 좋아하지 않는가? 그렇다면 당신은 이 세상과 인연이 없다."

그는 또한 CEO의 역할에 관해 "기회를 창조하라. 몽상가가 되어라. 인재를 개발하라. 혼란을 즐겨라. 갈등 속에서 성장하라. 반역자를 존경하라. 괴짜와 시간을 보내라. 조직의 가치를 최고치로 격상시켜라."고 역설했다. 임기응변 능력과 과감한 혁신으로 새로운 환경에 적응하라고 강조한 것이다.

●● 전쟁의 1순위는 전략이다

눈은 마음을 보고, 입은 마음을 말하고, 귀는 마음을 듣고, 몸은 마음
을 쉬게 한다. 따라서 몸과 마음을 지녔다면 국가에 군주가 있는 것처럼
안과 밖의 만물이 모두 그지없이 조화롭다. 『제갈량집諸葛亮集』「시청視聽」

우리가 신체기관을 통해 느끼는 감각은 최종적으로 마음에서 다시
한 번 '가공'된다. 마음이란 무엇인가? 바로 생각이자 지략을 생산하는
무대다. 군대의 장수가 외부의 상황을 파악했다면 '마음' 즉 생각을 통
해 이를 명철하게 분석한 뒤 지략을 세워 전쟁을 지휘해야 한다.

복잡한 전장에서 지혜를 발휘하지 못한다면 절대로 승리할 수 없다.
풍몽룡은 그의 저서『지낭』에서 이렇게 말했다.

사람에게 지혜는 대지 위를 흐르는 물과 같다. 물이 없는 땅은 초토焦土
(불에 타서 검게 그을린 땅)나 다름없고, 지혜롭지 않은 사람의 몸은 산송
장이나 다름없다. 지혜를 발휘한다는 것은 마치 대지 위로 물이 흐르는
것과 같다. 땅이 낮고 축축하면 물이 끊임없이 흐르듯이, 사람이 겸손하
면 지혜로 가득 채워진다. 그러므로 큰일을 이룬 사람은 모두 지혜로운
자들이었다.

전쟁에서 장수의 지혜는 지략을 통해 발휘된다. 전쟁은 지혜와 책략

의 집성체며, 지혜와 책략은 전쟁의 혼魂이라고 할 수 있다.

●● 병법가들이 연구한 지혜의 모든 것

지혜에 관한 고대 병가사상

중국 고대 병법가들은 지혜에 관한 연구를 매우 중시하여 지혜의 특징을 깊이 탐구했다. 그중 『삼십육계三十六計』에서는 지략을 각기 특성에 따라 36가지로 분류했다.

만천과해瞞天過海 하늘을 속여서 바다를 건너다

위도구조圍魏救趙 위나라를 포위하여 조나라를 구하다

차도살인借刀殺人 칼을 빌려 사람을 죽이다

이일대로以佚待勞 쉬면서 상대가 지치기를 기다리다

진화타겁趁火打劫 불난 틈을 이용하여 도적질하다

성동격서聲東擊西 동쪽을 향해 소리치며 서쪽을 공격하다

무중생유無中生有 무無에서 유有를 만들어내다

암도진창暗渡陳倉 어두울 때 진창을 건너다

격안관화膈岸觀火 강 건너 불구경하다

소리장도笑裏藏刀 웃음 속에 칼을 감추다

이대도강李代桃僵 자두나무가 복숭아나무를 대신해 넘어지다

순수견양順手牽羊 기회를 틈타 양을 끌고 가다

타조경사打草驚蛇 풀을 막대기로 쳐서 뱀을 놀라게 하다

차시환혼借屍還魂 남의 시신을 빌려 다시 살아나다

조호이산調虎離山 호랑이를 꾀어내 산에서 떠나게 하다

욕금고종欲擒姑縱 잡고자 한다면 먼저 놓아주어야 한다

포전인옥抛塼引玉 벽돌을 버리고 옥을 얻다

금적금왕擒敵擒王 적을 잡기 위해 적의 우두머리부터 잡는다

부저추신釜底抽薪 가마솥 밑에서 장작을 꺼내다

혼수모어混水摸魚 물을 흐려놓고 고기를 잡다

금선탈각金蟬脫殼 금빛 매미가 되려면 허물을 벗어야 한다

관문착적關門捉敵 문을 잠그고 도둑을 잡다

원교근공遠交近攻 먼 나라와 사귀어 가까운 나라를 공격하다

가도벌곽假途伐虢 길을 빌려 곽나라를 정벌하다

투량환주偸梁換柱 대들보를 훔치고 기둥을 바꾸다

지상매괴指桑罵槐 뽕나무를 가리키며 홰나무를 꾸짖다

가치부전假痴不癲 어수룩함을 가장해 상대를 안심시키다

상옥추제上屋抽梯 지붕 위에 올라가게 한 뒤 사다리를 치우다

수상개화樹上開花 나무 위에 꽃을 걸어놓다

반객위주反客爲主 손님이 도리어 주인 노릇을 하다

미인계美人計 미인을 이용해 적을 유인하다

공성계空城計 성을 비워 적을 미궁에 빠뜨리다

반간계反間計 적의 첩자를 역이용하다

고육계苦肉計 나를 희생해 적을 안심시키다

연환계連環計 계책을 교묘하게 연결시키다

주위상走爲上 도망가는 것이 상책이다

이는 다시 승전계勝戰計, 적전계敵戰計, 공전계功戰計, 혼전계混戰計, 병전계併戰計, 패전계敗戰計의 여섯 부류로 나뉜다. 위진魏晉시대에 지어진 『삼십육

계』는 작자 미상이며, 중국의 고대 군사책략이 총망라된 독보적 서적으로 칭송받고 있다.

풍몽룡은 지략에 관한 사상의 선구자로, 그가 집필한 장편 『지낭』은 지략의 보고로 불린다. 그는 지혜를 상지上智, 명지明智, 찰지察智, 담지膽智, 술지術智, 첩지捷智, 어지語智, 병지兵智, 규지閨智, 잡지雜智 이렇게 열 가지로 구분하여 각각을 명쾌하게 정의했다. 여기에서는 병가사상과 관련된 일부만 소개하고자 한다.

상지上智　최고 수준의 지혜는 수시로 생겨나거나 무심코 얻는 것이지, 수없이 생각하여 얻을 수 있는 것이 아니다. 남들이 사소한 것에 관심을 가질 때 나는 큰 것에 주의를 기울이고, 남들이 가까운 것을 볼 때 나는 멀리 있는 것을 관찰하고, 남들이 사소한 문제로 혼란스러워할 때 나는 편안하게 마음을 다잡고, 남들이 속수무책이라 생각할 때 나는 오히려 손쉽게 일을 처리할 수 있다. 그렇기 때문에 아무리 큰 난관에 맞닥뜨려도 쉽게 해결하고, 고요함 속에서 사람들의 예상을 뛰어넘는 지혜를 발휘한다. 오호라, 이것이야말로 가장 높은 수준의 지혜로움이 아니겠는가?

명지明智　우주가 생성된 이래로 사람들은 '명明'과 '암暗' 두 글자를 놓고 많은 논쟁을 벌였다. 혼돈의 시대에는 어두컴컴했고 천지개벽 이후에는 광명이 찾아왔다. 난세亂世에는 어두웠지만 태평성대에는 밝았다. 소인은 어둡고 군자는 밝다. 물이 맑고 투명하지 않다면 썩은 냄새가 나고, 거울을 닦지 않으면 때가 끼며, 사람의 생각이 밝지 않으면 구름이 낀 안개 속으로 떨어지는 것처럼 판단이 흐려진다. 촛불은 기껏해야 벽돌의 절반밖에 비추지 못하지만, 태양은 사방을 비춘다. 어두운 밤을 밝은 대낮과 비교하는 것은 맹인이 외눈박이 말을 타고 가면서 계곡물로 떨어지지 않기를 바라는 것과 같으니, 이것이 과연 가능하겠는가? 따라서 우매한 사람이 상황을 미처 알아채기도 전에 지혜로운 사람은 이미 문제를 해결하고, 흐리멍덩한 사람이 꿈속을 헤매고 있을 때 깨우친 사람은 이미 깨어나 있으며, 멍청한 사람이 갈림길에서 분주하게 뛰어다닐 때 명석한 사람은 이미 갈 곳을 정해놓는다. 이러한 지혜가 있다면 사람들이 알지 못하는 것을 알고, 사람들이 끊어내지 못하는 것을 끊어, 위험을 피하고 이익을 좇아 이름을 떨치게 될 것이다.

병지兵智　악비岳飛는 병법에 대해 이렇게 말했다. "인자함, 지혜로움, 신의, 용맹함, 엄격함 중 한 가지도 없어서는 안 된다. 그렇지만 나는 이 중에서 지혜가 가장 중요하다고 생각한다. 지혜란 '앎'이며, 인자함, 신의, 용감함, 엄격함이 무엇인지 아는 것이다. 장수로서 가장 경계해야 할 것이 '무지'다."

유자儒者는 군사軍事에 관해 말하지 않는다. 유자는 전쟁에서의 속임수는 나쁘다고 말하는 반면, 지혜로운 자는 전쟁에서 속임수를 쓰지 못할까 염려된다고 말한다. 본디 속임수에 능한 자라야 전쟁에 능하고, 전쟁에 능한 자라야 전쟁을 하지 않을 수 있는 법이다.

●● 지혜롭게 승리를 쟁취한 사례들

이렇듯 중국의 고대 군사 사상서는 지혜와 지략에 대한 연구와 그것의 효과적인 활용을 매우 중시했다. 이는 실제 전쟁에서 가장 중요한 핵심 과제가 바로 지혜이기 때문이다. 지혜가 전쟁에 반영된 것이 바로 지략이자 책략이며, 전쟁에서의 지혜는 다음의 다섯 가지 특징이 있다.

1 전반을 아우르는 힘

지혜는 전쟁의 승패를 결정한다. 인장仁將은 인자함으로 병사를 이끌고, 지장智將은 지략을 이용하여 전쟁을 치르고, 신장信將은 의로움으로 권위를 세우고, 용장勇將은 기세를 몰아 적을 물리치고, 엄장嚴將은 다스림으로 군대를 통솔한다. 하지만 여기에서 가장 중요한 것이 바로 지혜다. 다음 이야기에서 엿볼 수 있듯 풍몽룡의 생각은 이러한 손자의 사상과 일맥상통한다. 유백온 역시 "전쟁이란 계책이 우선되어야 한다."라고 하지 않았던가.

위魏나라의 장수 방연龐涓이 한韓나라를 공격하자 제나라의 전기는 한나라를 구하기 위해 위나라 수도 대량大梁까지 쳐들어갔다. 방연이 이 소식을 듣고 군대를 철수하여 위나라로 돌아오는데, 제나라 군대는 이미 위나라의 서편으로 진격하고 있었다. 이때 손빈이 전기에게 말했다.

"삼진三晉(한, 조, 위)의 병사는 예로부터 맹렬하고 사나워 제나라 군대를 겁쟁이라 비웃었다. 전쟁을 잘하는 사람은 형세를 이용하여 아군을 유리한 방향으로 이끈다. 병법에도 '100리 바깥의 적을 공격하면 상장군을 잃고, 50리 밖에 있는 적을 공격하면 군대의 절반을 잃는다'라는 말이 있지 않는가."

제나라 군대가 위나라로 쳐들어간 뒤 제나라 장수는 병사들에게 첫째 날에는 10만 개의 부뚜막을, 둘째 날에는 5만 개의 부뚜막을, 셋째 날에는 3만 개의 부뚜막을 설치하게 했다. 이를 본 방연은 크게 기뻐하며 말했다.

"과연 겁쟁이들이었군. 3일 만에 병사가 절반 넘게 도망을 가다니."

그러고는 주력 보병들은 남겨둔 채 정예부대만 데리고 밤낮없이 길을 재촉하여 제나라 군대를 쫓아갔다. 손빈이 계산해보니 방연의 부대는 해질 무렵이면 마릉馬陵에 도착할 것 같았다. 마릉으로 가는 길은 좁고도 험준하여 복병을 설치하기에 안성맞춤이었다. 이에 큰 나무의 껍질을 깎아 하얀 줄기에 "방연이 여기에서 죽었다."라고 새겼다. 그러고는 활쏘기에 능한 병사들에게 길의 양쪽을 따라 1만 개의 활과 화살을 숨겨놓게 하고는 거듭 강조했다.

"해질 무렵 불빛을 보면 화살을 쏘아라."

과연 어두컴컴해질 즈음 방연이 도착했고, 그는 나무에 새겨진 글자를 보고는 병사에게 불을 비춰보라고 명령했다. 하지만 그가 글을 채 읽기도 전에 제나라 군대의 1만 개 화살이 동시에 날아왔고, 이로써 위나라 군대는 혼란에 빠져 모두 흩어졌으며, 방연은 자결했다.

『지낭智囊』「병지부兵智部」

방연은 손빈을 질투하여 온갖 악랄한 수법을 총동원하며 그를 괴롭혔다. 이에 손빈은 마릉으로 가는 길목에서 벌어진 전투에서 방연의 지략을 역이용하여 결국 그를 죽음으로 몰아넣었다. "전쟁은 치르기 전에 승리하고, 승리는 전쟁 전에 결정 난다."던 손자의 말을 입증한 전투였다.

2 미래를 내다보는 눈

지혜의 두드러진 특징 중 하나는 사물의 발전 법칙에 근거하여 미래를 예측할 수 있다는 점이다. 따라서 미래를 내다보는 자가 주도권을 잡게 되어 있다. 앞서 '명지明智'에서 언급한 바와 같이 우매한 사람이 미처 알아채지 못하고 있을 때 지혜로운 사람은 이미 문제를 해결한다.

관중이 병이 들자 제나라 환공이 그를 위문하러 가서 물었다.

"이렇게 병이 위중하신데, 혹시 국정 운명에 관해 과인에게 가르쳐주실 것이 있으시오?"

관중이 대답했다.

"역아易牙와 수조竪刁, 상지무常之巫, 계방啓方을 멀리하십시오."

그러자 환공이 의아해하며 물었다.

"역아는 그의 아들을 삶아 나에게 바쳤소. 이런 자가 나를 받드는데 무슨 의심을 한단 말이오?"

"자기 자식을 사랑하는 것은 인지상정입니다. 제 자식도 죽일 수 있는 자가 왕에게 무슨 짓인들 못하겠습니까?"

"수조는 스스로 거세하여 나를 받들었소. 이자에게도 의심할 것이 있겠소?"

"세상에 제 몸을 아끼지 않는 자는 없습니다. 스스로 거세할 수 있는 자가 왕에게 무슨 짓인들 못하겠습니까?"

"상지무는 생사를 점칠 줄 알며 나의 지병까지 없애주었소. 이자도 의심이 되오?"

"생사는 운명이고 병을 앓는 것은 모두 하늘의 뜻입니다. 군주께서 운명을 믿지 않으시고 본분만 고집하시어 상지무에게만 기댄다면 그는 온갖 악행을 저지를 것입니다."

"위衛나라 공자 계방은 나를 15년간이나 받들었소. 그의 부친이 죽었을 때도 고향에 가서 곡을 하지 않았을 정도였소. 그런데도 의심할 것이 있소?"

"세상에 아버지를 사랑하지 않는 자가 있습니까? 제 아비에게도 그렇게 무정하거늘 왕께는 어떠하겠습니까?"

"당신의 말을 잘 알아들었소."

관중이 죽은 뒤 환공은 이 네 사람을 모두 궐 밖으로 쫓아냈다. 하지만 그때부터 입맛이 없고 병까지 들어 왕실에는 옛날의 위엄이 사라졌다. 그렇게 3년이 지나자 환공은 관중의 말이 다소 지나쳤다며 네 사람을 다시 불러들였다. 하지만 이듬해 환공이 중병이 들자 상지무는 궁을 떠나면서 환공이 곧 죽을 것이라고 소문을 내고 다녔다. 이후 역아, 수조, 상지무는 잇따라 난을 일으켜 궁궐의 문을 잠그고는 아무도 궁에 들어오지 못하게 했다. 한편 계방은 1000만 가구를 위나라로 데리고 갔다. 그리하여 환공이 목이 마르다며 물을 청하여도 갖다 줄 사람이 없었다. 환공은 그제야 한탄하며 말했다.

"아! 성인聖人의 통찰력이 진실로 깊었구나!"

멀리 생각하지 않으면 가까운 곳에 근심이 생기게 마련이다. 무비유환의 교훈을 주는 이 이야기는 미래를 내다보는 지혜의 힘을 생생하게 전달하고 있다.

3 우연과 필연의 결합

진정한 지혜는 우연과 필연에 의해 얻어진다. 지혜란 오랜 시간 두텁게 쌓아온 것이 조금씩 드러나거나 때로는 퍼뜩 머리에 떠오르면서 얻어진다. 그렇다고 해서 그것이 터무니없는 공상에 의해 생겨나는 것은 아니다. 다시 말해 지혜란 필요에 의해 얻은 지식과 경험으로 쌓은 지식이 잘 버무려져 최고의 경지에 다다른 결과다. 즉 지혜는 필연이 자유로 도약한 결과라고 할 수 있으며, 공상이나 헛된 노력으로 얻어지는 것이 아니다.

『지낭』의 「첩지부捷智部」에는 다음과 같은 이야기가 있다.

송나라 인종 원년에 당항黨項 사람이 연안성延安城을 포위한 지 7일째가 되자 예부상서禮部尚書 범옹范雍은 군대를 이끌고 적군과 맞섰다. 우울한 기색이 역력한 그를 보고는 한 늙은 교관이 이렇게 말했다.
"저는 변경 지역에 살고 있어서 적이 성을 함락하는 것을 수차례 보았습니다. 당항 사람들은 전쟁을 치를 줄 몰라 우리 영토를 점령하지 못할 것입니다. 그러니 오늘도 별 문제가 없을 것입니다. 제가 장담하지요. 만약에 문제가 생긴다면 기꺼이 목을 내어놓겠습니다."
범옹은 그의 말을 듣고 자신감을 얻었고, 그의 군대 역시 안정을 되찾았다. 전투가 종식된 뒤 늙은 교관에게 후한 포상이 내려졌고 중임이 맡겨졌다. 사람들은 그를 보고 진정으로 전쟁의 방법을 안다며 칭찬을 아끼지 않았다.
"정말 대담합니다. 만약 당신의 말이 적중하지 않았다면 목이 날아갔을 것 아닙니까?"
누군가의 질문에 늙은 교관은 이렇게 대답했다.
"저는 그것을 걱정하지 않았습니다. 정말로 성이 공격당한다면 누가 저를 죽이는 데 신경이나 쓰겠습니까. 단지 백성들의 마음을 안정시키면 그만이지요."

이 이야기는 위급한 상황에서 번뜩이는 지혜를 발휘한 전형적인 사례다. 눈살을 찌푸리면 수가 생겨나는 법이다. 전쟁이란 눈 깜짝할 사이에 많은 변화가 일어나는 예측불허의 장이기 때문에, 장수는 반드시 형세를 신속히 파악하여 대응책을 마련해야 한다.

▣ 독특함과 기발함

지혜를 이용하여 계획을 세울 때는 다른 사람들이 생각하지 못한 것, 말하지 않은 것, 감행하지 못한 것, 이기지 못한 것을 아는 능력이 중요하다. 고명한 지혜와 훌륭한 계략은 쉽게 따라 할 수 없다. 처음에는 기발했던 지혜라도 두 번 사용하면 모방으로, 여러 번 사용하면 판에 박힌 틀로 전락하여 어느새 어리석음으로 변질되고 만다.

『지낭』의 「병지부」에는 아래와 같은 이야기가 전해진다.

진秦나라 군대가 한韓나라를 공격하기 위해 알여閼與에 주둔하고 있었다. 이때 조나라의 왕이 염파를 불러 물었다.

"한나라를 구할 수 있겠느냐?"

그러자 염파는 도로가 험준하고 좁아 어렵겠다고 대답했다. 왕이 악승樂乘에게도 물었으나 그 역시 염파와 똑같이 대답했다. 이번에는 조사에게 물었더니 그는 이렇게 대답했다.

"도로가 험준하고 좁아 그곳에서 싸운다면 마치 쥐 두 마리가 구멍 안에서 다투는 것과 같아 장수가 맹렬한 쪽이 이길 것입니다."

이를 듣고 조나라 왕은 조사를 장수로 임명했다.

조사가 이끄는 군대가 한단邯鄲에서 30리쯤 떨어진 곳에 당도하자 그는 병사들에게 명령했다.

"감히 내게 출전하라 말할 배짱이 있는 자는 사형에 처할 것이다."

한편 무안武安의 서쪽까지 쳐들어온 진나라 병사들이 무예를 연마하고
북을 치는 소리가 하늘을 찔러 지붕 위의 기와까지도 흔들려 떨어질 지
경이었다. 이를 지켜본 조사의 한 병사가 당장 무안을 구하러 가야 한다
고 주장하자 조사는 그를 즉시 죽였다. 그 후에도 조사는 무려 28일 동
안 나아갈 생각을 않고 진영을 지키기만 했다.

어느 날 진나라 간첩이 조나라 진영으로 잠입하자 조사는 훌륭한 음식
으로 그를 후하게 대접했다. 첩자의 보고를 전해 들은 진나라 장수는 크
게 기뻐했다.

"국경에서 고작 30리를 벗어난 곳에서 전진할 생각을 못하다니. 게다가
계속 보루만 쌓고 있다고? 이는 알여가 이제 우리 영토임을 인정한 것이
아니겠느냐!"

 한편 조사는 진나라의 첩자가 떠나간 뒤 즉각 모든 병사들에게 출동할
것을 명령했다. 그러고는 이틀 만에 알여에서 50리 떨어진 곳까지 다다
랐다. 조사는 활쏘기에 능한 병사들에게 그곳에 진영을 세우라고 명령
했다.

이 소식을 들은 진나라 왕도 모든 군대를 출격시켰다. 이때 허력許歷이라
는 병사가 조사에게 다음과 같이 간언했다.

"진나라 군대는 저희 군이 이렇게 빨리 여기까지 오리라고는 생각지 못
했을 것입니다. 지금 진나라 군대는 기세가 등등하니 강력한 전투 대형
으로 맞서지 않으면 반드시 패배할 것입니다."

조사는 그의 의견을 받아들였다. 허력은 조사가 정한 규율대로 자신을
처벌해줄 것을 청했지만, 조사는 보류했다. 전투가 시작될 무렵 허력이
또다시 진언을 청하며 말했다.

"북쪽 산의 정상을 먼저 차지하는 군대가 이길 것입니다. 늦으면 반드시

패배합니다."

조사는 그의 의견을 받아들여 모든 군대를 북쪽 산으로 보냈다. 진나라 군대 역시 북쪽 산으로 돌격했으나 한발 늦었고, 조사의 공격을 받아 대패했다. 이로써 조나라는 알여를 차지하였다.

5 성공적인 책략

우매한 자와 지혜로운 자가 만나면 지혜로운 자가 이기고, 지혜로운 자와 더 지혜로운 자가 만나면 더 지혜로운 자가 이긴다.

이와 같은 지혜의 특징을 파악했다면 이를 좀 더 효과적으로 활용할 수 있다.

송나라 태조가 조보趙普에게 물었다.

"당나라 말부터 지금까지 수십 년이 흐르는 동안 왕조가 십여 차례나 바뀌고 전쟁도 끊이지 않았다. 이는 무엇 때문인가?"

조보가 대답했다.

"번진藩鎭(각 지역의 절도사)의 세력이 지나치게 크기 때문입니다. 왕보다 신하의 세력이 더 큰 형세이지요. 천하가 안정되려면 그들의 힘을 약화시켜야 합니다. 그러려면 재물과 식량을 제한하고 병권을 회수해야 합니다."

태조는 조보의 말이 채 끝나기도 전에 말했다.

"더 이상 말하지 않아도 잘 알겠구나."

얼마 지나지 않아 태조는 석수신石守信 등 그의 오랜 신하들과 술자리를 가졌다. 술이 거나하게 취한 태조는 이들에게 말했다.

"경들의 노력이 아니었으면 나는 지금의 이 자리까지 오르지 못했을 것이오. 그대들의 은덕을 내 영원히 잊지 않겠소. 하지만 황제라는 자리는 참으로 고달프구려. 하룻밤도 편히 잠들 수가 없으니, 차라리 번진이 되어 행복한 삶을 사는 편이 나을 것 같소."

신하들이 그 연유를 묻자 태조가 대답했다.

"간단한 이치요. 사람이라면 누군들 황제의 자리를 탐내지 않겠소?"

그러자 신하들이 모두 엎드려 아뢰었다.

"전하께서는 어찌 그런 말씀을 하십니까?"

"그대들이야 그런 생각이 없다 해도, 그대들의 부하들이 부귀를 좇는다면 어떻게 하겠소? 그들이 그대들에게 황제의 옷을 입히려 한다면 원치 않는다 하더라도 어쩔 수 없이 황제의 자리에 앉아야 하지 않겠소."

대신들이 울면서 머리를 조아리고는 말했다.

"소인들은 미천하여 감히 그럴 수 없습니다. 부디 저희를 가엽게 여기시어 살아갈 방도를 마련해주시옵소서."

"아, 인생이란 무엇이오? 절벽 틈을 달리는 말처럼 순식간에 지나가는 것 아니오? 모두들 하나같이 부귀를 좇지만, 부귀란 실은 길지 않는 삶을 편안히 살다가 후손에게 물려주는 것이오. 헌데 그대들은 왜 각자의 병권을 내려놓고 고향으로 돌아가 좋은 집과 땅을 사서 죽을 때까지 먹고 즐기다가 후손들에게 물려주려고 하지 않는 것이오? 그렇게 되면 우리 사이에 그 어떤 의심도 사라질 게 아니오."

이 말을 들은 대신들이 다시 아뢰었다.

"황상께서 이렇게 저희를 생각해주시니, 과연 피를 나눈 부모 형제와도 같습니다."

이튿날 석수신을 비롯한 신하들은 몸이 불편하다며 자신들의 병권을 회수해줄 것을 간청했다.

'술잔으로 병권을 없애다'라는 뜻의 배주석병권杯酒釋兵權의 이야기다. 이미 진교陳橋의 변을 겪은 터라 태조는 천하의 안정을 꾀하기 위해 밤낮으로 고민했다. 이에 조보가 계책을 내놓았고, 태조는 이를 활용해 피 한 방울 흘리지 않고 술 한 잔으로 손쉽게 문제를 해결했다. 성공적인 책략은 1천 균千鈞(1균=30근. 매우 무거운 물건을 비유하는 말)도 가볍게 들어 올리고, 소중한 말 한마디는 전쟁을 대신한다.

●● 전쟁에서 지혜가 갖는 의미

전쟁에서 지혜가 갖는 의미를 다음 세 가지로 정리해보았다.

1 지혜는 장수가 지녀야 할 기본 자질

이는 중국의 모든 병법가들의 공통된 의견이다. 회남왕 유안은 「병략훈」에서 '장수라면 독창적인 견해와 남다른 지식을 갖추어야 한다. 독창적인 견해란 다른 사람들이 보지 못하는 것을 보는 것이고, 남다른 지식이란 다른 사람이 알지 못하는 것을 아는 것이다."라며 장수가 지녀야 기본 자질에 대해 말했다.

장수의 생각이 짧아 멀리 내다볼 줄 모르면 지략이 있는 자는 떠날 것이고, 장수가 위엄이 없고 용맹하지 않으면 병사들은 뒷걸음질칠 것이고, 장수가 경거망동하면 군대는 경솔해져 침착함을 잃을 것이고, 장수가 남에게 화풀이를 하면 군사들이 두려움에 떨 것이다. 『군참』에 이르기를 '장수는 생각이 깊고 포부가 원대해야 하며, 위엄과 용맹함을 중히 여겨야 하고, 분노가 일어날 때는 경거망동하지 않고 신중해야 한다'라고 하였다. 장수라면 이 네 가지를 반드시 기억하고 경계해야 한다. 『삼략』「상략」

장수가 침착하여 심중을 드러내 말하지 않는다면, 그는 신비하여 예측이 어려운 자다. 보지 않고도 모든 것을 알 수 있다면 예리하여 세세한 것 하나까지도 놓치지 않는 자다. 이 두 가지를 갖추었다면 적수가 없을 것이며 굴복하지 않는 나라가 없을 것이다. 『육도六韜』「용도龍韜」

▣ 지혜는 전략을 수립하는 핵심

지혜는 전쟁의 영혼이요, 전투는 전쟁을 담는 그릇이다. 중국 고대 회화이론에서는 신형겸비神形兼備라 하여 정신과 형체 모두를 중시했다. 『태백음경』의 「병형편」에서는 이와 관련하여 다음과 같은 내용을 기술하고 있다.

경에 이르기를, 전쟁은 외재적 형태인 형形과 내재적 형태인 신神으로 이루어진다. 깃발과 무기는 형태로서 존재하며, 지략과 계책은 정신의 알맹이다. 적을 물리치고 성을 함락하는 것은 형태이나 결정적 역할을 하는 것은 정신이며, 허와 실의 변화는 정신에 따른 결과지만 형태로서 나타난다. 형태가 거침이 없고 마음가짐이 세심하다면, 형태로 표현되는 사물 중에 선별할 수 없는 것이 없고, 정신으로 표현되는 것 중에 예리하지 않는 것이 없다. 형태는 사물의 겉모습을 속이고 미혹하는 반면 정신은 사물의 본질을 은밀하고 주도면밀하게 살핀다. 그리하면 사물의 외형을 관찰하더라도 사물의 내재적 영혼을 살필 수 없고, 사물이 내재하고 있는 정신을 본다 하더라도 사물의 외형을 살필 수 없다.

168

지혜는 전쟁의 내재적 혼이다. 영혼은 형태를 결정하므로 혼이 살아 있어야 형태를 이기고 혼이 패하면 형태도 패한다. 손자는 병법을 통해 다음과 같은 문장을 남겼다. "전쟁을 시작하기 전에 조정에서 계책을 세운 뒤 승리했다면 승산이 컸던 전쟁이고, 전쟁 전에 계책을 세웠는데도 승리하지 못했다면 승산이 없었던 전쟁이다. 승산이 크면 승리하고 승산이 적으면 패배하는데, 하물며 승산이 없다면 어떠하겠는가? 나는 이로써 승패를 볼 수 있다."

이는 어떤 전쟁이든 치르기 전에 미리 계획을 세워야 하며, 승리는 전쟁 전에 이미 결정된다는 사실을 반증한다. 여기에서 전략을 세우는 데 바탕이 되는 것은 두말할 것도 없이 '지혜'다.

『지낭』의 「병지부」에 등장하는 이야기를 통해 지혜의 의미를 다시 되새겨보자.

삼국시대 때 정욱程昱이 견나라를 지키는데 수하에는 700여 명의 병사밖에 없었다. 조조는 원소袁紹가 여양黎陽에서 남쪽으로 오고 있다는 소식을 듣고는 정욱의 군대에 3000여 명의 병력을 지원하겠다고 자청했다. 그러자 정욱은 이를 거절하며 말했다.

"원소는 10만 군사를 거느리고 있어 세상에 적수가 없다고 생각할 것입니다. 때문에 저의 병력이 이렇게 보잘 것 없다는 것을 안다면 공격하지도 않을 것입니다. 하지만 병력을 증강한다면 저를 공격할 것이고, 결국 견나라는 함락될 것입니다."

과연 원소는 정욱의 병력이 약하다는 이유로 공격하지 않았다. 그 뒤 조조는 가후賈詡에게 이렇게 말했다.

"정욱의 담력과 식견은 맹분孟賁이나 하육夏育을 넘어서는구나."

풍몽룡이 이 사건에 대해 내린 평가도 의미심장하다.

"700과 3000은 모두 10만의 적수가 되지 못한다. 그러나 증병을 하지 않겠다는 명목만으로 적을 무찔렀으니 정욱의 식견은 조조보다 원대하다."

▣ 지혜는 전쟁의 승패를 결정하는 열쇠

전쟁을 치를 때는 지혜가 있어야 하고, 전투를 치를 때는 용맹함이 필요하고, 진영을 세울 때는 책략이 있어야 한다. 필요한 능력은 발휘하되 하기 싫은 것과 잘하지 못하는 것은 버려야 한다. 적을 대할 때는 반대로 해야 한다. 『사마법司馬法』「정작定爵」

이 내용은 두 가지 의미를 내포하고 있다. 그중 첫째는 전쟁에서 이기기 위해서는 지혜, 용기, 기교 등 모든 요소가 골고루 필요하다는 것이다. 하지만 세 가지 요소 중 첫째는 단연 지혜다. 지혜롭다는 것은 훌륭한 전략을 세울 수 있음을 의미하고, 전술을 펼치기 위해서는 용감하고 교묘해야 한다. 두 번째는 바로 나의 장점과 적의 단점을 적절히 이용해야 한다는 것이다.

중국의 설화집인 『설원』의 「권모權謀」에 나오는 이야기를 보자.

초나라의 장왕이 진陳나라를 공격하기에 앞서 정황을 살피기 위해 사신을 보냈다. 얼마 후 돌아온 사신은 장왕에게 진나라를 공격하면 안 된다고 아뢰었다. 장왕이 그 이유를 묻자 그가 대답했다.

"진나라의 성곽은 크고 보루는 튼튼합니다. 또 재물이 많아 국가가 평안합니다."

그러자 장왕은 오히려 이렇게 대답했다.

170

"그러니 공격해야 한다. 소국小國인 진나라에 모아둔 것이 많다는 것은 세금을 많이 거둔다는 의미다. 틀림없이 백성들은 왕실에 원한이 클 것이다. 성곽이 높고 보루가 튼튼한 걸 보면 백성들은 피로에 지쳐 있을 것이다."

장왕은 진나라를 공격하여 결국 진나라 땅을 차지했다.

장왕이 사신과 완전히 다른 판단을 내린 것은 현상을 통해 본질을 꿰뚫어보았기 때문이다. 이로써 전쟁에서 승리를 거두었으니 그는 실로 지혜롭고도 용감한 왕이었다.

●● 게임이론, 그리고 기업이 살아남는 법

치열한 비즈니스 경쟁에서 어떻게 해야 살아남을 수 있을까? 해답을 찾기 위해서는 먼저 경쟁에 관한 기본 이론부터 알아야 한다.

시장경제 체제에서 기업의 가장 큰 특징은 늘 경쟁을 해야 한다는 것이다. 따라서 해당 기업이 경쟁 환경과 경쟁 상대에 대한 분석을 거쳐 전략을 수립한 다음 주도권을 잡아야 승리할 수 있다. 이러한 과정 없이 무턱대고 시장과 맞섰다가는 패배하기 십상이다. 뛰어난 경영 전략을 수립하기 위해서는 중국 고대 군사 사상에 등장하는 전략이론과 현대 서양식 게임이론을 모두 참고하는 것이 좋다.

중국의 전략이론과 서양의 게임이론에는 공통점과 차이점이 존재한다. 공통점이라면 두 가지 이론 모두 인간의 지혜를 바탕으로 한 연구의 결과물이라는 점이다. 이 두 가지 이론의 다른 점은 전략이론은 이미지적 사고를 기반으로 이론을 이끌어낸 데 반해 게임이론은 추상적 사고를 바탕으로 이론적 근거를 제시했다는 점이다. 또한 전략이론은 감성적이고 동적인 데 반해 게임이론은 이성적이고 항상성이 있다. 어쨌든 두 이론 모두 인간의 지혜를 바탕으로 한 연구의 결정판이기 때문에 오늘날의 경영인은 반드시 알아두어야 한다.

게임이론을 이해하려면 먼저 다음의 내용을 알아야 한다.

1 승패의 형태

승패의 형태는 대략적으로 win-lose, win-win, lose-win, lose-lose의 네 가지로 나뉜다.

먼저 win-lose란 경쟁에 두 사람 또는 그 이상이 참여했을 때, 단 한 사람만 승리하여 만족할 만한 이익을 얻고 다른 참가자들은 모두 실패하는 게임이다. 전략이론에서 말하는 승자의 이득과 패자의 손실을 합한 값이 0이 되는 제로섬게임zero-sum game 의 일종이다.

win-win이란 경쟁에 참여한 두 명 이상의 참가자가 모두 만족스러운 결과를 취하는 형태다. 이를 위해서는 상호간 납득할 만한 수준의 양보와 타협이 필요하다.

lose-win은 경쟁에 참여한 모든 구성원 중 한쪽만 실패하는 경우다.

lose-lose는 경쟁에 참여한 구성원이 모조리 실패하여 승자가 없는 경우다.

사람은 누구나 승리를 갈망한다. 하지만 승리하고 싶다면 승리의 '방법'을 알아야 한다.

나 혼자만 이길 것인가, 아니면 다 함께 승리할 것인가를 선택하는 문제는 그 목표가 다르므로 전략도 다를 수밖에 없다.

win-lose 게임은 제로섬게임이므로 서로 필사적으로 대항하여 치열하게 경쟁하는 형태다. 제로섬게임에서는 모든 참가자의 소득의 합이 0이기 때문에, 한 사람이 얻은 것은 다른 사람이 잃은 것의 결과물이다. 따라서 협력은 존재하지 않으며 오직 경쟁과 대항이 있을 뿐이다. 이러한 힘겨루기는 '모 아니면 도', '너 죽고 나 살기' 게임이므로 최종 승자는 오직 한 명뿐이다.

win-win 게임은 포지티브섬게임(positive sum game, 정합正合)으로, 경쟁과 연합 그리고 대치와 협력이 공존한다. 각 참가자의 목표는 완전히 대치되지는 않으며, 다양한 결과가 발생할 수 있다. 마지막에 모든 참가자들이 얻는 소득의 합은 가변적이며, 이들은 잃기도 하고 얻기도 한다. 우리가 흔히 말하는 '협력하는 경쟁'이란 바로 이러한 형태를 지칭한다. win-win 전략을 채택한다면 경쟁 참가자가 공동으로 시장을 제패할 수 있게 된다. 물론 각 구성원의 소득은 동일하지 않을 수 있다.

그렇다면 win-lose와 win-win 전략 중 어느 것을 선택해야 할까? 제로섬게임과 포지티브섬게임 중 무엇이 더 현명한 방법일까? 선택을 위해서는 경쟁에 관한 모든 사항을 종합적으로 고려해야 한다. 여기에도 경영인의 지혜가 필요하다.

만약 제로섬게임을 선택했다고 가정해보자. 갑이 시장을 석권하자 을의 엄청난 반대에 부딪힌다. 이렇게 되면 갑은 시장과 고객을 손에 넣는 대신 가격 손실을 입을 수도 있다. 반대로 포지티브섬게임을 취했다면 시장의 일부밖에 얻지 못하더라도 상대방과의 치열한 가격경쟁은 피할 수 있고, 심지어 상대방과 잠재적 동맹을 맺음으로써 수익률을 향상시킬 수도 있다. 반면 제로섬게임에서는 모든 기업이 '대박'을 터트릴 수도, '쪽박'을 찰 위험도 안고 있어 그 누구도 결과를 보장할 수 없다. 따라서 경쟁방식을 채택할 때는 실제 기업과 경쟁 환경을 면밀히 분석한 뒤 신중하게 결정해야 한다.

경영인이 해결해야 할 문제는 또 있다. 어떤 기업도 실패의 가능성을 완전히 배제할 수 없으므로 위험을 피하는 방법, 특히 불리한 위치에서 올바른 전략을 수립하는 방법을 사전에 숙지하고 있어야 한다.

만약 실패의 위기에 직면한 기업은 네거티브섬게임을 최대한 활용하는 것이 좋다. 승자 없이 모두 피해를 입는 이 방식을 통해 나만 혼자 실패하는 국면을 피하려면, 상대방까지도 위험으로 몰아가는 일명 '물귀신 작전'을 써야 한다. 이때 상대방이 경쟁전략을 바꿀 때 나는 이를 새로운 기회로 잡을 수 있다. 이 전략을 잘 활용한다면 실패하여 아무것도 얻지 못했다 하더라도 최소한 더 큰 손실은 막을 수 있다.

② 승패의 전략

경쟁의 특성 중 하나는 참가자들의 결정이 상호의존적이라는 점이다. 이는 다음의 두 가지 경우로 나타난다.

첫째는 순차적으로 발생하는 경우다. 한 사람이 패를 꺼낸 뒤 내 차례가 되면, 나는 모든 상황을 다방면으로 따져보아야 한다. 상대방이 어떤 전략으로 저 카드를 꺼냈는가? 내가 꺼낼 패가 다음 사람에게는 어떤 영향을 미칠 것인가? 또한 그 사람의 반응은 내게 어떤 영향을 미칠 것인가?

둘째는 동시에 발생하는 경우다. 모든 참가자가 동시에 카드를 꺼내기 때문에 다른 참가자의 전략을 상관할 필요가 없다. 다만 한 가지 잊지 말아야 할 사실은 내가 패를 꺼낼 때 상대방도 동시에 패를 꺼낸다는 사실이다. 다시 말해 당신은 당신과 같은 적극적인 전략 결정자들 사이에 둘러싸여 있다. 그들의 선택과 당신의 선택은 서로 긴밀하게 작용한다.

따라서 반드시 상대방의 반응을 예측해보고, 그것을 통해 나의 이번 패가 어떤 결과를 가져올 것인지 예상해야 한다.

요컨대 어떤 판에서든 모든 참가자는 순차적으로 게임을 진행할지 동시에 진행할지 결정해야 한다. 그래야 그에 적합한 전략을 세울 수 있다.

먼저 순차게임에 대해 살펴보자.

순차게임의 중요한 원칙 중 하나는 패를 꺼냈을 때 사람들의 반응을 예측하여 이를 바탕으로 비장의 카드를 설정해야 한다는 것이다. 즉 앞을 내다보고 상대방의 반응을 예상하여 반대로 추론해봄으로써 다음 패를 결정해야 한다. '내가 이렇게 하면 상대방은 저렇게 하겠지. 그렇다면 나는 이렇게 반격하겠다'고 사고하는 일종의 추리 사슬인 셈이다.

이 게임은 일장일단이 있다. 장점이라면 상대방이 먼저 패를 꺼내 보였을 때 내게 기회가 생긴다는 점이다. 하지만 상대방의 첫 번째 카드는 시험적인 경우가 많다는 사실을 기억하자. 단점은 내가 먼저 패를 꺼낼 경우 상대방에게 기회가 생긴다는 점이다. 모든 게임의 참가자는 자신의 결정에 따르는 결과를 예측하고 이를 통해 가장 좋은 카드를 설정한다. 다시 말해 게임을 반복하면서 그 결과를 바탕으로 다음 전략을 세우기 때문에 각각의 참가자들은 이를 근거로 자신만의 원칙을 세운다.

순차게임은 시장 경쟁에서도 흔히 나타난다. 어떤 기업이 신제품을 출시하면 곧바로 다른 기업들이 해당 제품과 거의 동일한 제품을 내놓는다. 선두기업은 선진 기술로 만든 제품으로 시장을 석권하여 높은 이윤을 창출하지만, 곧 후발주자들이 낮은 원가를 앞세운 가격경쟁력으로 선두를 바짝 추격한다.

이렇듯 선두주자는 선점자로서의 이익을 얻을 수 있지만, 그와 동시에 진입 장벽을 세워 후발주자로부터 자사 제품을 방어해야 한다. 반면 후발주자라면 제품을 모방하되 어떻게 차별화할 것인지, 추격을 한다면 어떤 전략을 취할 것인지 고민해야 한다.

사실 기업 간 경쟁에서 모든 기업은 선발주자로 먼저 나설 것인지, 후발주자로 뒤쫓을 것인지 선택의 기로에 서게 마련이다. 고양이의 목에 방울을 매달 수만 있다면 고양이의 먹이가 될까봐 두려워할 필요가 없다. 하지만 어떤 쥐가 자기 목숨을 담보로 그런 위험천만한 모험을 하려 할까? 이처럼 언제나 첫 번째 주자가 후발주자에 비해 훨씬 큰 위험 부담을 갖는 법이다.

순차게임의 가장 전형적인 예가 바로 비즈니스 협상이다. 『협상의 비법Secrets of Power Negotiating』의 저자인 미국의 저명 협상전문가 로저 도슨Roger Dawson은 이렇게 말했다. "비즈니스 협상에서 상대방에게 먼저 발언권을 준다면 당신은 우위를 점할 수 있다. 그 이유는 세 가지다. 첫째, 그쪽에서 첫 번째로 제시하는 가격은 당신이 생각했던 것보다 높을 것이다. 둘째, 실질적인 교류에 앞서 그들에 대해 좀 더 상세히 파악할 수 있다. 셋째, 상대방이 제시하는 가격의 범위를 한정하도록 도움을 준다."

협상을 시작할 때는 반드시 예상보다 높은 조건을 제시해야 하며, 제시한 조건을 가능한 한 최고 수준까지 올려야 한다. 이는 당신이 생각하는 가장 이상적인 시나리오일 것이고, 상대방 역시 그것이 합리적이라고 생각할 것이다. 특히 상대방에 대해 잘 모를 때는 협상의 조건을 더 높이 끌어올려야 한다. 그 이유는 충분한 여지를 마련하기 위해서다. 만약 처음부터 크게 물러선다면 협상이 끝난 뒤 상대방은 그 어떤 승리감도 맛볼 수 없을 것이다.

실제로 순차협상에서 상대방이 꺼내는 첫 번째 카드는 양보할 만한 여지가 많다는 것을 뜻한다.

언젠가 한 나라의 반군 세력이 국제기구 직원 세 명을 납치한 적이 있었다. 그들은 인질의 몸값으로 1억 달러를 요구했다. 하지만 아무런 반응이 없자 그들 스스로 250만 달러로 몸값을 낮췄다. 그제야 국제기구의 대표는 반군 세력과 협상을 제안했다. 그는 권총을 들고 위협하는 반군의 태도에 전혀 동요하지 않고 성공적으로 협상을 이끌어냈다. 결국 쌀 5톤과 낡은 자동차 네 대만으로 인질을 맞바꿀 수 있었다.

다음으로 동시게임을 살펴보자.

동시게임에서는 그 누구도 미리 상대방의 계획을 알 수 없다. 이러한 상황에서는 상대방의 전략을 단순히 관찰하는 데 그치지 말고 '꿰뚫어' 보면서 쌍방향 추론을 해야 한다. '내가 저 사람이라면 어떻게 할까?'라는 단순한 가설만으로는 어떤 이득도 얻을 수 없다. 따라서 동시게임의 모든 참석자들은 '나'와 '상대방'이라는 두 가지 역할을 동시에 수행하면서 가장 적절한 전략을 찾아야 한다.

●● 게임이론은 경쟁력 향상을 위해 반드시 필요하다

게임이론에는 다음 세 가지 전략이 있다.

1 우월전략의 탐색 및 이용

경쟁 참석자라면 누구나 가장 우월한 전략을 찾아야 한다. 여기에서 우월하다는 것은 상대방과 비교해서가 아니라 내가 가진 여러 전략 가운데 가장 탁월한 것을 일컫는다. 우월전략을 탐색하는 것은 모든 경쟁 참가자가 첫 번째로 수행해야 할 일이다. 가장 좋은 카드를 사용해야 최선의 결과를 얻을 수 있기 때문이다.

전략적 관점에서 볼 때, 모든 사람이 우월전략을 한 가지씩 갖고 있는 게임이 가장 단순한 형태의 게임이다. 물론 참가자들 사이에 전략적 상호작용이 존재할 수는 있지만 모든 참가자들은 자신만의 우월전략을 선택하므로 상대방을 신경 쓸 필요는 없다. 만약 나에게 우월전략이 있다면 그 전략을 사용하면 되고, 상대방이 우월전략을 사용한다면 그에 걸맞은 최선의 방법을 사용하면 된다. 가장 좋은 전략은 가장 훌륭한 전략을 사용함으로써 발생하는 최악의 결과가 가장 열악한 전략을 사용함으로써 발생하는 최고의 결과보다 나은 전략을 선택하는 것이다.

프랑스 국왕 루이 11세는 점성술을 좋아했다. 어느 날 왕실의 점성술사가 "귀부인 한 명이 3일 내로 죽을 것이다."라고 예언했고, 실제로 3일 후 한 귀부인이 불의의 사고로 목숨을 잃었다. 그러자 크게 놀란 루이 11세는 이 두려운 점성술사를 죽여버려야겠다는 생각에 그를 불러들여 앞으로 자신이 얼마나 더 살 것인지 점쳐보라고 했다. 그의 답변은 점성술사의 생존이 걸린 문제였다. 하지만 점성술사의 대답은 루이 11세의 생각을 완전히 바꾸어놓았다. 점성술사는 "저는 왕께서 붕어하시기 3일 전에 죽을 것입니다."라고 대답한 것이다. 국왕은 그것이 거짓말임을 알았지만 자신의 생명을 담보로 모험을 하고 싶지는 않았다. 결국 루이 11세는 점성술사를 죽이기는커녕 오히려 더 극진히 보살폈고, 점성술사는 루이 11세보다 더 오래 살았다.

이 이야기 속의 점성술사의 현답賢畓이 바로 우월전략이다. 그는 자신의 수명과 국왕의 운명을 결부시켰고 이로써 왕의 생각을 바꾸어놓는 데 성공했다.

2 열등전략의 탐색 및 모면

모든 게임에 우월전략이 존재하는 것은 아니다. 우월전략을 찾을 수 없다면 열등전략을 이용하는 방법을 생각해보자. 최악의 열등전략을 지혜롭게 이용하는 것만으로도 큰 손해를 모면할 수 있기 때문이다. 따라서 모든 게임에서 우월전략을 선택하는 것도 중요하지만 열등전략을 가려내는 것 역시 중요하다. 만약 선택할 수 있는 전략이 두 가지 뿐인데 그중 하나가 열등전략이라면 나머지 하나는 반드시 우월전략일 것이다. 따라서 우월전략을 선택하는 방법과 열등전략을 피하는 방법을 제대로 사용하려면 최소한 세 가지의 전략을 세워야 한다. 전기새마田忌賽馬의 이야기가 이를 뒷받침해준다.

전기와 위왕은 모두 빠른 말, 중간 말, 느린 말을 가지고 있었다. 두 사람은 각자의 말로 경주를 벌였는데, 전기는 먼저 가장 느린 말을 내세워 왕의 빠른 말에 대적했다. 이것만 놓고 본다면 질 것이 뻔하므로 이는 분명 열등전략이다. 하지만 경기 전체를 볼 때 전기가 사용한 것은 우월전략이었다. 잃은 것도 있었지만 더 많은 것을 얻었기 때문이다. 전기는 빠른 말로 왕의 중간 말을 이겼고 중간 말로 왕의 느린 말을 이겨 최종적으로 승리를 거두었다.

다음은 양쪽이 모두 열등전략으로 lose-lose의 결과를 초래한 사례를 보자.

학자 두 명이 회의 참석 차 외국으로 갔다. 회의가 끝난 늦은 밤, 그들은 숙소로 돌아가기 위해 택시를 잡아탔다. 택시기사는 그들이 외국인임을 단번에 알아차리고 호의를 베풀겠다며 미터기와 상관없이 가격을 적절하게 맞춰주겠다고 했다. 학자들은 반신반의했으나 기사의 제의를 거절했다가는 다른 택시를 다시 잡아야 할지도 모를 노릇이었다. 시간이 늦어 택시를 잡기란 여간 어려운 일이 아니었다. 그래서 그들은 호텔에 도착하면 협상에 좀 더 유리할지도 모르니 그때 다시 협상해야겠다고 생각하고는 일단 출발했다.

호텔에 도착하자 기사는 50달러를 불렀다. 그 나라에서 가격 흥정은 일반적인 일이었기 때문에 두 학자는 자연스럽게 45달러로 깎아줄 것을 요구했다. 그러자 기사는 크게 화를 내며 차 문을 잠가버린 뒤 왔던 길로 되돌아가버렸다. 행인이나 신호등은 안중에도 없었다. 출발했던 지점으로 되돌아가자 기사는 포악하게 두 손님을 내쫓으며 소리쳤다.

"45달러로 얼마나 갈 수 있는지 직접 가보시오!"

두 학자는 하는 수 없이 다른 택시를 잡아탔고, 미터기에 따라 호텔에 와보니 미터기에는 정확히 45달러라고 찍혀 있었다.

이 이야기 속의 두 학자와 택시기사가 실질적으로 사용한 전략은 가장 열등한 전략이다. 우선 학자들은 이미 택시에 오른 이상 말을 번복하면 안 되었다. 번복하여 얻은 결과는 5달러를 절감했으나 그 대신 시간을 낭비하고 체면을 구겼으며 화가 난 택시기사의 복수를 고스란히 감내해야 했다. 만약 차에서 내려 값을 흥정했다면 조금은 더 유리한 결과를 얻을 수 있었을 것이다. 한편 택시기사는 출발지로 다시 돌아감으로써 시간과 기름값 모두를 날려 처음에 선점한 유리한 위치를 전혀 활용하지 못했다.

게임이론에서 가장 중요한 것 중 하나가 바로 '균형'이다. 균형이론에 관해서는 내시균형이론으로 잘 알려진 미국의 수학자 존 내시John Nash 프린스턴 대학 교수의 공로가 크다. 노벨 경제학상 수상자인 폴 새뮤얼슨Paul A. Samuelson은 "앵무새를 경제학자로 훈련시키려면 두 단어만 가르쳐주면 된다. 바로 '공급'과 '수요'다."라고 말했으며, 한 게임이론 전문가는 이를 "현대 경제학자가 되기 위해서는 한 단어를 더 배워야 하는데, 그것은 바로 '내시균형'이다."라고 응용하기도 했다. 균형이론이 현대 경제학에 미치는 영향력을 알 수 있는 대목이다.

그렇다면 균형이란 무엇일까? 균형이란 각 참석자가 상대방의 전략에 따라 자신에게 맞는 최적의 전략을 선택하는 최적 전략의 집합을 말한다. 상대방의 전략을 알게 되었을 때는 어느 누구도 자신의 전략을 바꾸려 하지 않는 상황에 있다.

균형점에 도달했을 때 모든 참가자들이 자신의 전략을 일방적으로 바꾸더라도 소득은 증가하지 않는다. 따라서 이들은 이익의 극대화를 위해 우월전략을 채택하고 상대방과 일시적 균형을 이룬다. 외부 환경의 변화가 없는 한 각 참가자들은 기존에 가지고 있던 이익극대화 원칙을 견지하여 이성적으로 대응한다면 균형은 장기적으로 유지될 수 있다.

바꿔 말해 균형이란 게임 참가자 전원이 우월전략을 선택함으로써 형성된 상대적으로 안정적인 전략을 말한다. 이는 모두에게 최상의 상황과 결과를 제공하며, 만약 한쪽이 갑자기 전략을 바꾼다 하더라도 새로운 이익을 얻을 수 없을 뿐 아니라 오히려 균형 상태를 악화시켜 자신에게 손실을 입힐 수도 있다.

우월전략을 탐색하고 열등전략을 제거했다면 그다음 단계는 바로 균형 찾기다. 하지만 어떤 게임에서는 균형점을 찾기가 쉽지만 일부 게임에서는 균형점을 찾기가 어려울 수 있다. 균형은 어떤 전략을 시행했을 때 각 참가자들의 행동이 상대방의 행동에 대해 최고의 피드백이 올 때 형성된다. 이러한 균형점이 존재한다면 모든 구성원이 인정할 수 있는 법칙 또는 관례를 취사선택해야 하지만, 균형점이 존재하지 않을 경우 이는 상대방이 법칙에 준하는 행위를 행할 수 있다는 것을 의미하므로 이때는 나의 전략을 복합적으로 활용해야 한다.

기업 간 경쟁에서 각 기업은 우월전략을 활용하고 열등전략은 버린 뒤 경쟁업체와 균형점을 찾아 이를 유지하는 것이 좋다. 이것이 기업에게 가장 현실적이고 실행 가능한 방안이기 때문이다.

1985년 미식축구선수였던 A씨의 소속 에이전트는 한 구단주와 연봉협상에 나섰다. 에이전트가 처음 52만5000달러를 제시하자 구단주는 승낙했다. 에이전트는 연봉 보장을 요구했고 구단주는 이 역시 허락했다. 에이전트는 다음해 연봉을 62만5000달러로 인상해줄 것을 요구했고 구단주는 잠시 고민해본 뒤 역시 동의했다. 그러자 에이전트는 그 다음해 연봉도 보장해줄 것을 요구했다. 그 순간 구단주는 화를 내며 기존에 제시했던 협상을 모두 무효화했고 이로써 협상은 결렬되고 말았다. 결국 A씨는 다른 구단주와 8만5000달러로 계약할 수밖에 없었다.

이는 균형을 깨뜨린 좋은 사례이다. 기존에 형성되었던 균형점을 깨뜨리는 바람에 구단주는 좋은 운동선수를 잃고, 선수는 연봉협상이 결렬되어 lose-lose를 초래하고 말았다.

게임에서 발생할 수 있는 상황 중 다른 하나가 바로 예측 불가능한 혼합전략균형이다. 게임에서는 상황이 변화무쌍하기 때문에 예측이 어렵다. 만약 참가자가 규칙에 따라 '정직하게' 패를 내보인다면 치명적인 결과를 불러오고 만다. 다음 패가 불을 보듯 뻔하다면 상대방은 그에 맞춰 새로운 카드를 내놓을 것이기 때문이다. 진정한 고수는 절대로 전략을 들키지 않는다.

따라서 상대방의 예측을 차단하는 것이 게임의 유일한 원칙이라고 할 수 있다. 그리고 이를 위해서는 혼합전략균형이 필요하다. 이는 마치 축구에서 승부차기로 승패를 결정지을 때 골키퍼 한 명과 다섯 명의 선수들 간에 펼치는 게임과 같다. 만약 다섯 선수 모두 같은 방향으로 공을 찬다면 골키퍼는 쉽게 공을 막아낼 것이고, 반대로 골키퍼가 늘 같은 방향으로만 공을 막는다면 선수들은 쉽게 골을 넣을 수 있다.

물론 현실에서 이 두 가지 상황은 절대 일어나지 않는다. 골키퍼와 선수들은 혼합전략을 이용하여 자신의 전략을 상대가 눈치 채지 못하게 한다. 이로써 상대방이 실수할 가능성을 높이고, 이에 따라 나의 성공 가능성은 커진다. 여기에서 유명한 게임이론인 최대최소원리가 탄생했다. 제로섬게임에서는 참가자 한 사람이 얻은 값과 상대방이 잃은 값이 같으므로 모든 참가자는 상대방의 최대수익을 최소화시키려 할 때, 상대방은 자신의 최소수익을 최대화하도록 노력한다. 이럴 경우 최대수익의 최소치는 최소수익의 최대치와 같다. 양자는 자신의 전략을 바꾸지 않으므로 균형을 이룬다.

실제로 게임 참가자들은 최대최소원리를 마지노선으로 삼는다. 즉 자신의 가치를 최대화하고 상대방의 가치를 최소화시킴으로써 균형을 이루도록 노력하는 것이다. 혼합전략 활용의 기본 원칙은 상대방이 나의 전략을 눈치 채고 우위를 선점하는 것을 방지하는 것이다.

게임에서의 전략적 행위

게임에서 나타나는 전략적 방법 중 첫 번째는 위협과 약속이다. 위협과 약속은 반응법칙의 일종이다. 반응법칙이란 다른 사람의 행동에 대한 나의 반응을 말한다. 반응은 상대방의 행동이 선행된 후에 발생하지만, 이 반응법칙은 상대방이 행동하기 전에 먼저 시행해야 한다.

위협이란 나와 협력을 원하지 않는 자를 처벌하는 반응법칙이다. 위협에는 강제적 위협과 방어적 위협이 있는데, 강제적 위협이란 테러리스트들이 비행기를 납치한 뒤 그들이 제시하는 요구조건을 들어주지 않을 경우 승객들을 모두 살해하겠다고 협박하는 경우다. 방어적 위협의 대표적인 예는 UN 안전보장이사회에서 핵무기 실험을 강행하는 나라에 제재 조치를 취하는 경우다. 강제적 위협은 상대방에게 강압적 행동을 취하도록 하며, 방어적 위협은 행동을 저지하는 데 그 목적이 있다. 하지만 두 유형의 위협 모두 양측에게 엄청난 손실을 입힌다는 공통점이 있다.

상대를 위협하려고 할 때는 반드시 다음 내용을 상기해야 한다.

- 위협한다는 것은 대가를 치를 준비가 되어 있을 때 행하는데, 이는 때에 따라 매우 큰 대가를 치를 수 있다.
- 위협은 강하다고 해서 좋은 것이 아니다. 반드시 합당해야 한다. 이유가 합당하지 않으면 상대방을 납득시킬 수 없을 뿐 아니라 예상과는 정반대의 결과를 초래할 수도 있다.
- 성공적인 위협을 위해 필요한 이론은 존재하지 않는다. 성공적인 위협이란 내가 예측하지 못한 실수가 절대로 발생하지 않는다는 전제 하에서만 성립되는 것이다. 따라서 성공적인 위협을 위한 실천 이론

이라는 것은 존재하지 않는다.

- 가장 효과적인 위협은 최소한의 제스처로 최대한의 효과를 내는 정당한 위협이다. 위협을 통해 상대방의 생각이나 행동을 바꿀 수 있어야 하며, 만약 상대방이 이를 무시한다면 반드시 처벌해야 한다.

이와 달리 약속은 나와 협력하려는 상대방에게 보상을 하는 반응법칙이다. 이는 강제적 약속과 방어적 약속으로 나뉜다. 강제적 약속이란 상대방의 행동을 내게 유리하도록 이끄는 것이고, 방어적 약속이란 상대방의 행동이 내게 불리하지 않도록 저지하는 것이다. 두 가지 약속 모두 일단 행동을 취하고 나면 (또는 행동을 취하지 않으면) 그 약속을 지키고 싶지 않은 욕구가 생긴다는 공통점이 있다.

약속은 반드시 적절해야 한다. 만약 상대방이 약속을 이행했다면, 나역시 약속을 지켜야 한다. 상대방을 현혹하기 위해 실현 불가능한 약속을 한 뒤 이를 지키지 못한다면 신용이 땅에 떨어져 당신의 말은 버려진 휴지조각으로 전락하게 된다.

게임 참가자들 사이에서 가장 중요한 것은 신뢰다. 약속을 번복하면 신용을 잃는다. 하지만 상대방의 상황이 바뀌어 약속의 전제 조건이 효력을 상실했다면 약속은 즉시 종료된다.

두 번째 전략적 행동은 경고와 확언을 통해 이루어진다. 모든 위협과 약속에는 공통점이 있다. 반응법칙이 없는 상황에서는 행동을 취할 수 없다. 만약 위협이 나에게 이득을 준다면 그것을 경고라 부른다. 경고는 타인에게 주의를 줌으로써 상대의 행위에 영향을 끼치는 것을 말한다. 만약 약속이 나에게 이득을 가져다준다면 이것을 확언이라 한다. 위협과 약속은 전략적 의미를 지니는 것으로 상대방의 행위를 조종한다. 반면 경고와 확언은 의사 전달의 기능이 더 크기 때문에 상대방에게 영향을 주기 위해 당신이 설정한 반응법칙을 바꿀 수 없다.

게임이론은 1920년대 수학자인 폰 노이만J. Von Neumann이 창시한 이래로 그 중요성이 날로 커지고 있다. 응용 범위도 광범위하여 비즈니스, 군사, 외교에서부터 일상생활에까지 필수적인 기술 및 수단으로 자리 잡았다. 특히 현대의 기업 경영인에게 사고의 틀을 형성하는 것은 물론 경쟁에 관한 사유방식 및 기술적 학습, 지혜 활용을 위한 중요한 바탕이 된다. 다시 말해 게임이론은 경영인이 두뇌와 능력을 발휘하여 최대한의 수익을 창출하는 중요한 수단이다. 지혜란 명확한 사고방식을 기반으로 생겨나기 때문에 게임이론은 지혜의 요체라고 해도 과언이 아니다. 따라서 경영인이 게임이론에 지혜를 접목하여 이론의 활용 효율성을 높인다면 기업은 한 단계 도약할 수 있다.

준비된 자만이 기회를 포착할 수 있다

●● 시기 포착은 승패의 관건이다

계획을 수립할 때 가장 중요한 요소는 시기다. 시기 선택의 실패는 크게 두 가지로 나눌 수 있는데, 첫째는 결정적인 순간에 우물쭈물하여 결단을 내리지 못하는 경우이고, 둘째는 유리한 시기를 제대로 알지 못하여 경솔한 판단을 내리는 경우이다. 이 때문에 고대의 병법가들은 시기를 정확하게 포착하는 것이야말로 승패의 관건이라고 생각했다. 따라서 기회를 포착할 때는 여러 가지 요소를 종합적으로 고려해야 한다.

어리석음이 지혜를 능가하는 것은 시류를 거스르는 것이고, 현명함이 어리석음을 능가하는 것은 순응하는 것이다. 그러나 지혜로서 지혜를 이기는 것이야말로 지혜로운 기회 포착이라고 할 수 있다. 기회는 세 가지의 형태가 있는데 첫째는 사건[事]이요, 둘째는 형세[勢]요, 셋째는 상황[情]이다. 사건이 유리한 기회를 조성했음에도 따르지 않는다면 지혜롭지 않은 것이고, 형세가 유리한 기회를 조성했음에도 효과적으로 이용하지 못한다면 현명하지 못한 것이며, 상황이 유리한 기회를 조성했음에도 행동하지 않는다면 이는 용기가 없는 것이다. 훌륭한 장수는 반드시 기회를 이용해 승리한다. 『제갈량집諸葛亮集』「기형機形」

이렇듯 제갈량은 기회 포착만이 승리의 유일한 방법이라는 것을 강조하고 있다.

전쟁에 능한 자는 행동에 어떠한 제재도 받지 않는다. 승리의 기회를 포착하면 즉각 행동하고, 시기가 적절치 않을 때는 무모하게 행동하지 않는다. 그래서 두려움과 주저함이 없다고 하는 것이다. 전쟁을 치를 때 가장 경계해야 할 것은 주저하는 것이며, 병사들에게 가장 해로운 것은 의심하는 것이다. 지략이 있는 장수는 기회를 놓치는 법이 없으며, 교묘하게 전략을 세우는 장수는 결단을 내릴 때 주저하지 않는다. 이러한 군대는 진격할 때는 놀란 맹수 같으며, 군대를 운용하는 모습은 마치 미친 사람 같다. 천둥소리에 귀를 막을 겨를이 없을 만큼, 번갯불에 눈을 감을 겨를이 없을 만큼 빠르다. 이러한 군세에 맞서거나 다가오는 자는 영락없이 멸망하게 되어 있다. 『육도六韜』 「용도龍韜」

기원전 1069년 주나라 무왕은 800명의 제후들과 함께 맹진에 모여 대대적으로 의식을 거행하고, 상나라 주왕紂王을 토벌하자는 격문檄文(과거 징집을 알리던 공문서)을 발표했다. 각 지역의 제후들은 모두 포악무도한 주왕을 쳐부수자며 목소리를 높였다. 하지만 부원군府院君(왕의 아버지) 여상呂尚은 상나라의 힘이 강성하니 아직 때가 아니라며 무왕을 만류했다. 무왕은 여상의 의견을 받아들여 군사들을 조정으로 복귀시켰다.

기원전 1066년이 되어 은상殷商 왕조의 내부 갈등이 심해지면서 왕자 비간比干이 살해당하고 기자箕子와 미자微子 등 조정의 대신들이 구금되거나 도피하여 주왕은 민심을 잃었다. 여상은 이때 무왕에게 "하늘이 주는 것을 거두지 않으면 재앙을 받고, 때가 되었는데도 행하지 않으면 재난을 당한다."며 상나라 주왕을 공격할 것을 권했다.

이에 주나라 무왕은 즉각 제후들에게 공격을 명령했다. 그 후 여상을 필두로 300대의 전차와 3000명의 용사들, 그리고 4만5000명의 갑옷 입은 병사들이 주왕을 공격하기 위해 나섰다.

당시 상나라 주왕은 남동쪽 변경 지역의 원주민들과 전쟁을 치르던 중이라 수도 조가朝歌에는 병력이 비어 있었다. 게다가 이미 민심을 잃은 터라 많은 병사들이 왕을 배반하는 바람에 주나라의 무왕에 대적하기에는 역부족이었다. 상나라 주왕은 형세가 이미 기울었음을 알고 녹대鹿台(주왕이 지은 화려한 궁전)에서 분신자살했다. 그날 이후로 500년 역사의 은왕조는 막을 내리고 주왕조가 시작되었다.

●● 기회와 기업의 발전

기업을 운영하는 데에도 시기가 매우 중요하다. 좋은 기회를 포착하기 위해서는 기회의 네 가지 특징을 알아야 한다.

공리성 공리성이란 기회의 가치를 말한다. 기회는 기업 발전을 위한 전제적 조건이며, 전략적 자원이기도 하다. 기업을 경영하는 과정에는 기업 안팎의 수많은 요소가 상호작용을 하는데, 기업 발전을 위한 최고의 환경이 조성된 시점이 바로 기회다. 따라서 그 어떤 기업도 기회를 제대로 포착하지 못하면 발전이 불가능하다. 기업에게 기회란 마치 봄에 씨앗을 뿌리고 여름에 성장하며 가을에는 수확하고 겨울에는 시드는 식물과 사계절 간의 관계와도 같다. 따라서 기업의 발전과 기회는 떼려야 뗄 수 없는 긴밀한 관계를 맺고 있다.

상품을 출시하는 시기는 상품이 부족할 때와 포화상태일 때 그 효과는 정반대로 나타난다. 또한 기업이 진출하고자 하는 영역이 경쟁자가 넘쳐나는 레드오션인지 경쟁자가 없는 블루오션인지에 따라 결과가 완전히 달라지기도 한다. 현실적으로 많은 기업이 기회를 먼저 선점함으로써 경쟁력을 향상시켜왔다. 반면 기회를 놓친 기업은 재기 불능의 상태로 추락하곤 했다. 따라서 기업에게 기회란 발전에 필요한 수단을 넘어서 기업의 운명을 결정하는 중요한 열쇠다.

은밀성 대부분의 기회는 사람들이 눈치 채기 어려울 정도로 소리 소문 없이 찾아온다. 마크 트웨인Mark Twain은 "나는 항상 기회가 떠나갈 때에야 비로소 그것이 기회임을 알았다."라고 말했다. 많은 사람이 비슷한 경험을 했을 것이다. 어떤 이는 사전에 기회가 찾아올 것을 아는가 하면, 어떤 이는 도중에 알게 되고, 또 다른 이는 사후에 알기도 하고, 어떤 이는 사후에도 알아차리지 못한다. 사계절의 변화는 우리의 감각기관을 통해 관찰되지만 기업의 기회는 폭넓은 안목을 갖고 노력하는 자만이 알 수 있는 법이다. 만약 모든 사람이 다 알아차렸다면, 기회는 이미 지나갔다고 봐야 한다.

기회란 왜 은밀히 찾아오는 것일까? 기회란 기업 안팎의 여러 요소들이 한데 모여 복합적으로 형성된다. 문제는 여러 요소가 결합된 시기가 과연 성숙했는지에 대한 판단을 내리기가 어렵다는 사실이다. 정확한 판단을 위해서는 지식뿐 아니라 경험, 지혜, 배짱 등을 두루 갖추어야 한다.

순간성 기회는 영원히 머무르지 않는다. 금세 사라지는 성질을 가진 기회를 붙잡았다면 즉시 이를 잘 활용해야 한다.

한 번 떠난 황학은 다시 돌아오지 않고
흰 구름만 천년을 유유히 흐르네

기회란 시 속의 황학과 같아 한 번 떠나면 다시는 돌아오지 않는다. 기업가는 이렇듯 일시적으로 머무는 기회를 잡아챌 수 있는 능력이 있어야 한다. 발전할 수 있는 호기를 놓칠 경우 그 손실은 영영 메울 수가 없기 때문이다.

특수성 기회라고 해서 모든 기업이 반길 일은 아니다. 기회란 기업 안팎의 갖가지 요소가 결합되어 형성되는 것이므로 어떤 기업에게는 기회일지 몰라도 또 다른 기업에게는 무용지물일 수 있다. 자동차공업이 호기를 맞았을 때 어떤 기업은 승승장구했으나 어떤 기업은 침체의 늪에 빠졌으며, 심지어 합병되거나 파산한 기업도 있다. 이는 기회의 특이성을 보여주는 단적인 예다. 그렇다면 누가 기회를 잡을 것인가? 경영학에서는 준비된 자만이 기회를 잡을 수 있다고 말한다. 준비란 바로 경쟁력이다.

장수의 계책은 비밀스러워야 한다

군대의 모든 계획은 기밀성이 보장되어야 한다.

『육도』의 「무도」에서도 "계획을 꾸밀 때 가장 중요한 것은 주도면밀함이다." 라며 기밀성의 중요함에 대해 말했다.

장수의 계책은 비밀스러워야 하고, 병사들의 마음은 일치단결해야 하며, 적을 공격할 때는 신속해야 한다. 장수의 계책이 비밀스러우면 간첩이 정보를 전달할 수 있는 방법을 알 수 없고, 병사의 마음이 하나로 결속되면 군대는 단결되고, 신속하게 적을 공격하면 상대는 미처 방어태세를 갖추지 못한 채 당하고 만다. 군대가 이 세 가지를 갖추면 계책은 그 효력이 커진다. 그러나 장수의 계책이 밖으로 누설되면 군대의 위세는 꺾이고, 내부의 비밀이 외부로 새어 나가면 재앙이 한순간에 덮치고, 재물이 군영 안에 뿌려지면 탐욕이 기승을 부릴 것이다. 『삼략三略』「상략上略」

닥친 일에 대해 이야기하지 말고 병사에 대해서도 이야기하지 않아야 한다.

『육도六韜』에는 다음과 같은 문장이 있다. "전쟁에서 가장 큰 일은 적을 물리치는 것이고, 군대에서 가장 중요한 일은 기밀을 발설하지 않는 것이고, 군사 행동 중 가장 중요한 일은 허를 찌르는 것이고, 군사 전략에서 가장 중요한 일은 사람들이 알아차리지 못하게 하는 것이다."

기밀 보호는 기업 간 경쟁에서 매우 중요한 일이므로 반드시 지켜야 한다. 능숙한 사냥꾼은 최대한 비밀스럽게 목표를 공격하고, 노련한 기업은 경쟁업체의 비밀에 대해 은밀히 폭로하려고 힘쓴다. 따라서 경쟁에서 이기려면 상대방에게 나를 최대한 숨기면서 상대방의 일거수일투족을 모두 꿰뚫어보아야 한다. 이것이 바로 승리의 핵심 조건이다. 경쟁에서 확고한 위치를 점하기 위해서는 반드시 기업의 기밀을 보호할 수 있는 효과적인 제도와 방편이 마련되어야 한다.

인재 운용 방법

아직 친근해지지 않은 병사를 처벌하면 그들은 복종하지 않을 것이고 복종하지 않는 사람은 부리기 어렵다. 만약 친근하게 따르는 병사를 처벌하지 않는다면 이 역시 병사들을 부릴 수 없다. 가르칠 때는 글로서, 바로잡는 것은 힘으로서 행해야 한다. 『손자병법孫子兵法』「행군편行軍篇」

다스려지지 않는 조직은 가치가 없다

중국 고대 군사 사상가들은 군대 운용을 매우 중시했다. 군대 운용은 국가의 흥망을 결정짓는 중요한 요소이다. 따라서 장수는 군사 운용 능력을 강화하여 전략적 우위를 점해야 한다.

장수가 군대를 이끌고 전쟁을 치를 때에는 침착하고 신중하고 단정하고 일사불란해야 한다. 병사가 눈을 뜨고 귀를 열고도 군사작전을 모르게 하고, 작전 임무나 계획을 변경하더라도 눈치 채지 못하게 하고, 주둔지와 가는 길이 바뀌어도 그 의도를 알아차리지 못하게 해야 한다. 병사를 이끌고 전쟁터에 나갈 때는 높이 오른 뒤 사다리를 치우는 것과 같이 퇴로를 끊어버려야 한다. 제후의 땅으로 진입할 때에는 파부침선의 정신으로 용감하게 나아가 양떼를 모는 것처럼 이쪽으로 몰았다가 저쪽으로 몰아 어디로 향하는지 그 방향을 짐작하게 해서는 안 된다. 삼군의 무리를 가장 위험한 지역에 풀어놓고 목숨을 걸고 싸우게 하는 것이 바로 장수가 할 일이다. 장수는 지형의 변화, 진격과 후퇴를 했을 경우의 이해득실이나 병사들의 감정 변화를 정확하게 파악해야만 한다.

『손자병법孫子兵法』「구지편九地篇」

이외에도 제갈량은 훌륭한 장수가 갖추어야 할 네 가지 요소를 다음과 같이 설파했다.

첫째, 진퇴의 원칙을 명확하게 설명함으로써 행동에 절도가 있어야 함을 알게 한다. 둘째, 인의仁義로 이끌어 예절을 알게 한다. 셋째, 옳고 그름에 대한 분별력을 갖게 함으로써 올바른 행동을 하게 한다. 넷째, 상벌 원칙을 분명히 하여 명령은 따라야 한다는 것을 알게 한다. 금기[禁], 이치[理], 권고[權], 신용[信]은 군대를 다스리는 기본 원칙이다. '일의 핵심을 파악하면 나머지는 저절로 해결된다'는 이치를 안다면, 싸우면 반드시 이기고 공격하면 반드시 승리할 것이다. 하지만 평범한 장수는 그것이 불가능해 후퇴하면 멈출 수 없고, 전진하면 통제할 수가 없어서 군대와 함께 멸망할 뿐이다. 격려와 훈계가 없다면 상벌의 기준이 없어지고, 부하에게 신뢰를 잃게 되어 유능한 인재들이 물러난다. 만약 아첨에 능하고 탐욕스러운 자들이 등용되면 결국 전쟁에서 패하고 군대는 흩어질 것이다.

이렇듯 제갈량은 훌륭한 장수라면 네 가지 기본 요소인 금기, 이치, 권고, 신용으로 군대를 다스려야 한다고 강조했다. 이는 군대의 운명을 결정한다.

『오자병법』에서도 군대 운용의 방법을 승리의 비결로 꼽고 있다.

무후가 물었다.

"어떤 군대가 승리하는가?"

오기가 대답했다.

"다스림으로써 승리할 수 있습니다."

무후가 다시 물었다.

"승리의 비결은 병사의 적고 많음에 있는 것이 아니더냐?"

오기가 말했다.

"만약 법령이 분명하지 않고 상벌에 공정함이 없다면 징을 쳐도 멈춤이 없고 북을 쳐도 나아가지 않아 백만 군사가 있다 한들 무슨 소용이 있겠습니까? 군대를 다스리는 자는 평소에 예절을 갖추어 행동에 위엄이 있어야 하고, 진격할 때는 당해낼 자가 없어야 하고, 퇴각할 때는 쫓기듯 해서는 안 됩니다. 또 진퇴에는 절도가 있고, 좌우의 군사는 지시에 따르고, 진열이 끊기더라도 다시 원래의 모습으로 돌아오고, 대오가 흘어지더라도 다시 원래의 모습을 되찾아야 합니다. 안전할 때나 위험할 때나 군사들이 서로 한마음으로 뭉치면 전쟁을 치르더라도 피로해지지 않으니, 천하의 그 누구도 당해낼 수가 없습니다." 『오자병법』 「치병」

오기는 군대의 핵심은 병사의 많고 적음이 아니라 통솔에 있다고 보았다. 엄격하게 다스려진 군대만이 전쟁에서 승리할 수 있다는 것이다.

다시 말해 군대 통솔의 목표는 '어느 곳에 투입되더라도 천하에 당해낼 자가 없도록 하는 것'이다. 특히 '진열이 끊기더라도 다시 원래의 모습으로 돌아오고, 대오가 흩어지더라도 다시 원래의 모습을 되찾아야 합니다'는 대목에서는 다스려진 군대의 모습이 생생히 그려진다.

고대 병법가들이 강조했던 앞의 내용은 모두 한 가지로 귀납된다. 우수한 군대를 운용하기 위해서는 엄격하게 다스려야 한다는 것이다. 동서고금을 막론하고 훌륭한 군대는 모두 운용 방법이 뛰어났다. 그래야만 일사불란하고 용감하게 전진하여 전쟁에서 승리할 수 있다.

『사기』의「손자오기열전孫子吳起列傳」에 등장하는 유명한 '삼령오신三令五申' 이야기 역시 군대 운용의 중요성을 강조하고 있다.

손자는 제나라 사람으로 이름이 무武였으며, 병법을 가지고 오나라 왕 합려를 알현했다. 합려가 손자에게 물었다.

"그대가 지은 병서 13편을 모두 읽었소. 시험 삼아 군대를 지휘해볼 수 있겠소?"

손무가 알겠다고 대답하자 합려는 되물었다.

"부녀자들로도 가능하겠소?"

손무는 할 수 있다고 대답한 다음, 아름다운 궁녀 180명을 선발했다. 손자는 이들을 두 개 부대로 나누고 왕이 총애하는 여인 두 명을 대장으로 삼아 창을 들게 하고는 명령했다.

"너희들은 모두 가슴과 왼손, 오른손과 등을 구별할 수 있는가?"

궁녀들이 그렇다고 대답했다.

"좋다. 내가 앞이라고 하면 가슴을 보고 왼쪽이라고 하면 왼손을 볼 것이며 오른쪽이라고 하면 오른손을, 뒤라고 하면 등 쪽을 보아라."

궁녀들은 알겠다고 대답했다. 그러자 손무는 약속한 바를 선포하고 도끼를 꺼내 세 번 되풀이하고 다섯 번 설명했다. 그러고 난 뒤 북을 치고 오른쪽이라고 구령했더니 궁녀들이 크게 웃는 것이었다.

"약속이 분명치 않고 호령이 정확하지 않은 것은 장수의 죄다."

손무는 이렇게 말한 뒤 다시 반복하여 행동규칙을 알려준 뒤 왼쪽이라고 구령을 했더니, 이번에도 궁녀들은 낄낄대며 웃었다.

그러자 손무가 말했다.

"약속이 분명치 않고 호령이 정확하지 않은 것은 장수의 죄다. 그러나 약속이 분명한데도 법을 따르지 않는 것은 대장의 죄다."

그러고는 도끼를 들고 대장의 목을 치려 했다. 그러자 위에서 이를 지켜보던 오왕은 자신이 아끼는 궁녀가 죽음의 위기에 처하게 되자 크게 놀라 말했다.

"과인은 장군의 용병 기술을 잘 보았느니라. 그렇지만 두 여인은 제발 죽이지 말라. 그들이 없다면 나는 음식을 제대로 먹지 못할 것이니라."

그러자 손무가 말했다.

"소인은 이미 장수로 임명받았습니다. 임금의 명이라도 전쟁터에서는 받들지 않습니다."

그 말을 마치고는 두 대장의 목을 쳐 본보기로 삼았다. 그런 다음 다른 궁녀 두 명을 대장으로 명하고 다시 북을 울렸다. 그러자 여인들이 일사분란하게 전후좌우로 무릎을 꿇었다. 일어서는 동작도 질서정연했고, 그 누구도 감히 소리를 내지 못했다. 손무는 비로소 왕에게 보고했다.

"군대가 정돈되었습니다. 왕께서 시험 삼아 해보신다면 원하시는 대로 이들은 물불을 가리지 않고 뛰어들 것입니다."

오왕이 대답했다.

"장수는 그만 들어가 쉬시오. 과인은 내려가서 볼 생각이 없소."

그러자 손무가 말했다.

"왕께서는 이론은 좋아하시지만 그것을 응용하는 능력은 없으시군요."

이에 합려는 손자의 용병 기술을 알아보고 장수로 임명했다. 그 뒤 서쪽으로는 강대국이었던 초나라를 격파하여 영도郢都로 진격했고, 북쪽으로는 제나라와 진晉나라를 위협하여 제후들 사이에서 이름을 떨쳤는데 손무의 공이 컸다.

손무가 궁녀들을 훈련시켰던 삼령오신의 이야기는 오늘날 경영학에서도 자주 인용되며, 이는 세 가지 시사점을 준다. 첫째, 모든 조직은 관리되어야 한다. 다스려지지 않는 조직은 전투력을 상실하여 패전할 것이다. 둘째, 반드시 엄격하게 다스려야 한다. 인정에 이끌리기보다는 엄격하고 효과적으로 다스려 필요할 때는 일벌백계도 서슴지 말아야 한다. 셋째, 조직의 윗선부터 먼저 다스려야 한다.

제도와 규율을 명확히 하라

인재를 쓰려면 도덕, 법령, 술수, 권력, 기세 등을 효과적으로 활용해야 한다.

『태백음경』에서는 "지혜로운 성인聖人은 도덕적 감화로 나라를 다스릴 수 없을 때에 법령을 사용하고, 법령으로 나라를 다스릴 수 없을 때에 술책을 사용하고, 술책으로 나라를 다스릴 수 없을 때에 권력을 이용하고, 권력으로 나라를 다스릴 수 없을 때에 기세를 이용해야 한다는 것을 알고 있다."고 했다. 이는 인재 운용 방법의 핵심이다.

권위를 세우려면 명령을 번복해서는 안 되고, 은혜를 베풀려면 적절한 시기를 이용해야 하고, 위기 상황에 대응하려면 융통성이 있어야 한다. 전쟁의 승패는 적군과 아군의 사기 파악이 우선되어야 하고, 공격은 상대편이 방심하고 있을 때 가해야 하고, 방어는 상대편의 공격을 철저히 막는다는 데 의미가 있다. 법도와 술책을 써서 실수가 없도록 해야 하고, 사전에 준비를 철저히 하여 곤경에 빠지는 일이 없도록 해야 하고, 만사에 신중을 기하여 잘못을 미연에 방지해야 한다. 큰일을 당했을 때는 머리를 써서 해결 방안을 찾아야 하고, 필요할 때는 과감하게 결단을 내려 화를 근절시켜야 하며, 민심을 얻기 위해서는 공손하게 사람을 대해야 한다. 염탐하는 자를 고용하면 반드시 후회하게 되고, 사람의 목숨을 가볍게 여기면 죄업이 생기고, 사욕이 지나치면 올바른 생각을 할 수 없고, 다른 사람의 비판에 증오심을 가지면 불운을 불러오고, 백성의 재물을 함부로 허비하면 무절제해지고, 이간질을 받아들이면 어리석어지고, 행동이 경거망동하면 공적을 세울 수 없다. 현명한 자를 멀리하면 경박해지고, 재물을 탐하면 변란이 생겨나고, 소인을 가까이 하면 재난이 발생하고, 제대로 방어하지 않으면 나라가 멸망하고, 명령이 명확하지 않으면 위기가 찾아온다. 『울요자尉繚子』「십이릉十二陵」

국가 통치 및 군대 운용에 있어서의 12가지 경험 및 12가지 교훈은 『울요자』 가운데서 특히 중요한 대목일 뿐 아니라 중국 군사 사상의 정수精髓로 꼽힌다.

서로 화합하되 개성을 존중하라

●● 한마음

울요는 장수가 군대의 마음이라면 병사는 군대의 사지의 관절과 같다고 했다. 장수의 마음이 진실되면 군대는 더욱 힘차게 움직이겠지만, 마음에 의심이 일어나면 사지는 마음의 지시를 따르지 않게 된다. 따라서 장수가 마음을 통제하지 못하고 병사들이 행동을 절제하지 못하면, 비록 승리했다 하더라도 요행으로 승리한 것이지 전략이 뛰어나 승리한 것이라고 볼 수 없다.

모든 군대는 많은 병사를 거느리고 막강한 세력을 자랑하길 원한다. 그러려면 먼저 모든 구성원이 한마음으로 단결되어야 한다. 삼군의 마음이 하나가 되면 장수의 명령에 대항할 자가 없고, 장수의 명령에 대항할 자가 없으면 그 군대는 천하에 적이 없을 것이다. 『여씨춘추呂氏春秋』

독일의 유명한 군인이자 군사학자인 클라우제비츠는 전쟁을 이렇게 정의했다.

"전쟁은 매우 잔인하면서도 복잡한 조직적 행위로 적에게 나의 의지를 따르도록 강요하는 폭력 행위이다. 전쟁의 기본 요소는 전투이며, 이는 최대한의 힘과 폭력을 행사하는 것을 의미한다."

죽기 아니면 살기, 승리 아니면 패배, 국가의 흥성과 멸망……. 이 모두가 전쟁이 불러오는 양면의 모습이다. 승패는 마음먹기에 달려 있고,

운명은 순식간에 결정 난다. 따라서 출정하는 군대는 질서정연함과 단결된 힘이 필요하며, 여기에서 가장 중요한 역할을 하는 사람이 바로 장수다.

●● 소통과 화합

군대의 모든 병사들이 하나로 결속된다면 전쟁에서 승리할 수 있다. 기업 역시 모든 구성원들이 화합을 이루어야 성공을 거머쥘 수 있다.

> 용병의 도는 화합에 있다. 화합하면 권고하지 않아도 스스로 싸운다. 만약 장수와 아전이 서로 의심하고, 병사들이 장수의 명령에 불응하고, 충언과 지략이 받아들여지지 않고, 서로 비방하고 아첨과 간언이 다투어 일어난다면 탕왕과 무왕의 지혜가 합쳐진다 할지라도 일개 병사 한 명을 당해낼 수 없을 것이다. 그런 상황에서 어찌 수많은 적을 무찌를 수 있겠는가? 『제갈량집諸葛亮集』

그렇다면 기업은 어떻게 단결해야 할까? 먼저 기업의 전략과 비전에 대한 공동의 신념과 목표가 있어야 하고, 조직을 관리할 때는 엄격한 규제가 적용되어야 한다. 또한 효과적인 운영을 위해서는 원활한 소통이 이루어져야 한다.

신념이란 조직이 공통으로 추구하는 지향점이고, 규제란 제도적 장치이며, 소통이란 사람과 사람 사이의 연결고리이다. 이 세 가지 요소 가운데 어느 것 하나도 소홀히 해서는 안 된다. 군대가 단결하기 위해 가장 필요한 것이 규율을 통한 통제라면, 기업의 화합을 위해서는 원활한 소통이 이루어져야 한다.

전문가들은 소통을 '사람 사이의 기호나 정보를 전달함으로써 의미를 공유하는 과정'이라고 정의하고 있다. 소통하기 위해서는 다음 세 가지의 원칙을 알고 있어야 한다.

첫째, 의사소통은 사람과 사람 사이의 일이므로 먼저 사람의 관계에 대한 이해가 선행되어야 한다. 둘째, 소통의 본질은 의미를 공유하는 일이므로 사용하는 단어의 의미가 통일되어야 한다. 셋째, 소통은 각기 다른 부호, 자세, 음성, 문자, 숫자, 단어 등을 통해 정보를 공유해야 한다. 이 중에서 가장 중요한 것은 첫 번째 언급한 '소통이란 인간관계를 바탕으로 이루어진다'는 사실이다.

■ 소통의 장애를 극복하라

의사소통의 어려움을 해소하기 위해서는 어떻게 해야 할까?

소통의 대상을 파악하라 이는 의사소통의 기본 원칙이다. 상대방을 정확하게 이해하면 소통이 순조로워진다. 상대방을 이해하기 위해서는 다음 세 가지를 염두에 두어야 한다. 첫째, 역지사지의 자세로 상대방의 처지를 이해해야 한다. 둘째, 상대방의 관심사를 파악함으로써 요구하는 것이 무엇인지 알아내야 한다. 셋째, 상대방의 사유의 틀을 이해함으로써 사고의 배경을 알 수 있어야 한다.

인식의 차이를 극복하라 이는 가장 흔하게 나타나는 의사소통 장애 중 하나다. 인식의 차이는 사물을 인식할 때 자신이 가장 관심이 있는 것에만 주의를 기울이고 다른 것은 무시하는 선택적 주의로 인해 발생한다. 사람마다 각기 다른 경험과 지식을 보유하고 있고, 욕구도 다르기 때문에 같은 사물을 대하면서도 다른 결론을 도출하게 마련이다. 따라서 인식의 차이가 발생하는 원인을 파악한 뒤 이에 대한 해결 방안을 찾아내는 것이야말로 공감대를 형성하기 위한 지름길이다.

거부의 태도를 바꿔라 심리학에서 지칭하는 거부란 특정 정보가 부정적인 영향을 준다고 판단했을 때 애써 거부하는 태도를 말한다. 부정적인 정보를 전할 때에는 신중한 태도로 임하라.

상대방을 존중하라 존중의 핵심은 차이에 대한 인정이다. 공자는 "군자는 서로 다름을 인정하고 화합을 이루어야 한다."고 했다. 나의 의견과 관점이 옳을지라도 남에게 강요하지 말고, 상대방이 이를 이해하고 받아들이도록 지켜보아야 한다. 또한 나와는 의견이 다를지라도 존중할 줄 알아야 한다. 내가 상대를 존중하면 상대방도 나를 바라보는 시각이 달라진다.

의사소통의 비공식 경로를 경계하라 의사소통의 경로는 일반적으로 공식 경로와 비공식 경로로 나뉜다. 비공식 경로는 어느 조직에서나 존재하게 마련인데, 이는 의사소통에 부정적인 영향을 미친다. 비공식 경로를 차단하기 위해서는 다음 두 가지를 유념해야 한다.

첫째, 소문을 경계하라. 소문은 양면성을 지니고 있어 때로는 정확한 소식을 전달할 때도 있지만 왜곡된 사실을 확산시키기도 한다. "진실이 신발을 채 신기도 전에 거짓말은 지구 반 바퀴를 돈다."라는 말이 있다. 소문을 경계한다는 것은 사실을 왜곡하거나 긍정적 의사소통에 영향을 줄 수 있는 소문이 공식적이고 정확한 의견과 충돌하는 것을 막는다는 의미이다.

반면 소문을 경계해야 할 경영인은 때로는 이를 '이용'할 줄도 알아야 한다. 소문을 이용한다는 것은 공식적으로 발표하기 난감한 정보를 비공식적 경로를 통해 퍼트려 해당 정보에 대한 구성원의 반응을 알아보는 것이다. 하지만 일반적으로 소문이 확산되면 사람들은 쉽게 이를 믿고 편견을 갖게 되어 의사소통에 장애를 준다.

둘째, 유언비어를 차단하라. 유언비어란 소문에 의해 퍼져나가는 것으로, 공식적으로 내용이 확인되지 않은 정보를 일컫는다. 유언비어는 허위일 수도 있고 진실인 경우도 있다. 그러나 업무에 부정적 영향을 끼치거나 사기를 저하시킬 수도 있으므로 경계해야 한다.

2 의사소통의 달인이 되어라

객관적 사실 인정하기 의사소통의 달인이 되려면 당면한 문제의 객관적 사실을 인정하고 갈등을 회피하지 말아야 한다.

소통의 핵심 파악하기 의사소통 과정에는 많은 화제가 등장하지만, 이를 한꺼번에 처리하기보다는 중점적인 문제부터 우선순위로 해결해야 한다.

거절을 염두에 두라 자신의 제안을 상대방이 거절할 수 있다는 전제를 염두에 두어야 한다. 의사소통도 마음의 준비가 필요한 법이다.

영향력 있는 단어 사용하기 협상을 할 때에는 영향력 있는 단어를 사용해야 한다. 영향력 있는 단어를 사용할 경우 상대방의 감정을 움직여 좀 더 쉽게 제안을 받아들이도록 할 수 있다.

당당한 태도로 임하라 확고한 신념을 가지고 당당한 태도로 상대를 대하라. 만약 스스로를 약자의 위치에 놓고 자신감이 결여된 상태에서 대화를 나눈다면 신뢰감이 떨어져 상대에게 자신의 의사를 제대로 전달할 수 없다. 대화의 내용에 대한 믿음이 확고해야 주도적으로 대화를 이끌 수 있으며, 진지한 태도를 보일수록 소통의 성공률은 높아진다.

상대방의 이야기를 경청하라 경청은 상대방에 대한 존중의 표시이며,
이를 통해 상대방의 감정을 자신에게 유리하도록 이끌어낼 수 있다.

조직의 화합은 군대뿐 아니라 기업에서도 매우 중요하다. 요새要塞는
내부에서 공격당하기 쉬운 법이다. 서로 다투며 화합을 이루지 못하는
조직은 싸움에서 이길 수 없다. 화합하기 위해서는 의사소통이 중요하
며, 그 기술과 효과가 뛰어날수록 조직의 구심점과 응집력도 강해진다.
그러므로 경영인은 의사소통의 중요성을 인식하고 의사소통 기술을 익
혀 조직의 화합을 도모해야 한다.

●● 제도를 확립하라

울요는 저서 「제담」에서 "군사를 잘 다스리려면 먼저 제도를 확립해야
한다고 했다. 제도를 확립해놓으면 병사들은 혼란스러워하지 않고, 병
사들이 혼란스러워하지 않으면 법률은 분명해진다."고 했다. 제도를 확
립시키기 위해서는 근본부터 다스려야 한다.

한 사람이 1만 명의 병사들로 하여금 어깨를 움츠려 숨을 죽인 채 발을
모으고 머리를 숙여 경청하며 감히 고개를 들고 쳐다보지 못하게 하는
것은 법이 그렇게 만든 것이다. 『제갈량집諸葛亮集』「위령威令」

1만 명의 군사들에게 강도 높은 훈련을 시키기 위해서는 기강을 바로
잡고 엄격하게 다스려야 한다. 엄격하게 다스리기 위해서는 완벽한 운영

시스템을 도입하여 관리 제도를 구축해야 한다. 제갈량은 "제도를 갖춘 군대는 무능한 장수가 있어도 패하지 않지만, 제도가 갖춰지지 않은 군대는 유능한 장수가 있어도 승리할 수 없다."고 했다.

『사기』에 등장하는 다음의 사례를 보자.

한漢나라 문제文帝 때 흉노凶奴족이 쳐들어오자 문제는 주아부周亞夫를 장군으로 임명하여 세류細柳에 주둔토록 했다.

문제는 여러 부대에 들러 군사들을 위로했는데, 가는 곳마다 수하의 장수들이 모두 말을 타고 나와 왕을 맞이하고 배웅했다. 그러나 세류에 도착하자 군사들이 갑옷을 입은 채 날카로운 무기를 들고 활시위를 당기고 있었다. 왕이 왔노라고 어명을 내린 뒤 들어가려 하자 입구에 있던 도위都尉가 말했다.

"장군께서는 '군대에서는 장군의 명령은 듣되 왕의 명은 듣지 않는다'고 하셨습니다."

이 말을 들은 왕이 직접 도위를 찾아갔으나 꿈쩍도 하지 않았다. 이에 왕은 자신이 찾아왔음을 장군에게 알리도록 했다.

"짐이 들어가 군대를 위문코자 한다."

주아부는 이 말을 전해 듣고 문을 열게 했다. 그러자 이번에는 문을 지키고 있던 자들이 말했다.

"장군께서 군대 안에서는 빠르게 달릴 수 없다고 하셨습니다."

그리하여 왕은 고삐를 느슨하게 잡고 천천히 다가갔다. 이윽고 진영에 다다르자 주아부 장군이 무기를 들고 나와 읍례를 올리며 아뢰었다.

"갑옷을 입고 투구를 쓴 군사는 절을 올릴 수 없으니 군사의 예우로서 봐주십시오."

이 말을 들은 왕은 예의를 갖추어 장수의 노고를 치하한 뒤 떠났다. 왕이 문을 나섰을 때 신하들이 놀라움을 감추지 못하자 왕이 말했다.

"오, 주아부야말로 진정한 장군이다. 패상霸上과 극문棘門의 병사는 어린아이 장난과 같으니 적의 공격을 받으면 포로가 될 것이다. 그러나 주아부가 있는 곳이라면 그 누가 감히 침범할 수 있겠는가."

한나라 장수 주아부는 매우 엄격하게 군대를 다스려 그 부대는 경비가 삼엄하고 질서정연했다. 왕이 방문을 해도 군대에서는 장군의 명령은 듣되 왕의 명령은 듣지 않는다며 방문을 거절했다. 하지만 엄격한 관리가 오히려 한나라 문제의 인정을 받은 것이다.

실행 가능한 제도를 구축하라

기업의 구성원이 서로 화합을 이루려면 먼저 제도를 확립해야 한다. 제도는 행위의 준칙이자 척도이기 때문에 사상과 행위를 일치시키기 위해서는 제도 확립이 필수적이다. 실행 가능한 제도를 구축하기 위해서는 다음 여섯 가지를 명심해야 한다.

첫째, 제도 확립은 기업 규제가 아닌 경쟁력 향상을 위한 제도적 장치다. 이를 위해서는 어느 정도의 통제가 필요하다. 그러나 이는 경영 수단의 일부일 뿐 제도 확립의 출발점이나 목표가 되어서는 안 된다. 기업의 모든 활동은 결국 경쟁력 강화라는 궁극적인 목적을 위해 행해져야 한다.

세계적 경영학자이자 핵심역량이론의 창시자인 게리 하멜Gary Hamel은 그의 저서 『경영의 미래The Future of Management』에서 다음과 같이 쓰고 있다.

"경영에 있어서의 중대한 진보는 경쟁력의 이동을 가져오지만 일반적으로, 선두 기업에 지속적인 경쟁력 우위를 제공한다.”

기업의 인사제도는 우수한 인재를 기용하고 육성하는 데 역점을 두어야 하고, 재무제도는 수익 증대와 원가 절감이 우선되어야 한다. 또 마케팅의 핵심은 고객을 중심으로 한 시장점유율 확대와 이윤 창출을 극대화해야 한다.

기업의 모든 업무는 결국 고객이 그 중심이 되어야 궁극적으로 성공적인 경영활동이 가능하다. 이를 위해서는 그에 걸맞은 제도와 시스템을 구축해야 한다. 이러한 모든 요건이 충족되어야 기업의 경쟁력이 향상되고, 나아가 치열한 경쟁 속에서도 확고한 시장점유율을 확보할 수 있다.

둘째, 제도는 시장 논리에 입각한 개방성과 포용력이 수반되어야 하며, 지나치게 폐쇄적이어서는 안 된다. 기업 경영은 내용과 형식, 수단과 방법 등 모든 면에서 시장과 밀접한 연관성을 갖고 트렌드를 이끌어가야 한다.

셋째, 제도는 완벽해야 한다. 시스템에 문제가 없어야 하며, 독립적이면서도 유기적으로 긴밀한 연관성을 갖고 있어야 한다.

넷째, 제도는 실행 가능한 것이라야 한다. 새로운 제도를 실행하려면 많은 노력이 필요하지만, 이것이야말로 제도 확립의 진정한 목적임을 기억해야 한다.

다섯째, 제도는 안정적이고 지속성이 있어야 한다. 시도 때도 없이 바뀐다면 구속력이 약화되어 경영인은 결국 신임을 잃게 된다.

여섯째, 제도는 구속력이 있어야 한다. 구속력이 없어 지키지 않는 제도는 의미가 없다.

●● 명령은 명확하고 엄격하게 하라

명확하고 엄격하게

명령 하달의 중요성은 오늘날에도 우리에게 많은 시사점을 준다.

울요는 「전위」에서 군대 운용의 중요성에 대해 다음과 같은 글을 남겼다. "명령이란 사람의 마음을 통일시키는 도구다. 만약 명령을 내리는 장수가 이런 이치를 깨닫지 못하고 이미 내린 명령을 번복한다면 부하들은 신뢰감을 갖지 못할 것이다. 명령을 내릴 때는 사소한 실수가 있더라도 번복하지 말고, 약간의 의혹이 있더라도 설명하지 말아야 한다. 윗사람이 비이성적인 명령을 내리지 않았다면 아랫사람은 명령의 집행을 방해하는 잡음을 듣지 못할 것이고, 행동하는 데 아무런 의심이 없어지기 때문에 두 가지 마음을 갖지 않게 될 것이다."

울요는 「무의편」에서 장수의 명령의 중요성과 관련하여 다음과 같은 글을 남겼다.

오기가 진秦나라 군대와 전쟁을 시작하였으나 양측의 군사가 아직 겨루지 않고 있었다. 그때 부하 한 명이 용맹하게 진나라 진영에 돌격하여 두 명의 병사를 죽이고 돌아왔다. 그러자 오기는 즉각 그를 죽이라고 명령했다.

"이 병사는 재능이 있는 자입니다. 죽이지 마십시오."

군사들이 오기를 말리자 그가 대답했다.

"나도 그 점은 잘 안다. 하지만 그는 내 명령에 따르지 않았다."

그러고는 결국 그 부하를 처형했다.

군령은 군대에서 절대적인 권위를 가진다. 따라서 그가 누구든, 어떤 상

황이든 장수의 명령에 따라야 한다. 그렇지 않으면 불행한 결과를 초래
하게 된다.

『제갈량집』의 「참단斬斷」에서는 군대에 해를 끼치는 일곱 가지 행위에
대해서는 반드시 참형으로 다스려야 한다고 강조하고 있다.

참단은 명령에 복종하지 않는 자에게 가하는 형벌이다. 군대에서 명
령에 불복종하는 경우를 일곱 가지로 지정했다. 첫째는 경輕이고, 둘째
는 만慢이고, 셋째는 도盜이고, 넷째는 기欺이고, 다섯째는 배背이고, 여
섯째는 난亂이며, 일곱째는 오誤이다. 이 일곱 가지는 군대를 다스릴 때
반드시 금지해야 한다.

약속된 시간에 모이지 않거나, 군대를 무단이탈하거나, 호명했는데도
대답하지 않거나, 무기를 미리 준비하지 않은 병사는 경군輕軍이다. 명령
을 받고도 전달하지 않거나, 북소리를 듣지 않고 깃발을 보지 않는 병사
는 만군慢軍이다. 식량을 헤프게 쓰거나, 사사로운 마음으로 절친한 사
람의 편을 들거나, 전쟁에서 다른 사람이 벤 적군의 머리를 몰래 뺏어
자신의 공로인 것처럼 사칭하는 병사는 도군盜軍이다. 자신의 이름을 멋
대로 바꾸거나, 옷차림이 단정치 않고 더럽거나, 전투를 지휘하는 징과
북을 준비하지 않았거나, 활에 활시위가 없거나, 군법과 군령을 제대로
이행하지 않는 자는 기군欺軍이다. 북소리를 듣고도 앞으로 나아가지 않
거나, 활과 화살을 꺾어 망가트리거나, 죽거나 다친 병사들을 구한다는
핑계로 몰래 달아나는 자는 배군背軍이다. 전차와 말이 뒤섞여 도로를
가로막아 후속 부대들이 앞으로 전진할 수 없게 하거나, 행동이 무질서
하고 무기들이 부딪혀 서로 얽히고설킨 군대는 난군亂軍이다. 친한 자끼
리만 서로 따르거나, 주둔지를 함부로 이탈하거나, 돌발 상황이 발생했

을 때 이를 알고도 보고하지 않는 것은 모두 죄를 지은 것과 같다. 사람들을 모아 술을 즐기고 사리사욕을 위해 뇌물을 받거나, 과장하거나 함부로 말을 지껄여 병사들을 의혹스럽게 하는 자는 오군誤軍이다.

이와 같이 군대를 다스리는 데 방해가 되는 자들은 참형에 처해야 그 군대는 비로소 제대로 다스려질 수 있다.

그 외에도『울요자』에는 장수의 권위가 바로 명령 집행과 승리 쟁취의 핵심이라는 사실을 일깨워주는 내용이 있다.

> 백성은 두 가지를 동시에 두려워하여 복종하지 않는다. 아군을 경외하면 적군을 경시하고, 적군에게 복종하면 아군을 무시한다. 무시당하는 쪽은 패하고, 권위가 서는 쪽은 승리한다. 장수가 이러한 이치를 깨닫는다면 병사는 그를 두려워할 것이고, 병사가 장수를 두려워하면 백성이 병사를 두려워할 것이고, 백성이 병사를 두려워하면 적군이 백성을 두려워할 것이다. 따라서 승패의 이치를 알기 위해서는 먼저 경외감과 업신여김의 이해관계를 잘 알고 있어야 한다.

CEO의 명령과 조직 운영의 원칙

경영인은 자신이 거느린 조직에 효과적으로 의사 전달을 하기 위해서 어떻게 해야 할까? 이는 군대 운용 방법과 많은 점에서 비슷하긴 하지만 차이점 또한 적지 않다. 중국의 고대 군사 사상을 보면 군대는 법률과 규율이 매우 엄격했으며, 강제적인 수단을 자주 사용했다.

이런 방법은 오늘날 기업 경영에도 그대로 적용된다. 하지만 현실적으로 기업 경영과 군대 운용 사이에는 뚜렷한 차이점이 있다. 그렇다면 경영인이 조직을 효율적으로 운영하려면 어떻게 해야 할까? 경영 이론 및 실제 사례를 통해 볼 때 크게 다음 두 가지로 요약할 수 있다.

1 경영자는 권력을 올바르게 행사할 줄 알아야 한다

경영자의 업무 지시 및 규율 집행의 핵심은 올바른 권력 행사에 있다. 권력이란 주요 현안을 결정할 수 있는 권한을 갖는 것으로, 타인에게 특정한 활동을 명령할 수 있는 권한을 말한다. 권력은 크게 두 가지로 나뉘는데, 자신이 맡은 공식 직무를 수행하기 위한 권력을 공식적 권력, 또는 직위권력이라고 하고, 개인의 특성 및 능력에 따른 권력을 영향력, 또는 개인적 권력이라고 한다.

직위권력은 가장 기본적인 권력으로, 다른 모든 권력을 행사하는 바탕이 된다. 직위권력의 핵심은 주요 현안의 결정권인데, 이는 경영 과정에서 중대한 문제를 결정할 수 있는 권력을 말한다. 직위권력은 일반적으로 경영 문제 및 주요 현안의 결정권, 포상 및 처벌의 권력, 강제 집행의 권력 등 세 가지로 나뉜다.

경영 및 주요 현안의 결정권이란 경영인이 기업의 주요 업무를 관리하고 결정할 수 있는 권한을 말한다. 이는 경영인의 가장 기본적이며 핵심적 권력이다. 직위가 높을수록 부여된 권력이 높아지며, 그에 따른 발언권도 커진다.

포상 및 처벌의 권력이란 경영인이 조직 구성원의 업무 결과에 포상 또는 처벌할 수 있는 권력을 말한다. 이는 조직 구성원이 업무를 순조롭게 완수할 수 있도록 돕기 위한 제도적 장치다.

강제 집행의 권력이란 의견 차이가 발생했을 때 경영인이 특정 수단을 동원하여 옳다고 생각하는 의견을 강제로 집행할 수 있는 권력이다. 기업의 사규를 위반한 직원에 대한 처벌이 이에 해당한다. 이는 기업을 효과적으로 운영하기 위해 반드시 필요하다.

경영인에게 부여된 위의 세 가지 권력 중 경영 및 주요 현안의 결정권은 권력 행사의 '내용'이며, 포상 및 처벌의 권력과 강제 집행의 권력은 권력 행사의 '수단과 방법'이다.

개인적 권력은 전문적 권력과 준거적 권력Referent Power으로 나뉜다. 전문적 권력이란 업무와 관련된 전문 지식을 쌓음으로써 타인을 통제할 수 있는 능력을 말한다. 이는 경영자가 아니라도 행사할 수 있다.

전문 분야에 정통한 사람일수록 권위가 높아지지만, 반대로 해당 분야의 문외한이라면 권위를 내세울 수 없고, 발언권 및 지도자로서의 권한도 얻을 수 없다. 따라서 경영인은 반드시 풍부한 경험과 출중한 능력을 갖추도록 노력해야 한다. 의심이 많고 확고한 신념이 없어 우왕좌왕한다면 경영인으로서의 권력을 행사할 수 없다.

준거적 권력이란 권력 주체를 좋아해서 그에 동화되면서 그 대상을 본받으려고 하는 데 기초를 둔 권력을 말한다. 준거적 권력을 갖고 있으면 사람들은 그 사람에게 매력을 느낀다. 경영인은 매력이 있을수록 존경을 받고, 준거적 권력의 영향력은 커진다.

경영인의 지시와 조직의 규율이 효력을 가지려면 경영인은 직위권력과 개인적 권력의 각기 다른 특성을 정확히 파악해야 한다. 우선 직위권력의 장점을 충분히 활용하여 자신의 의견을 공식적으로 전달하고, 방해 요소를 제거해야 한다.

또한 상벌 등 강제적인 수단을 동원해서라도 조직의 화합을 이끌어야 한다. 물론 여기서 말하는 강제적인 수단이라 함은 위압적이거나 안하무인식의 방법을 의미하는 것이 아니라 일정 기준에 따라 제재 조치를 취하는 것이다.

뿐만 아니라 경영인은 자신의 영향력 확대를 위해서도 노력해야 한다. 직위권력이 경영인이 행사할 수 있는 기본적 권력이라면 개인적 권력을 행사함으로써 얻는 효과는 '덤'이다. 우수한 경영인일수록 개인적 권력을 확대하여 기업을 효율적으로 이끈다. 물론 개인적 권력 이용은 건전하고 정당해야 하며 결탁, 편 가르기, 기업 이익에 저촉되는 행위 등을 남용해서는 안 된다.

위의 두 가지 권력을 사용할 때는 기업의 특성과 시기를 고려해야 한다. 기업의 생명주기로 볼 때 초창기에는 직위권력 사용 비율이 비교적 높다. 기업의 질서가 확립되어 있지 않아 조직 구성원이 리더에 대해 알아가는 과정에 있기 때문이다. '어지러울 때는 엄격한 법률을 적용해야 한다(亂世用重典)'는 말처럼 이 시기에 규율과 규제가 확립되지 않으면 조직은 화합하기 어렵다.

초창기를 지나 성숙기에 접어들면 제도와 시스템이 완비되고, 경영 수준이 향상되며, 경영인의 위신도 높아져 개인적 권력의 비중이 자연스럽게 높아진다. 이 밖에 기업의 비즈니스 모델 역시 권력 운용에 영향을 미친다. 제조업 및 가공업 종사 업체와 노동집약적 기업, 인적 자원 수준이 낮은 기업 등은 주로 직위권력의 사용 비중이 높고 지능형 기업, 첨단 기술 기업, 인적 자원 수준이 높은 기업 등은 개인적 권력이 더 크게 요구된다.

② 리더의 특성과 동기를 충분히 발휘해야 한다

이를 위해서는 다음 여섯 가지 사항을 충족해야 한다.

❶ **강렬하고 명확한 동기** 동기란 행위의 원동력이다. 즉 행위를 발생

시키고 지속시키며 종료하게 하는 힘이다. 심리학적 연구에 따르면 강렬한 동기는 성취 욕구에서 기인한다고 한다. 성취 욕구는 내적 욕구로, 남보다 뛰어나다는 것을 증명하기 위한 욕망으로 나타난다. 경쟁 과정에서 성취 욕구가 강한 사람은 늘 남보다 뛰어난 능력을 발휘하려고 애쓴다. 여기서 말하는 성취 욕구란 물질적인 욕망을 좇는 것을 의미하는 것은 아니다. 성취 욕구를 지닌 사람은 오히려 도전으로 얻을 수 있는 짜릿한 스릴을 더 가치 있게 생각하고, 자신의 능력을 시험해볼 수 있는 기회를 소중히 여긴다.

일반적으로 성취 동기는 성공의 바탕이 된다. 한 연구 결과에 따르면 성공을 결정하는 첫 번째 요인은 천부적인 재능이 아닌 동기와 목표라고 한다. 경영인의 성취 동기가 강할수록 기업은 발전한다. 그러나 경영인의 성취 동기는 반드시 건전해야 하며, 사리사욕을 채우기 위한 것이 아닌 고객, 기업, 조직원들에 대한 책임감에서 비롯된 것이라야 한다.

❷ **충만한 열정**　열정은 사업과 업무에 대한 긍정적인 정서 반응이다. 열정이 있는 경영인은 일을 사랑하며, 도전을 기꺼이 받아들이므로 고난을 두려워하지 않고 매우 적극적이다. 경영인의 열정은 조직원에게 매우 중대한 영향을 미친다. 의욕이 없는 리더가 의지가 굳세고 화합된 조직을 이끌고자 한다는 것 자체가 망상일 뿐이다.

❸ **뚜렷한 방향성과 목표 설정**　명확한 지시와 엄정한 규제를 확립하기 위해 가장 중요한 것은 방향성과 목표 설정이다. 목적과 당위성뿐 아니라 왜 그 일을 해야 하는지에 대해서도 알고 있어야 한다. 뚜렷한 방향과 목표가 세워져 있다면 조직 구성원들은 일사불란하게 목표를 향해 달려갈 것이다.

❹ **객관적이고 정확한 인지능력**　인지능력이란 외부에서 일어나는 갖

가지 사건을 인식하고 이해하며, 이를 바탕으로 반응하는 능력을 말한다. 인지 행위는 모든 인간 활동의 기초가 되므로, 경영인은 인지능력 향상을 위해 부단히 노력해야 한다. 명확한 지시와 규제를 엄정하게 집행하기 위해서는 먼저 하고자 하는 일이 현실적이며 시행 가능성이 있는지 판단해야 한다. 이를 위해서는 객관적 인지, 전면적 인지, 심오한 인지, 예리한 인지가 그 바탕이 되어야 한다.

객관적 인지란 사물을 인지할 때 각종 방해 요소나 편견을 버리고, 사물의 본질을 정확하게 파악하는 것을 말한다.

전면적 인지란 사물을 인지할 때 부분과 전체, 긍정적인 면과 부정적인 면, 현재와 미래, 사물 본연의 모습과 상호 연관된 것까지 볼 줄 아는 것이다.

심오한 인지란 사물을 인지할 때 거짓과 불필요한 것은 버리고 진실과 유용한 것을 취하여 표면과 내면을 모두 인지하고, 현상과 사물을 통해 그 본질을 파악함으로써 문제를 해결하는 방법을 말한다.

예리한 인지란 사물을 인지할 때 민첩하고 예리하게 문제의 핵심을 잡아내고, 효과적으로 실행 가능한 해결 방법을 신속하게 찾아내는 능력을 말한다.

인지능력을 갖춘 경영인은 자신의 업무를 정확하게 파악하여 기업의 방침을 객관적 사실에 부합시킨다. 그런 뒤 실행할 수 있는 조건을 충족시킨 다음 최종적으로 목표를 달성한다. 이 과정에서 조직 구성원과 밀접하게 교류하고, 필요한 지원을 아끼지 않음으로써 문제의 해결을 도와야 한다.

❺ **자신감과 용기** 리더의 자신감은 조직 구성원에게 큰 영향을 미친다. 즉 리더의 자신감은 다른 사람을 교화시켜 조직 전체에 자신감을 불

어넣는다. 자신감이 충만한 경영인만이 해당 조직의 정신적 지주가 될 수 있다. 물론 자신감과 오만함은 전혀 다른 개념이다.

용기 역시 자신감만큼 중요하다. 세계적인 경영인 200명을 대상으로 실시한 연구 결과, 조직을 바로 세우는 리더의 가장 중요한 자질은 용기였다. 일세를 풍미한 경영인들은 대부분 어려운 시기에 중임을 맡아 기업을 다시 일으킨 경험을 갖고 있는데, 이는 일반인을 뛰어넘는 지혜와 용기 덕분이었다.

❻ **유머 감각** 유머 감각은 교양과 품위가 있고 문화적 식견이 높은 성인이 가진 전형적인 특징으로, 경영인이 반드시 갖추어야 할 요소다. 유머 감각은 타인에게 유쾌한 감정을 불러일으킨다. 이는 갈등을 완화시켜 격렬한 충돌을 피하게 하는 힘이 있으며, 스트레스가 최고조에 달한 사람에게 웃음을 되찾게 해주는 명약이다. 또한 상대방과 화기애애한 분위기 속에서 진심을 나누는 파트너십 관계를 맺을 수 있도록 돕는 무기이기도 하다.

먼저 아껴준 뒤에 엄격하게 다스려라

●● 상벌은 마음을 변화시킨다

상벌의 목적

포상과 처벌은 군대의 운용과 사기 진작, 심리 조절은 물론 전쟁의 승패와 국가의 흥망성쇠에까지 매우 중요한 영향을 미친다.

군주는 형벌로 백성의 악행을 금지하고 포상으로 선행을 독려해야 한다. 이렇듯 잘못을 추궁하고 선행을 강요하지 않으면 스스로 선행을 행하지 않는다. 포상은 문文의 방법이고 처벌은 무武의 방법이다. 문무는 군대의 법률이자 기강이며 국가의 권력이다. 따라서 법령은 백성을 살릴 수도 죽일 수도 있는 힘을 가져야 강성해진다. 살릴 수는 있지만 죽일 수는 없는 법령은 국가의 멸망을 초래한다. 『태백음경太白陰經』「인모하人謀下」

상벌의 조건

❶ **상벌의 개념** 제갈량은 상벌의 개념에 대해 말하기를, "상벌이란 선행은 포상하고 악행은 처벌하는 것이다. 포상을 통해 부하들이 공덕을 세우도록 격려하고, 처벌을 통해 사악한 행위를 금지해야 한다."라고 했다. 상선벌악賞善罰惡은 상벌의 진리를 집약적으로 담고 있다. 우리는 이 네 글자를 통해 상벌의 효과와 위력, 그리고 문제점까지도 모두 간파할 수 있다.

❷ **상벌의 원칙** 『태백음경』에서는 상벌의 원칙과 관련해 다음과 같은 내용이 있다.

"사사로운 공적을 포상하거나 사사로운 죄를 벌하지 않는 것은 군대의 법이자 생살生殺의 기준이다." 즉 장수가 부하에게 사사로운 일로 포상을 해서는 안 된다는 뜻이다. 만약 장수가 개인적 이득을 위해 상벌을 남용한다면 부하들은 공적을 세우는 것은 뒷전으로 미루고 장수의 신임을 얻고 환심을 사기에 급급할 것이다.

❸ **상벌의 권한** 제갈량은 상벌의 권한에 대해 다음과 같이 설파하고 있다. "장수에게는 사람을 죽이고 살리는 권한이 있다. 아무런 죄가 없는 사람을 죽이면서도 극악무도한 자는 오히려 사면해주거나, 아무런

이유 없이 분노하거나, 상벌의 기준이 불명확하거나, 가르침과 명령에 일관성이 없거나, 사사로운 감정이 공법을 대신한다면 이는 국가가 위험에 빠질 수 있는 다섯 가지 징조다. 상벌의 기준이 불분명하면 명령이 제대로 이행되지 않는다. 천만 번 죽어 마땅한 죄인을 사면한다면 수많은 아첨꾼을 근절할 수 없고, 죄가 없는 사람을 죽인다면 병사들은 흩어져 도망갈 것이다. 분노의 원인이 분명하지 않으면 장수의 위엄이 서지 않는다. 따라서 교육과 법령이 제대로 이루어져야 군대의 질서가 바로 잡힌다."

상벌은 군대와 국가를 다스리는 중요한 제도로, 이 권한은 장수의 손에 달려 있다. 만약 상벌이 제대로 이행되지 않는다면 군대와 국가에 엄청난 위협이 따를 수 있다. 따라서 장수는 상벌의 권한을 신중하게 행사해야 한다.

❹ **잘못된 상벌의 결과** 상을 주어서는 안 되는 자에게 포상을 하면 공로를 세운 자가 원망하고, 처벌해서는 안 되는 자에게 벌을 주면 정직한 자가 분노한다. 어떤 군주는 양갱을 균등하게 분배하지 않아서 재앙을 야기했고, 초나라의 군주는 아첨과 이간질을 곧이듣는 바람에 국가의 멸망을 초래했다. 이와 관련해 제갈량은 "상벌이 공정하지 않으면 죄가 없는 충신이 억울한 죽음을 당하고, 공덕이 없는 간신이 중용된다."고 했다.

❺ **상벌의 효과** 상벌의 효과에 대해 제갈량은 다음과 같이 말했다. "왜 상을 받았는지 안다면 병사들은 이를 위해 죽음을 무릅쓸 것이고, 왜 벌을 받았는지 안다면 병사들은 이에 두려움을 갖게 될 것이다."

상벌의 방법

포상과 처벌의 문제는 매우 중요하다. 중국 고대 군사가들은 군대 운용 경험을 바탕으로 이 문제를 심도 있게 연구한 뒤 상세하게 기술했다.

손자는 "아직 친해지지 않은 병사를 처벌하면 그들은 복종하지 않을 것이고, 복종하지 않는 사람은 부리기 어렵다. 만약 친근하게 따르는 병사를 처벌하지 않는다면 이 역시 병사들을 부릴 수 없다. 명령은 글로서, 바로잡는 것은 힘으로서 해야 한다. 평소 군대의 규율이 원활하게 지켜질 때 병사들을 가르치면 그들은 받아들이겠지만, 평소 규율이 잘 지켜지지 않는 상황에서 병사들을 교화시키려 한다면 쉽게 받아들이지 않을 것이다. 군대의 규율이 잘 지켜져야 계급 간에 불화가 없는 법이다."라고 했다.

여기서 강조하는 것은 '명령은 글로서, 바로잡는 것은 힘으로서'의 구절이다. 이렇듯 사랑과 위엄은 함께 사용해야 하지만, 무엇보다 사랑이 우선되어야 한다. 아껴준 뒤에 엄하게 다스린다면 병사들은 복종할 것이고, 엄하게 다스린 뒤에 아껴준다면 병사들은 원망하는 마음이 생길 것이다. 물론 위엄 없이 아껴주기만 하는 것 역시 안 될 일이다. 평소에는 아무런 요구도 하지 않다가 문제가 발생했을 때 처벌한다면 병사들은 따르지 않을 것이다.

중국의 고대 군사 사상에서는 평소에 가르치지 않고 처벌하는 것을 난정亂政이라 하여 사전 교육의 필요성을 특별히 강조해왔다.

상벌을 내릴 때는 공정해야 한다. 왕자가 죄를 저지르면 평민과 똑같이 처형하고, 병사가 공을 세우면 귀족과 똑같이 상을 주어야 한다. 그렇게 했을 때 상벌의 효력이 제대로 발휘된다.

간사하고 야비한 행동을 했을 경우 강제적인 수단을 써서라도 이를 근절시켜야 한다. 특히 조직에 부정적인 영향을 미치는 요소들이 빠르게 퍼져나갈 수 있으므로 반드시 이를 경계해야 한다. 문제가 발생했을 때는 즉시 강도 높은 처벌로 일벌백계해야 한다. 포상을 할 때는 반드시 교육을 수반하여 포상 받는 이유를 인지시켜야 한다. 한 사람을 격려하여 올바른 이념과 전략이 수립되면 모든 조직원에게 영향을 주며, 이로써 포상은 조직의 정신적 동력이 된다.

군대를 다스릴 때는 포상과 처벌의 두 가지 수단을 조화롭게 사용해야 한다. 또한 적당함을 잃지 않는 것도 중요하다. 상벌은 사용하지 않을 수 없지만 남용해서도 안 된다. 그렇지 않을 경우 상과 벌의 의미고 희석되어 부작용이 생겨날 것이다.

●● 상벌, 그 적당함에 대하여

포상과 처벌은 기업의 경영 과정에서 떼려야 뗄 수 없는 문제로, 경영인은 늘 이 문제로 고민을 하게 된다. 문제의 핵심은 어떻게 하면 상벌의 효력을 높이는가이다. 이에 대한 답을 찾기 위해서는 중국의 고대 군사 사상과 현대의 기업 경영 이론을 접목시켜 생각해볼 필요가 있다. 시대의 변화와 더불어 인류도 점점 진화하면서 오늘날 기업의 경영 이론은 매우 방대해졌을 뿐 아니라 풍부한 동기부여 이론 시스템도 갖춰졌다. 이는 기업의 인적 관리에 매우 중요한 역할을 하고 있다.

격려란 무엇인가

격려는 개인에게 특정 행위를 유발시키고 지속하게 하는 힘이다. 인간의 마음을 고무시키는 격려는 조직원의 노력 정도를 결정한다. 그리고 약속한 특정 행위를 지속하도록 유도하며 지지하는 역할을 한다. 또한 격려는 기업 경영 과정에 있어서 중요한 수단으로, 경영인은 이를 이용하여 구성원의 욕구를 만족시킴으로써 그들의 업무 수행에 열정을 갖도록 유도한다.

격려의 효과

격려는 사람의 심리를 자극하는 수단으로, 내재된 동기와 욕구를 만족시킴으로써 행위를 유발하게 한다.

미국의 심리학자 매슬로Abraham H Maslow는 "인간은 특정한 시기에 주도적 역할을 할 수 있는 위치에 올라서고자 하는 강렬한 욕망을 갖게 마련인데, 이 욕망의 강도는 자신이 현재 처해진 환경과 최근의 경험에 의해 결정된다."라고 보았다.

매슬로의 욕구단계이론을 기반으로 클레이턴 알더퍼Clayton P. Alderfer와 데이비드 맥클랜드David McClelland의 이론이 탄생했다. 알더퍼는 인간의 욕구를 존재의 욕구, 관계의 욕구, 성장의 욕구로 구분했으며 맥클랜드는 성취욕구, 권력욕구, 친교욕구를 가장 기본적인 욕구로 꼽았다.

앞에 언급한 이론은 인간의 동기부여 및 욕구의 관점에서 격려의 문제를 다뤘음을 주목할 필요가 있다. 많은 학자들이 격려에 관하여 다양한 의견을 제시하면서 여러 학파가 생겨났지만 이들의 사상을 종합해보면 결국 '격려란 인간에게 일을 하도록 하는 동기부여와 욕구의 충족'이라는 명제로 귀납된다. 따라서 경영인은 조직원을 격려할 때 상대가 뭘 원하는지 분명하게 파악한 뒤 대상과 업무 성격에 따라 적절한 보완책을 활용해야 한다.

격려의 효과는 시간이 지나면 점차 사라지므로 지속적인 관심이 필요하다. 일반적으로 격려가 부족할 경우 다음 세 가지 문제가 나타난다.

❶ **격려의 범위가 좁은 경우** 격려의 대상이 조직 내 한 사람 또는 한 가지 사건에만 국한되어서는 안 된다. 격려는 설사 그 방식이 다를지라도 조직의 모든 구성원에게 두루 미쳐야 한다.

❷ **격려의 빈도수가 적은 경우** 격려의 효력이 이미 사라졌는데도 이를 방치한다면, 격려의 공백이 생긴다.

❸ **격려의 방식이 진부하거나 지나치게 단순한 경우** 격려의 방식이 진부하면 사람의 마음을 자극하는 격려의 역할은 상실되어버린다.

격려는 일종의 도구이며, 기업 문화와 경영을 위한 소중한 자원이다. 욕구단계이론을 활용한다면 각 구성원의 단계별 동기와 욕구를 만족시켜줌으로써 적극성과 창조성을 불러일으킬 수 있다.

격려의 방법

격려는 조직원의 동기부여와 욕구만족을 위해 필요한 수단이다. 조직원 개개인에게 다양한 동기부여와 욕구만족을 행하기 위해서는 격려의 내용과 방식이 다양해야 한다. 격려의 기본 원칙은 각각의 대상에 맞는 방법을 채택해야 진정한 효과를 볼 수 있다.

1 성과 목표를 설정하라

목표는 한 사람 또는 집단이 이루고자 하는 비전이자 소망이다. 일단 목표를 세우면 사람들은 타인에게 인정을 받고 비판은 방지함으로써 자신의 능력과 실력을 증명하고자 노력한다. 성과 목표의 설정을 인지심리학과 신경심리학의 두 가지 관점에서 바라보면 다음과 같다.

인지심리학에서는 목표가 업무 실적에 직접적인 영향을 미치지는 않는다고 보았다. 사람들은 이상과 현실과의 괴리를 좁히고 불만을 해소하기 위해 행동하며, 이것이 목표 달성으로 나타난다고 한다.

신경심리학에서는 인류가 행한 모든 행위는 각성(arousal 각종 신경이 활동 중인 상태)의 영향을 받는다고 본다. 꿈을 꾸지 않은 채 숙면하고 있을 때 각성 수준은 가장 낮고, 반대로 극도로 초조하거나 흥분했을 때 각성 수준은 최고조에 이른다. 이렇듯 각성은 두 가지 극단적인 상황 속에서 끊임없이 변화한다.

그리고 각성은 교감신경 계통의 활동과도 연관이 있다. 교감신경은 상황에 따라 신체가 준비를 갖추도록 명령하며, 임무 완성을 위해 투입해야 하는 에너지 양을 제어하기도 한다. 따라서 성과 목표를 설정하면 신경 계통에 각성작용을 불러일으켜 사람을 자극하는데, 자극을 통해 사람들은 최종 목적을 달성한다. 설정된 성과 목표를 이루기 위해 조직원들을 격려하려면 다음 내용을 유념해야 한다.

❶ **구체적인 평가 기준을 만들어라**　구체적인 목표는 대략적인 목표에 비해 조직원을 좀 더 적극적이게 하며, 이는 평가 및 심사에도 매우 유용하다. 특히 지표를 설정할 때는 정성적 지표와 정량적 지표를 모두 사용해야 한다. 하지만 정성적 지표보다는 정량적 지표를 중심으로 이를 최대한 수치화해야 한다. 정성적 지표를 사용할 경우에는 실용적이면서도 명확한 평가 기준을 만들어야 한다. 지표 체계를 구축할 때에는 임무의 내용, 평가 기준, 책임자, 시한 등 네 가지 요소를 모두 고려해야 한다.

❷ **과학적이고 정확성을 기하라**　과학적이고 정확해야 하는 이유는

무슨 일이든 정확한 근거가 있어야 사람의 마음을 움직일 수 있기 때문이다. 그러기 위해서는 객관적 현상에 대한 정확한 분석을 통해 실제에 부합하는 지표 체계를 세워야 한다. 지표 체계는 기업의 나침반이자 등대라고 할 수 있기 때문에 여기에 문제가 생기면 기업 전체에 재앙을 초래할 수 있다. 특히 지표를 설정할 때는 현실과의 괴리를 경계해야 한다. 지표 체계는 해당 기업의 경영 수준을 나타내며, 이를 판단하는 것은 지표의 실질성과 시행 가능성, 그리고 조직 내 구성원의 적극성 고취 여부 등이다. 다시 말해 지표는 반드시 과학적이고 정확해야 하며 실제 상황을 고려하지 않은 임의적 지표를 설정해서는 안 된다. 따라서 고차원적 지표 체계를 구축하는 것은 기업 경영 과정에서 매우 중요하다.

한편 적절함이란 노력을 통해 실현 가능한 수준으로 지표를 설정한다는 의미이다. 지표가 너무 낮으면 동기부여의 효과가 상실되고, 반대로 지나치게 높으면 의욕을 잃어 억지로 끼워 맞추거나 눈속임을 하는 등 눈앞의 이익을 좇아 기업의 장기적 발전을 저해하는 위험을 초래할 수 있다.

❸ **납득할 만한 수준이어야 한다** 조직 구성원이 진심으로 받아들일 만한 지표여야 실천할 수 있다. 경영인은 구성원들이 '내가 해야 해?'가 아니라 '내가 해야지!'라고 생각하도록 적극성을 일깨워야 한다.

❹ **조직과 개인의 목표를 조화시켜라** 조직의 목표를 개개인의 목표로 분담하면 목표 달성의 가능성이 커질 뿐 아니라 목표 이행을 위한 구성원의 책임감도 높아진다.

❺ **피드백을 주고 적절하게 보상하라** 조직 구성원은 자신이 목표를 향해 제대로 달려가고 있는지 알기 위해 수시로 피드백을 받아야 한다. 성과를 거두었다면 그에 따른 포상이 뒤따라야 하며, 최종적으로 목표를

실현했을 때는 약속대로 보상이 주어져야 한다.

2 금전적으로 보상하라

금전적 보상은 조직원의 동기를 부여하는 데 반드시 필요하다. 특히 고급 인재를 채용하고자 할 때 기업이 제시하는 높은 연봉은 효과적인 수단으로 활용된다. 고액 연봉을 받는다는 것은 금전적 보상은 물론 높은 지위와 능력을 인정받았음을 증명해준다. 금전을 활용해 조직원의 의욕을 고취시킬 때는 다음 사항을 유념해야 한다.

- 업무 실적을 객관적으로 측정하라.
- 성과급 시스템을 모든 구성원에게 적용하라.
- 성과급은 공개적이고 투명하게 평가되어야 하며, 구성원 모두에게 명확히 공지해야 한다.
- 성과급 평가 대상인 직원에게 필요한 교육 및 경영 지원을 하라.

3 행동 수정을 통해 직원을 격려하라

행동 수정은 광범위하게 사용되는 격려의 기술이다. 행동 수정이란 올바른 행위는 장려하고 그릇된 행위는 처벌함으로써 조직 구성원을 바른 방향으로 발전시키는 방법이다. 한 전문가는 20년간 2818건의 연구 성과를 분석하여 다음과 같은 결론을 도출했다. '행동 수정은 각종 업무 성과를 평균 17%가량 향상시켰다. 그중 생산 및 제조업의 경우 33%, 서비스업의 경우 13%가 향상되었다. 특히 생산 및 제조업의 경우 인정認定이나 칭찬과 같은 긍정적 피드백을 활용하지 않았음에도 동일한 효과를 보였다'는 사실이 밝혀졌다.

행동 수정을 이용할 경우 올바른 행위에 대한 정적강화(어떤 반응 또는 행동에 대하여 그 행동의 빈도나 강도를 증가시키는 자극을 제공하는 것)가 중점이 되어야 하며, 처벌은 반드시 필요할 경우에만 가하도록 한다. 행동 수정을 실시할 때는 다음의 원칙을 지켜야 한다.

- 어떤 행동이 칭찬과 비판 또는 처벌의 대상인지 명확하게 알려라.
- 적절한 포상에 대한 내용을 정확하게 인식시켜라.
- 상벌의 정도는 지나치지 않고 적당해야 한다.
- 적시에 포상하고 처벌하라.
- 한 가지 사건에 대한 중복된 상벌은 피하라.
- 상벌의 방식을 적절히 변화시켜라.

4 업무를 통해 격려하라

많은 경영 전문가들은 업무가 지닌 매력이 가장 큰 격려의 힘이라고 말한다. 업무의 매력에 동기를 부여하는 것은 내적 동기의 원리와 비슷하다. 내적 동기 이론에 따르면, 사람들은 환경에 따른 영향을 수동적으로 받아들이는 것이 아니라 능동적으로 대처하려고 노력한다고 한다.

구성원이 업무를 수행하는 것 역시 외재적 보상을 위해서가 아니라 업무 자체에 매력이 있기 때문이다. 다시 말해 사람들은 자신의 능력, 지식, 사회적 지위 및 자기 관리에 대한 욕구를 만족시키는 업무에 매력을 느끼며, 이로써 내재적 동기를 촉진한다.

특히 자신의 인생의 목표와, 기업의 목표가 긴밀히 연관되었을 때 더욱 열심히 노력한다. 내적 동기는 나의 일을 사랑할 때 비로소 생성된다. 이것이야말로 동기부여의 원천이며, 자신의 일에 매력을 느끼는 사람은 외재적 수단에 의존하지 않고도 자발적으로 업무를 수행할 수 있다.

업무 자체를 통한 동기부여를 위해서는 다음 사항을 염두에 두자.

- 기업의 성장은 구성원의 성장을 돕는다는 것을 인식시켜라.
- 구성원들에게 업무와 관련된 연구 기회를 제공하라.
- 각 구성원에게 적당한 권력과 자원을 분배하라.
- 도전 정신과 성취감을 부여하라.

제3부
승패의
조건을 익혀라

장수의 최대 관심사이자 가장 중요한 임무는 단연 전쟁을 승리로 이끄는 것이다. 중국 고대 병법가들은 승리의 방법에 관한 주옥같은 사상을 남겼다. 2000년 전의 이 사상은 오늘날까지도 그 빛을 잃지 않고 전해져 내려와 동서양의 군사 사상에서 매우 중요한 위치를 차지하고 있다.

승패의 조건

싸울 수 있는 상대인지 싸워서는 안 되는 상대인지를 알면 이기고, 병력의 많고 적음에 따라 어떻게 운용해야 할 것인지를 알면 이기고, 상하 계급이 단결하면 이기고, 미리 준비하는 군대는 미처 준비하지 못한 적을 이기고, 장수가 유능하고 군주의 간섭이 없다면 이긴다. 그러므로 나를 알고 적을 알면 백 번 싸워도 위태롭지 않다.

『손자병법孫子兵法』「모공편謀攻篇」

생각과 계획이 없으면 요행만 바라게 된다

　전쟁에서 승리하려면 어떻게 해야 할까? 손자는 이 물음에 대해 다음과 같이 말했다. "현명한 군주와 훌륭한 장수가 군대를 움직이면 반드시 승리하여 뛰어난 공을 세우는 것은 적의 실정을 사전에 간파했기 때문이다. 적의 실정을 간파하는 능력은 귀신에게 물어볼 문제도 아니고, 경험에서 얻어지는 것도 아니고, 법칙으로 정해져 있는 것도 아니다. 이는 오직 사람을 통하여 알 수 있다." 이는 현명한 군주라면 적의 실정을 사전에 간파하는 능력을 갖추어야 승리할 수 있다는 사실을 상기시키고 있다.

덕이 없고 품행이 단정치 못하면 점괘에 의존하게 되고, 적군의 위력을 간파하지 못하면 하늘이 가져다주는 요행만 바라게 되고, 생각과 계획이 없으면 상황이 변하기만을 기다리게 되고, 용기가 없고 힘이 약하면 하늘에서 복이 내려오기만을 기다리게 되고, 겁이 많고 마음이 심약해 적을 공격하지 못하면 점괘에 의지해 행운을 바라게 되고, 적을 무찌를 기개와 용기가 없으면 슬기로운 묘책이 아닌 음양에 따른 복병 배치에만 의존하게 된다. 무릇 하늘의 뜻과 신이라는 존재는 보고 싶어도 보이지 않고 듣고 싶어도 들리지 않으며 찾고 싶어도 찾아낼 수 없으니, 헛된 것에 의존해서는 절대로 전쟁에서 승리할 수 없다. 따라서 그것은 사람의 목숨을 좌지우지할 수가 없다. 『태백음경太白陰經』 「천무음양편天無陰陽篇」

전쟁의 승패를 결정짓는 것은 신이 아닌 사람이며, 하늘이 아닌 자신이며, 객관적 요소가 아닌 주관적 요소다.

여기서 핵심은 '헛된 것에 의존해서는 절대로 전쟁에서 승리할 수 없고, 그것이 사람의 목숨을 좌지우지할 수도 없다'는 내용이다. 이를 망각하면 승리는 결코 내 것이 될 수 없다.

기업을 경영할 때도 동일한 문제에 부딪히게 된다. 기업이 난관에 부닥쳤을 때는 어떻게 해결해야 할까? 객관적인 요소에 의지해야 할까? 아니면 주관적인 요소에 의지해야 할까? 자기 자신에게 의지해야 할까? 타인에게 의지해야 할까? 그것도 아니라면 하늘에 의지해야 할까? 노력한다고 해서 희망이 이루어질까? 아니면 운에 맡겨야 할까? 이는 성공적인 경영을 위한 기본 원칙이자 사고방식에 관한 문제다. 경영의 전제조건인 이 명제를 명쾌하게 해결하지 못한다면 좋은 결과를 기대하기 어렵다.

다음 이야기를 통해 승패의 원칙을 생각해보자.

가난한 두 마을이 정부의 지원을 받게 되었다. 한 마을은 모든 지원금을 마을 사람들에게 골고루 나누어주었는데, 오래지 않아 사람들은 예전처럼 근근이 하루하루를 버티던 과거의 시절로 되돌아갔다. 반면 다른 마을은 지원금을 사업에 투자한 뒤 이를 성공적으로 경영했고, 그 결과 마을 사람 모두가 가난에서 해방되어 부자가 되었다.

두 마을은 지원금에 대해 전혀 다른 사고방식으로 접근함으로써 정반대의 결과를 거두었다.

기업의 영원한 숙제는 성공이 아닌 도전이다

승리를 위해 갖추어야 할 조건은 무엇일까? 중국의 고대 병법가들은 이에 관한 많은 저술을 남겼다.

승리를 알 수 있는 방법은 다섯 가지가 있다. 싸울 수 있는 상대인지 싸워서는 안 되는 상대인지를 알면 이기고, 병력이 많고 적음에 따라 어떻게 운용해야 할지를 알면 이기고, 상하 계급이 단결하면 이기고, 미리 준비하는 군대는 미처 준비하지 못한 적을 이기고, 장수가 유능하고 군주의 간섭이 없다면 이긴다. 이 다섯 가지가 승리를 얻는 방법이다. 그러므로 나를 알고 적을 알면 백 번 싸워도 위태롭지 않다. 그러나 적을 모르고 나만 알면 한 번은 이기고 한 번은 지며, 적도 모르고 나도 모르면 싸울 때마다 패배할 것이다. 『손자병법孫子兵法』「모공편謀攻篇」

전쟁의 법칙을 종합한 손자의 사상은 실제 전쟁에서 승패를 예측하고, 이를 기반으로 군사 행동을 실행하는 데 매우 중요한 지침이 된다.

●● 상대를 알아야 이긴다

『손자집주孫子集注』에서 손자가 제시한 승리의 원칙에 관해 맹씨孟氏와 장예張預는 다음과 같이 주해했다.

적의 기력을 간파하고 그 실체를 아는 자는 승리한다. 맹씨孟氏

전쟁을 할 수 있으면 진격하고, 전쟁을 할 수 없으면 후퇴하라. 공격과 수비를 해야 할 때를 정확히 알 수 있다면 반드시 승리할 것이다. 장예張預

우리는 어떤 경우를 놓고 '싸울 수 있다'고 하는가? 또 어떤 경우를 놓고 '싸울 수 없다'고 하는가? 핵심은 바로 적의 실정을 아는 것이다. 적의 실정을 예측할 수 없다면 절대 싸워서는 안 된다.

지략이 부족한 자가 병사를 이끌고 전쟁터에 나가는 것은 자만심 때문이고, 용기가 부족한 자가 병사를 이끌고 전쟁터에 나가는 것은 자신을 과대평가했기 때문이다. 병법도 모르고 경험도 부족한 자가 병사를 이끌고 전쟁터에 나가는 것은 요행을 바라는 마음이 있어서다.

손빈은 「팔진八陣」에서 다음과 같이 말했다. "국가의 안녕과 군주의 권위, 백성의 생명을 보호하기 위해서는 반드시 전쟁의 법칙을 알아야 한다. 그것을 알기 위해서는 위로는 천문을 알고, 아래로는 지리를 알고, 안으로는 나라의 민심을 얻고, 밖으로는 적의 실상을 파악하고, 병력을 배치할 때는 팔진八陣(여덟 가지 방진方陣)의 핵심을 알고, 승리가 예상되면 바로 공격하되 승리가 불확실하면 진격을 멈추고 때를 기다려야 한다. 이것이 가능한 장수만이 군주를 도와 패업을 이룰 수 있다."

손빈이 강조한 장수의 기준은 바로 지혜였다.

경에 이르기를 과거 용병에 능한 자는 권모술수로 제후의 생각과 의도를 알아내려고 노력했다. 권모술수를 중시하면서도 깊이 있게 연구하지 않는다면 사태의 중요성과 힘의 강약이 균형을 이루지 못하고, 정세를 파악했으나 세밀히 분석하지 않는다면 은밀하고 빠르게 변화하는 적의 동향을 살필 수 없다. 권모술수를 이용할 때는 적의 사정을 세심하게 파악하는 것보다 어려운 것이 없고, 정세를 예측할 때는 적의 변화를 전면적으로 파악하는 것보다 어려운 것이 없으며, 병사를 성공적으로 부리는 것만큼 어려운 것이 없다. 이 세 가지는 남보다 뛰어난 지혜를 가진 성인聖人만이 할 수 있는 일이다. 『태백음경太白陰經』「술유음모편術有陰謀篇」

손자는 「지형편」에서 승패의 조건과 관련하여 다음과 같은 글을 남겼다.

아군 병사들이 적을 공격할 만한 능력이 있다고 생각하지만 적이 만반의 방비 태세를 갖추고 있다는 것을 알지 못한다면 승리는 반반이다. 적에게 허점이 있어 공격해도 된다는 사실을 알았으나 아군 병사들에게 적을 공격할 만한 능력이 부족하다는 사실을 알지 못한다면 승리는 반반이다. 아군이 적에게 허점이 있어 자신들이 싸워 이길 능력이 있다는 것을 알아도 지형상 전투가 부적합하다는 사실을 알지 못한다면 승리는 반반이다. 그러므로 병법을 잘 아는 장수는 이동할 때 갈팡질팡하지 않고 싸움이 벌어져도 궁지에 몰리지 않는다.

손자는 나 자신뿐만 아니라 상대방은 물론 자연환경까지도 명확하게 간파해야 싸움에서 이길 수 있음을 강조했다. 특히 전장에서는 행동에 주저함이 없고, 수많은 대처법을 알고 있어야 한다고 했다.

제갈량 역시 장수의 조건에 관해 다음과 같은 말을 남겼다.

장수는 5선五善과 4욕四欲이 있어야 한다. 5선이란 적의 실체를 정확히 알고, 진격과 후퇴의 때를 알고, 국가의 참모습과 그 이면을 알고, 하늘이 도울 때와 사람 사이의 일을 알고, 산천의 험준함을 잘 아는 것이다. 4욕이란 적이 눈치 채지 못하게 전쟁에 임하고, 비밀스럽게 계획을 세우고, 병사들의 마음을 편안하게 하고, 마음을 하나로 단결하는 것이다.

『제갈량집諸葛亮集』「장선將善」

제갈량은 장수가 5선과 4욕이 있어야 전쟁을 치를 수 있으나 그렇지 않은 상태에서 전쟁을 치른다면 패배의 쓴잔을 맛볼 것이라고 했다.

고대 군사 전문가들이 강조한 사상을 종합해보면 한 음절로 귀결된다. 바로 앎[知]이다. 알면 싸울 수 있지만 모르면 싸울 수 없다. 하지만 단지 안다는 것으로 만족해서는 안 되며, 세부적인 사항까지 파악할 수 있어야 한다. 전쟁의 승패가 전략에 달려 있다면 그 전략은 앎으로써 가려진다. 손자는 이와 관련하여 "싸울 수 있는지 없는지를 아는 자가 승리한다."라고 하여 앎을 전쟁의 승패를 가름하는 핵심 조건으로 보았다.

손자의 이 사상은 오늘날 기업을 운영하는 경영인에게도 그대로 적용된다. '어떻게 경쟁할 것인가!' 이는 결국 기업의 비전을 결정하는 중요한 과제다. 따라서 올바른 정책 결정이야말로 경영인의 가장 중요한 임무이며, 우수한 정책을 수립하기 위해서는 경영인의 지혜와 능력이 반드시 필요하다. 단, 제대로 '알기' 위해서는 심리학에서 말하는 '자기 과신'과 '자기충족예언'의 두 가지 문제를 먼저 해결해야 한다.

1 자기 과신

심리학자들은 정책 결정에 관한 연구를 통해 다음과 같은 사실을 발견했다. 자기 과신은 정책 결정 과정에서 비일비재하게 일어나며 그 잠재적 위험은 생각보다 크다는 것이다. 제2차 세계대전 당시 진주만이 일본에게 공습 당했던 것은 미국의 자기 과신 때문이었다. 미국 우주선 챌린저호의 폭발사고 역시 자기 과신이 '톡톡한' 역할을 했다. 나사NASA는 우주비행이 실패할 확률은 10만분의 1이고 이는 300년 동안 매일 우주선을 발사할 경우 단 한 차례의 실수가 생기는 것과 같은 확률이라며 사고가 일어나는 일은 절대로 없을 것이라고 호언장담했지만 결과는 대실패였다. 이렇듯 과도한 맹신은 위험을 초래하는 가장 큰 함정이다.

자신감이 높은 사람의 전략이 항상 훌륭하지 않은 것은 이와 같은 이치다. 보다 정확한 정략을 세우기 위해서는 사물에 대한 명확한 인식과 이성적 판단이 전제되어야 한다. 자신감이 높다고 우수한 전략을 수립할 수 있다고 착각한다면 이는 자기 과신의 결과라고밖에 볼 수 없다.

현실에서는 종종 예상치 못한 문제가 발생하기도 한다. 현실 문제에 무지한 사람일수록 오히려 자신감과 담력이 큰 법이다. 그래서 우리는 흔히들 '무식하면 용감하다'라고 한다. 막 대표 자리에 취임한 사람은 무턱대고 일을 추진하지만, 성숙하고 경험이 풍부한 지도자는 진중하고 노련하다.

실제로 많은 경영인이 종종 크고 작은 실수를 저지르곤 한다. 불상사가 발생하는 이유는 자기의 분수를 모르기 때문이다. 자신이 해야 할 일을 정확하게 인지하지 못하는 사람이 오히려 강한 자신감을 보이는 경우가 있다. 자신의 무지함을 모른 채 천하에 적수가 없다고 착각하는 이들의 자신감은 설득을 한다고 해서 받아들여지지 않는다.

가장 무서운 것은 통제가 불가능한 자신감이다. 이는 허상에서 만들어지기 때문이다. 자기 과신에 빠진 경영인은 자신이 굳게 믿는 실체에 대한 본질적 특징을 제대로 파악하지 못한 상태에서 맹목적으로 낙관하는 습성이 있다. 따라서 올바른 경영인이라면 현안을 결정할 때 현실을 정확하게 인지해야 한다. 특히 불확실성이 기업 경영의 가장 큰 문제로 대두되고 있는 오늘날, "변하지 않는 것은 오로지 '변화'다."라는 목소리에 귀를 기울여야 한다.

한 심리학자가 재미있는 발견을 했다. 그는 카드놀이 고수와 전문 노름꾼, 그리고 기상예보관이 내리는 판단은 일정한 법칙에 따르고 직접적인 피드백을 받기 때문에, 이들처럼 엄격하고 신중한 절차에 따라 판단을 내리는 사람들은 오히려 자신을 과신하는 경우가 극히 드물다고 설명했다. 알면 알수록 신중해진다는 사실을 다시금 일깨워주는 대목이다.

2 자기충족예언

심리학의 개념인 자기충족예언이란 영향력 있는 타인의 기대 수준이 학습자의 수행 능력에 미치는 영향력을 말한다. 자기충족예언의 이론에 따르면 사람들은 가설을 현실로 여기고, 추론을 진리로 여기며, 주관적 평가를 객관적인 사실보다 더 옳다고 믿는다고 한다.

'결혼식 날은 하늘이 맑다. 높은 곳에 뜬 태양이 기쁜 일을 밝게 비추고 있기 때문이다.' '장례식 날은 비가 온다. 하늘도 슬퍼하기 때문이다.' 이러한 미신들은 바로 비이성적 사고에서 탄생했다.

『판단과 의사결정의 심리학The Psychology of Judgement and Decision Making』에서는 이런 현상에 대해 다음과 같이 설명하고 있다.

사람들은 자기만의 세계를 창조한다. 이 세계에 대한 가설은 스스로 검증한 가설이 되고, 신념은 영원한 신념으로 바뀐다. 이러한 관점에서 본다면 타인을 바라보는 수많은 보편적인 신념(특히 명백히 잘못된 사회 경향 및 문화적 고정관념)을 바꾸는 것이 왜 어려운지 이해할 수 있다. 이러한 신념에 의구심을 품은 사람이 스스로 이를 검증하려 할 때조차도 그들은 여전히 왜곡된 가설을 증명하고 또 이를 견지하는 데 필요한 모든 '증거를 찾아낼' 것이다. 그렇게 함으로써 그들은 결국 안전한(그러나 아무런 근거도 없는) 느낌, 즉 이러한 신념이 반드시 정확할 것이라고 생각하게 된다. 왜냐하면 그들은 스스로 매우 합리적인 평과 과정을 거쳤다고 생각하기 때문이다.

이러한 사고방식을 가진 사람들은 객관적 사실과 동떨어진 결론을 내린 뒤 그에 따라 행동을 한다. 기업이 시장의 수요와 경쟁 상대에 대한 충분한 분석도 없이 그저 상상에만 의존하여 경영전략과 목표를 세운다면 어떤 결과가 나올까? 또 나의 생각을 현실적 문제에 적용하지 않고,

거꾸로 현실을 내 생각과 부합하도록 애쓴다면? 아무런 근거도 없이 대세를 뒤엎고 온 세상을 바꿀 수 있다고 생각한다면? 이러한 기업은 결국 실패할 수밖에 없다.

●● 병력 운용법을 알아야 승리한다

손자가 「모공편」에서 말한 "많은 병력과 적은 병력을 제대로 운용할 수 있으면 승리한다."라는 글귀에 대해 장예는 『손자집주』에서 다음과 같이 주해했다.

병사를 부릴 때는 적은 병력으로 많은 병력을 이기는 경우와 많은 병력으로 적은 병력을 이기는 경우가 있다. 이때 많은 병력과 적은 병력을 용이하게 이용하는 방법을 터득하고, 적절함을 유지하는 것이 관건이다.

역대 병법가들은 아군의 힘이 적군의 힘보다 크거나 또는 그 반대일 때, 혹은 양측의 세력이 막상막하일 때 각각 어떻게 싸워야 하는지에 관해 집중적으로 연구했다. 이는 전쟁에 투입된 장수들이 반드시 알아야 할 문제이기도 하다.

병력의 숫자는 전쟁의 승패와 직결된다

『사마법』에서는 병력의 숫자와 승패의 원칙에 대해 다음과 같은 글을 남겼다.

일반적으로 전쟁을 치를 때 약한 병력으로 약한 적군을 공격하면 위험에 빠지고, 강한 병력으로 강한 적군을 공격하면 성공하기 어렵고, 약한 병력으로 강한 적군을 공격하면 패한다. 강한 병력으로 약한 적군을 공격할 때 비로소 전쟁에 임해야 한다. 따라서 전쟁이란 양측 군사력에 의해 결정된다.

다음은 『사기』에 등장하는 사례를 보자.

진秦나라 장수 이신李信은 젊고 용맹하여 몇 천의 병력을 이끌고 연나라 태자 단丹을 연수衍水까지 추격하여 포획한 뒤 연나라 군을 격퇴했다. 진시황은 그의 지혜로움과 용맹함에 감탄을 금치 못하며 이렇게 물었다.
"이제 초나라를 공격하려고 하는데 병력은 얼마나 필요하겠소?"
이신이 대답했다.
"20만 명이면 족할 것입니다."
진시황이 왕전王翦에게 같은 질문을 던지자 그는 60만 이상은 반드시 필요하다고 대답했다.
"왕 장군이 늙긴 늙었나보오. 이렇게 겁이 많다니! 역시 이 장군이 용맹하군. 그의 말에 따라야겠소."
이렇게 결론을 내린 진시황은 이신과 몽염蒙恬을 남쪽으로 보내 초나라 정벌에 나섰다.
왕전은 자신의 의견이 묵살되자 병가를 내어 빈양頻陽으로 돌아가 버렸다. 한편 이신은 평여平輿를 정벌하고, 몽염은 침寢을 공격하여 초나라 군대를 대파하였다. 또다시 언영鄢郢을 정벌한 이신은 군대를 이끌고 서쪽으로 진격하여 성부城父에서 몽염과 상봉했다. 그때 초나라 군대가 그 뒤를 바짝 추격하여 이신의 군대를 쳐부수고 이신의 수하 일곱 명의 도위들을 모두 죽여 진나라 군대는 도망치기에 바빴다.

이 소식을 들은 진시황은 당황하여 왕전이 있는 빈양으로 직접 말을 몰아 그의 앞에서 사죄했다.

"장군의 지략을 몰라보고 이신을 장수로 임명하는 바람에 우리 진나라 군대는 큰 치욕을 당하였소. 지금 초나라 군대가 서쪽으로 진격하고 있다니, 장군께서는 비록 병이 들어 힘들겠지만 나의 부탁을 거절하지 말아주시오."

그러자 왕전이 말했다.

"소신은 병이 들어 벼슬을 내놓고 전란을 피해 살아왔습니다. 부디 다른 뛰어난 장수를 제 대신 임명하십시오."

"내 말을 따르시오. 더 이상 설득하지 않겠소."

"만약 대왕께서 반드시 저를 임용하시고자 한다면 최소한 60만 군사가 필요합니다."

진시황은 이를 승낙했고 60만 군사를 이끈 왕전을 친히 파상灞上까지 배웅했다. 왕전은 이신을 대신해 초나라 군대를 공격했고, 초나라는 진나라 군의 병력이 증강되었다는 소식을 듣고는 전국의 병력을 동원하여 진나라에 맞설 태세를 갖추었다. 하지만 왕전은 부임 후 초나라 군의 도발에도 군영에서 한 발짝도 나아가지 않았다. 그는 병사들에게 매일 씻고 쉬게 하면서 좋은 음식을 함께 먹으며 시간을 보냈다. 시간이 한참 흐른 뒤 왕전은 사람을 보내 물었다.

"병사들이 무얼 하고 있던가?"

"돌 던지기와 멀리 뛰기를 하고 있습니다."

"그럼 이제 싸울 때가 되었군."

초나라 군은 진나라 군대가 아무런 대응을 하지 않자 동쪽으로 방향을 바꾸어 진격하려던 참이었다. 왕전은 그 틈을 타서 적군을 맹호같이 뒤쫓아 초나라 장수인 항연項燕을 죽였다. 이에 놀란 초나라 군사들은 도망치기에 바빴다. 1년 후 왕전은 초나라 왕 부추負芻를 포위하여 초나라를 평정하였다. 이후 그는 초나라를 진나라의 군과 현으로 귀속시켰다.

병력의 많고 적음이 전쟁의 결과에 엄청난 결과를 초래한 대표적 사례이다. 이 사실을 통해 병력은 전쟁에서 매우 중요한 자원이며 전쟁의 결과에 지대한 영향을 끼친다는 사실을 알 수 있다.

클라우제비츠는 『전쟁론』에서 이렇게 밝혔다. "전술과 전략 모두에서 수적 우세는 가장 보편적 승리 요인이다." 수량의 절대적 우위는 전투 결과에 직접적인 영향을 행사한다. 따라서 전쟁을 치를 때는 최대한 많은 병력을 투입해야 한다.

병력의 숫자가 승패를 결정짓는 유일한 요소는 아니다

손자는 「행군편行軍篇」에서 "전쟁에서 병력이 많다고 하여 반드시 유리하다고 할 수는 없다. 적을 얕잡아보고 무턱대고 돌진하지 말아야 하며, 적의 상황을 판단한 뒤 방어가 허술한 곳에 병력을 집중 배치하여 요령껏 승리하는 것이 관건이다. 아무런 계획도 없으면서 적을 가벼이 여기는 자는 반드시 적에게 붙잡힌다."라고 했다. 군대는 군사의 많고 적음보다는 잘 다스려져야 승리할 수 있다.

손자는 이어 덧붙이기를 "병력이 많다고 승리할 것이라고 생각하는가? 그렇다면 산가지로 점을 쳐서 승패를 알 수 있을 것이다. 식량이 풍족하다고 승리할 수 있다고 생각하는가? 그렇다면 양측의 식량을 측정해서 승패를 알 수 있을 것이다. 무기가 날카롭고 투구와 갑옷이 단단하다고 승리할 수 있을 것이라고 생각하는가? 그렇다면 승패는 쉽게 알 수 있을 것이다. 국가의 재정이 넉넉하다고 해서 반드시 안전한 것은 아니고, 빈곤하다고 해서 반드시 위험한 것은 아니다. 또한 병력이 강하다고 해서 반드시 승리하는 것도 아니며, 부족하다고 해서 반드시 실패하는 것도 아니다. 승패와 안위를 결정짓는 것은 바로 도道다."라고 했다.

손자는 병력이 많다고 해서 반드시 승리하는 것이 아니라 이길 수 있는 요소를 갖추어야 승리한다고 보았다. 오기 또한 병력의 많고 적음은 결코 승리를 결정짓는 요소가 아니며, 이보다는 군대를 잘 다스리는 것이 훨씬 중요하다고 강조했다.

이와 관련하여 클라우제비츠는 말했다. "수적 우세는 승리로 이끄는 요소 중 하나일 뿐이다. 수적 우세만으로는 부족하다. 이는 결코 승리의 핵심 요소라고 볼 수 없다." 이렇듯 병력의 숫자에 관한 군사 전문가들의 관점은 각기 다르지만 그들이 강조하는 바는 일치한다. 즉 병력의 많고 적음은 승패를 결정하는 유일한 요소가 아니라는 사실이다.

중국의 군사 역사상 매우 유명한 비수淝水 전투 이야기가 이를 여실히 반영한다.

동진東晉시대, 전진前秦의 왕 부견符堅은 "나는 백만의 병사가 있고 재물과 무기는 산더미처럼 쌓여 있다."라고 자만하며 진晉나라를 멸망시키겠다고 호언장담했다.

어느 날 진의 장수 사현謝玄의 군대가 비수에서 전진의 군사들과 맞닥뜨렸다.

사현은 전진에 사람을 보내 이렇게 전했다.

"군君께서는 먼 곳에서 우리 땅까지 오셔서 물가에 진을 치셨으니 이는 전쟁을 속히 치를 생각이 없다는 의도입니다. 조금 퇴각하여 장수와 병졸들로 하여금 일을 치르도록 하고, 군께서는 저와 함께 말고삐를 느슨하게 잡고 싸우는 걸 관망한다면 즐겁지 않겠습니까?"

그러자 부견의 병사들이 모두 입을 모아 말했다.

"비수를 막아 적이 오지 못하게 하면 우리 군은 많고 저쪽 군은 숫자가 적어 우리가 우세할 것입니다."

그러나 부견이 이렇게 말했다.

"하지만 나는 군대를 후퇴시켜 그들이 강을 건널 때까지 기다린 뒤, 수십만 기병이 물에 뛰어 들어가도록 한 다음 그들을 포위해서 모두 죽일 것이다."

부견의 부하였던 부융符融은 그의 명령대로 병사들에게 후퇴 명령을 내렸다. 그러자 전쟁에서 대패했다고 생각한 진나라 병사들의 군심이 흐트러져 혼란스러워졌다. 사현은 그 틈을 타 정예병사 8000명을 이끌고 비수를 건넌 뒤 그 여세를 몰아 맹추격했다. 결국 부견은 전투 중에 화살을 맞았고, 부융은 전사했다.

패배한 부견의 무리들은 흩어져 도망치느라 넘어진 병사를 짓밟고 달아났으며, 물에 빠져 죽은 자가 부지기수였다. 남은 무리들은 바람소리와 학의 울음소리를 듣고는 진나라 군이 쫓아온 것으로 알고 갑옷을 버리고 밤을 새워 달아났다. 그들은 길이 나지 않은 초원을 힘겹게 걷다가 밤이 되면 들에서 잠을 청했다. 이렇게 굶주림과 추위에 떨다 죽은 사람이 열에 일고여덟은 되었다. 『진서晉書』「사안열전謝安列傳」

동서고금을 막론하고 적은 병력이 많은 병력을 이기거나 약한 자가 강한 자를 뛰어넘는 지혜를 발휘한 사례는 셀 수 없이 많다. 비수전투가 바로 그 전형적인 사례다. 이 이야기는 병력의 많고 적음은 전쟁의 승패를 가르는 요소 가운데 하나지 결코 중요한 사유가 될 수 없다는 것이 많은 군사 전문가들의 견해다.

병력에 관한 정확한 전략을 수립해야 한다

중국의 고대 군사가들은 병력의 중요성을 강조하면서도 이것이 전쟁의 승패를 가르는 유일한 요소는 아니라고 했다. 이는 자기모순이 아닐까? 아니다. 이것이 바로 군사상의 변증법이며 중국 고대 군사 사상의 진수다.

그렇다면 전쟁의 승패를 결정짓는 가장 중요한 요소는 무엇일까? 손빈의 대답을 참고할 만하다. "전쟁의 승패와 안위를 결정짓는 것은 도다."

병력이 많으면 이길 수 있다고 했지만 병력이 적더라도 이길 수 있다. 병력이 적으면 진다고 했지만 많아도 질 수 있다. 승리의 핵심은 바로 전략과 전술이다. 이 논제에 관해 중국의 많은 군사 전문가들이 분석한 내용을 종합해보면 다음과 같다.

첫째, 병력의 핵심은 바로 사람이다. 사람의 노력 여하에 따라 상황은 언제든 변할 수 있다.

적군의 실체는 드러나게 하고 아군의 실체는 숨겨라. 이렇게 하면 아군은 모이고 적군은 흩어진다. 이는 열 배의 병력으로, 분산된 적의 병력 하나를 치는 것과 같은 결과를 얻어 아군은 우위에 서게 되고 적군은 열세에 빠진다. 많은 수로 적은 수를 공격하면 아군과 전투하는 적군은 줄어든다. 아군과 적군이 교전하는 지역을 적군이 알 수 없다면 적군이 대응해야 할 지역은 더 넓어진다. 적군이 대응해야 할 곳이 넓어지면 아군과 싸울 적군의 병사들이 흩어져 그 수가 적어진다. 적군이 앞쪽에 배치되어 있으면 뒤쪽의 병사들은 줄어들고, 뒤쪽에 배치되어 있으면 앞쪽의 병사들이 줄어들고, 왼쪽에 배치되어 있으면 오른쪽의 병사들이 줄어들고, 오른쪽에 배치되어 있으면 왼쪽의 병사들이 줄어들고, 곳곳에 배치되어 있으면 곳곳의 병사들이 줄어든다. 따라서 병력이 약한 것은 곳곳에 병사들을 배치시켜놓았기 때문이고, 병력이 넉넉한 것은 곳곳에서 병사들이 스스로를 방어했기 때문이다. 『손자병법孫子兵法』「허실편虛實篇」

둘째, 아군과 적군의 병력에 따라 적절한 전략을 세워야 한다.

전쟁을 치를 때는 병력이 적으면 병사들을 강하게 단련하고, 병력이 많으면 병사들의 기강을 바로 세워야 한다. 병력이 적으면 잦은 출격에 유리하고 병력이 많으면 정규전에 유리하다. 많은 병력을 투입할 경우에는 나아감과 멈춤을 정확히 해야 하고, 적은 병력으로 싸울 때는 나아감과 물러섬을 확고히 해야 한다. 많은 병력으로 적은 병력의 적을 맞이해 싸울 때는 한 곳을 열어 적군이 도망칠 틈을 주어야 한다. 아군을 나누어 번갈아가며 적을 상대하면 적은 병력으로도 많은 적을 상대할 수 있다. 적의 병력이 많아 의심이 생긴다면 상대가 예상치 못한 방법을 구사하여 공격해야 한다. 적이 유리한 곳을 점령했다면 깃발을 버리고 도망치는 것처럼 위장하여 유인한 뒤 다시 반격해야 한다.

『사마법司馬法』「용중用衆」

셋째, 아군의 병력이 적군보다 많을 때는 병력을 집중시켜 섬멸전을 펼쳐야 한다.

군사를 부릴 때는 아군의 병력이 적군의 열 배라면 포위하고, 다섯 배라면 공격하고, 두 배라면 군사를 둘로 나누어 앞뒤에서 협공하는 것이 좋다. 적군의 병력과 같으면 싸우고, 적군의 병력보다 적으면 철수하고, 적군의 실력보다 못하면 도망쳐야 한다. 따라서 열세에 놓인 부대가 적의 세력을 파악하지 못한 상태에서 싸움을 고집한다면 강력한 적에게 패배하고 만다. 『손자병법孫子兵法』「모공편謀攻篇」

넷째, 아군의 병력이 적의 병력보다 적을 때는 적의 허를 찔러야 한다. 이때 특히 주의할 것은 다음과 같다.

1 싸울 수 없게 만들어라

적과 교전하는 지역과 전쟁 시기를 예측할 수 있다면 어디든 달려가 적과 맞설 수 있다. 만약 그것이 불가능하다면 좌측 부대는 우측 부대를 공격할 수 없고, 우측 부대는 좌측 부대를 공격할 수 없으며, 전방 부대는 후방 부대를 도울 수 없고, 후방 부대는 전방 부대를 구제할 수 없으니 하물며 멀게는 수십 리, 가깝게는 코앞에 있다 한들 어찌 지원이 가능하겠는가? 여러 상황으로 보아 월나라 군사의 수가 많으면 승리에 어떤 도움이 되겠는가? 따라서 적군의 수가 많더라도 그들의 전투력을 상실시켜 전력투구하지 못하도록 한다면 승리할 수 있다.

『손자병법孫子兵法』「허실편虛實篇」

비록 아군의 병력이 적군에 비해 열세라 하더라도 교전을 벌일 위치와 시간을 정확하게 파악하여 전쟁의 주도권을 잡는다면 적을 무력하게 만들 수 있다는 내용이다.

장예는 "적과 교전하는 지역과 시기를 예측할 수 있다면 어디든 달려가 적과 맞설 수 있다."의 구절과 "적군의 수가 많아도 그들의 전투력을 상실시켜 전투에 임할 수 없도록 한다."의 구절에 대해 각각 이렇게 주해했다. "적군이 모이는 지역과 접전 시기를 모른다면 전면적인 대응을 할 수 없고 견고하게 방어할 수도 없다. 뜻밖에 강한 적수를 만나게 되면 갑작스레 전쟁에 임하게 되어 어디서도 구원할 수 없을 것이니 전방부대와 후방부대가 멀리 떨어진 경우는 더 말해 무엇하겠는가! 말할 것도 없다. 세력이 분산되면 힘을 모아 함께 나아갈 수 없으니 어찌 내가 싸울 수 있겠는가?"

2 외부의 힘을 빌려라

태공이 말했다. "적은 병력으로 대병력을 대적하려면 반드시 날이 저물 때 행동을 개시하되 병사들을 깊은 숲 속이나 험준한 보루에 잠복시켜 적을 공격해야 한다. 약한 군대로 강적과 대적하려면 국가적 지원과 주변국의 지원이 필요하다." 『육도六韜』「소중少衆」

3 무방비 상태일 때 불시에 공격하라

위왕이 물었다. "한 명이 열 명을 공격할 수 있는 방법이 있느냐?"
손자가 대답했다. "있습니다. 무방비 상태인 곳과 적이 예상치 못한 곳을 공격하는 것입니다." 『손자병법孫子兵法』「위왕문威王問」

4 나누어 다스려라

군대를 능숙하게 부리는 자는 적의 숫자가 많고 세력이 강할 때는 병력을 분산시켜 서로 돕지 못하게 하고, 공격 받았을 때는 상황을 파악하지 못하게 한다. 따라서 고랑이 깊고 보루가 높은 진영이라고 해서 안심해서는 안 되고, 전차가 튼튼하고 무기가 날카롭다고 해서 천하를 위협할 수 있다고 생각해서는 안 되고, 병사들이 용맹하여 싸움을 잘한다고해서 강한 부대라고 생각해서는 안 된다. 싸움에 능한 자는 지형의 험준함을 이용하여 자유자재로 병사를 지휘하여 나아가거나 물러서게 한다. 적의 수효가 많다고 여겨지면 적의 수효를 줄이고, 군량이 풍부하다고여겨지면 굶주리게 하고, 평화롭고 안전하다고 여겨지면 피로하게 하고, 천하를 얻었다고 여겨지면 민심을 잃게 하고, 단결했다고 여겨지면 서로원망하도록 해야 한다. 『손빈병법孫臏兵法』「선자善者」

●● 병가사상과 기업의 자원 관리

과거 전쟁에서 가장 중요한 자원은 병사였다. 따라서 군사의 많고 적음은 승패에 직접적인 영향을 미쳤다. 오늘날 기업 간의 경쟁에서도 단지 특성이 다를 뿐 자원은 매우 중요한 요소를 차지한다. 따라서 기업의성패를 결정하는 핵심 요소는 자원이라고 할 수 있다. 실제로 전략을 수립한 후 뒤따라오는 필수 과정은 바로 자원 관리다. 그렇다면 자원은 어떻게 활용해야 할까? 다음 세 가지를 주목하자.

1. 자원의 수량

기업의 발전을 위해서는 반드시 미래 전략에 필요한 자원을 확보해야한다. 따라서 기업의 자원에 관해 논할 때 우선적으로 살펴봐야 할 것이바로 어느 정도의 자원을 보유했느냐는 것이다. 경영 규모와 수준은 자원의 제약을 받는다.

경쟁력이 약한 시장에는 기회가 많고 발전의 여지가 충분하므로, 기업은 서서히 성장해가면서 자원을 축적해 나간다.

반면 기업 간 경쟁이 최고조에 달한 시장에는 상대적 또는 절대적 독점자가 자연스럽게 생겨나면서 기업의 자원 획득 및 축적 방식에도 큰 변화가 일어난다. 기존의 성장 패턴에 의존하던 기업은 발전 속도가 점점 느려지다가 결곡 도태되거나 기업 간 합병과 구조조정의 희생양이 될 수 있다.

지난 100여 년간의 미국 역사에서 총 다섯 차례의 대규모 기업합병 물결이 일었다. 이때마다 미국의 기업 구조는 엄청난 변화를 겪었다. 중소기업 위주로 운영되었던 기존의 경제모델이 사라지면서 수많은 다국적 기업이 생겨났으며, 이로써 글로벌 경제통합이 촉진되었다. 자본의 글로벌화, 인재의 글로벌화, 시장의 글로벌화, 정보의 글로벌화 등은 기업 경영에 중대한 영향을 미쳤다. 또한 인수합병을 통한 기업 간 구조조정은 기업의 자원 획득 및 경쟁력 향상의 주요 수단으로 자리매김했다.

이러한 변화는 기업의 경영 방식뿐 아니라 내용까지도 완전히 탈바꿈시켰다. 초일류 기업이 되려면 이제 상품의 품질은 물론이고 자원 운용 능력도 뛰어나야 한다. 향후 기업의 경쟁력은 뛰어난 상품 개발 능력과 자원 운용 능력에 의해 좌우된다. 현실에서도 그 사실을 알 수 있듯이 유수의 기업이 추락하는 주요 요인은 바로 자원 부족 때문이었다. 이는 맹자의 사상과도 일맥상통한다.

'작은 것은 큰 것을 이길 수 없고, 적은 것은 많은 것을 이길 수 없고, 약한 것은 강한 것을 이길 수 없다.'

2. 자원의 품질

자원의 수량만큼이나 중요한 것이 품질이다. 자원이 부족하면 기업의 발전이 어렵고, 우수한 자원 없이는 더더욱 어렵다. 상품의 질은 결국 자원의 가치로 연결된다. 『기업전략 : 기업 자원의 적용 범위Corporate strategy: resources and the scope of the firm』는 자원의 가치에 관해 매우 상세하게 기술하고 있다.

자원의 가치는 자원의 수요, 희소성, 획득 가능성 등 세 가지 요소가 상호작용한 결과물이다. 이 세 가지 요소의 교차점에서 형성된 것이 바로 자원의 가치다. 즉 해당 자원을 고객이 필요로 하고, 경쟁업체가 복제할 수 없을 때 회사는 이를 통해 이윤을 창출할 수 있다.

여기에서 다음 네 가지 요소를 유념할 필요가 있다.

■ 고객의 수요

자원의 가치를 결정하는 것은 시장이다. 가치 있는 자원은 고객이 기꺼이 돈을 지불하고 싶은 욕망을 불러일으킨다. 이때 가격은 고객의 취향, 대체상품 또는 보완상품의 공급 여부에 따라 결정된다. 따라서 기업은 참여하게 될 시장에 대한 매력을 평가한 뒤, 고객이 현재 또는 미래에 해당 자원을 얼마나 필요로 할 것인지의 문제를 고민해야 한다. 사실 자원은 품질과 서비스가 일정하지 않기 때문에 고객의 욕구를 지속적으로 만족시키기는 어렵다.

고객 수요의 관점에서 볼 때 자사의 자원이 경쟁업체의 자원보다 만족스러울 때 해당 자원은 비로소 가치를 지닌다. 자원이란 기업이 제품을 생산하기 위한 필수 요소지만, 제공방식이나 관리방식에 있어서 경쟁 상대의 제품과 차이가 없을 때는 경쟁력 우위를 점할 수 없다. 다시 말해 시장에서 경쟁우위를 점해야 비로소 가치가 있다고 볼 수 있으므로, 기업은 경쟁업체가 쉽게 모방할 수 없는 비교우위의 제품을 생산해내야 한다.

2 자원의 희소성

자원의 가치를 평가하는 데 반드시 필요한 두 번째 요소는 바로 희소성이다. 만약 공급이 충분하다면 손쉽게 이를 손에 넣을 수 있어 경쟁우위를 점하는 것은 식은 죽 먹기겠지만 이는 진정한 의미의 성공이 아니다. 시장에서 최고가 되려면 해당 자원이 독특해야 한다. 지속 가능한 경쟁을 위해서는 자원의 희소성은 필수다.

3 모방 불가능성

모방 불가능성은 가격 형성의 핵심 요소다. 만약 어떤 자원을 경쟁 상대가 쉽게 모방한다면 해당 자원은 일시적으로 빛을 발할 뿐 장기적 비전을 기대할 수 없다.

다음에서 제시하는 네 가지 특징은 자원 모방을 불가능하게 만드는 수단이다. 해당 자원이 기업 전략에서 비교우위를 점하려면 적어도 다음 중 한 가지 특성을 가지고 있어야 한다.

첫째, 해당 자원이 물리적으로 독특한 특징을 지니는 경우다. 이런 자원은 복제가 불가능하다. 부동산 명당자리, 광물개발권 또는 법적 보호를 받는 특허권 등이 이에 해당된다.

둘째, 복제가 어려워 경로의존성에 의해 형성된 자원인 경우다. 이러한 자원은 오랜 시간이 지나야 비로소 가치가 인정된다. 예를 들면 코카콜라의 브랜드 이미지는 수많은 광고만으로 형성된 것이 아니며 쉽사리

복제할 수 없다. 수십 년간 콜라를 마신 소비자들의 경험에 의해 만들어졌기 때문이다. 코카콜라와 동일한 가치를 지닌 자원을 얻기 위해서는 그들이 겪은 과정을 거쳐야 하기 때문에 상당한 시간이 소요된다. 이런 점 때문에 선구자는 오랫동안 우위를 유지할 수 있다.

셋째, 인과관계가 불분명한 자원인 경우다. 이러한 자원은 진정한 가치나 정확한 복제 방법을 찾기가 어렵기 때문에 복제가 쉽지 않다. 강세를 보이는 펀드는 주식 선택이 탁월했기 때문일까? 아니면 애널리스트가 채택한 방법이 옳았기 때문일까? 그것도 아니라면 펀드매니저의 탁월한 능력 때문일까? 이런 성격의 자원은 조직 내에서 가장 흔하게 볼 수 있는 일종의 '능력'이며, 조직 내부의 복합적인 요소가 상호작용을 일으켜 생겨나거나 개인의 천부적인 능력으로 발생하기도 한다.

넷째, 경제적 제약이 있는 경우다. 경쟁업체가 해당 자원을 복제할 수 있는 능력은 갖추고 있으나 시장의 제약으로 실행에 옮기지 못하는 경우를 일컫는다. 예를 들면 대규모 투자의 경우 시장 규모에 상당히 민감한데, 만약 시장의 규모가 두 경쟁업체 모두에게 이윤을 창출해줄 수 없다면 모방한 쪽은 해당 자원에 대한 복제를 포기할 수밖에 없다.

4 기업의 핵심 자원

모든 기업이 가장 중요하게 다뤄야 할 자원은 바로 핵심 자원이다. 경영인은 반드시 핵심 자원에 주안점을 두어 경쟁력을 키워야 하며, 이를 위해서는 기술, 상품, 인재가 필요하다. 기술과 상품은 기업의 핵심 자원이며, 시장 진입을 위한 가장 유용한 무기다. 마이클 포터Michael Porter는 그의 저서 『경쟁우위Competitive advantage』에서 이렇게 말했다.

기술혁명은 경쟁의 주요 원동력이며, 산업 구조의 변화 및 신흥 산업 개발을 위해서도 매우 중요하다. 기술혁명은 마치 대형 이퀄라이저equalizer (여러 개의 음원을 조절하는 기기)와 같은 역할을 한다. 자기의 영역을 견고하게 지키고 있는 기업을 무너뜨리고, 다른 기업을 경쟁의 선두 자리에 올려놓기도 한다. 오늘날 대기업은 대부분 그들이 가진 기술을 바탕으로 기술혁명을 일으켜 시장에서 두각을 나타내면서 발전을 이루었다. 경쟁 패턴을 변화시킬 수 있는 여러 요소 중에서 가장 강력한 수단은 바로 기술혁명이다.

기술자원이 기업의 핵심 자원이 될 수 있는 이유는 기술이 가진 세 가지 특징 때문이다.

첫째, 기술이란 시장의 문을 여는 열쇠다. 기술이 집약된 산물이 상품이라면, 상품의 영혼은 곧 기술이다. 시장점유율을 확대하기 위해서는 기업 고유의 기술로 고객이 만족할 만한 상품을 만들어내야 한다. 고객이 상품을 구매할 때 진정 원하는 것은 상품의 기능이다. 이 에어컨은 적정 온도를 유지하는가? 이 냉장고에 저온 저장 식품을 보관할 수 있는가? 이 자동차는 신속하고 안전하게 나를 원하는 곳으로 이동시켜줄 것인가? 이러한 소비자의 질문을 만족시키는 상품을 만들기 위해서는 독보적인 기술이 필요하다. 이것이야말로 기술의 핵심적 가치다.

기업은 선진 기술을 이용해 만든 제품으로 고객을 선점하고, 시장점유율을 높여 최종적으로 시장의 주도권을 쥐게 된다. 하지만 기술이 장착된 상품이 이러한 역할을 해내지 못하면 고객의 눈에서 멀어져 결국에는 잊혀질 수밖에 없다. 요컨대 기술은 시장을 결정하며, 고객 수요에 대한 만족도는 시장점유율을 결정한다.

둘째, 기술은 기업의 수익률을 창출하는 지렛대 역할을 한다. 기술이 뛰어날수록 경쟁자의 진입 장벽이 높아지고 해당 기술의 가치는 더욱 커진다. 따라서 우수한 기업의 가치사슬에는 제조, 판매, 조달, 물류뿐 아니라 기술과 연구개발, 특허 획득 등이 중요한 일환으로 작용한다. 우수한 기업이란 상품의 가치를 뛰어넘어 기술을 판매하는 기업이다. 실제로 많은 다국적 기업이 상품의 제조와 연구개발을 분리하여 연구개발만 자사에서 하고 생산은 외주업체에 맡기는 방식을 채택해 높은 이윤을 남기고 있다.

이와 같은 이유로 기업은 상품구조를 끊임없이 재조정해야 한다. 기술 수준이 낮은 상품에서 높은 상품으로, 저부가가치 상품에서 고부가가치 상품으로 전환해야 한다. 또한 단순한 제조 중심에서 상품 연구개발 중심으로 가치사슬을 변화해야 한다. 그것만이 오랜 생명력을 유지할 수 있는 방법이다.

셋째, 기술이야말로 기업에 경쟁력을 실어주는 다리 역할을 한다. 기업이 생존하고 발전하기 위해서는 높은 경쟁력을 가져야 한다. 그중에서도 상품 및 기술 경쟁력을 갖는 것이 경쟁력의 핵심 사안이다. 현재 여타 우수 기업이 서로 앞선 기술을 선점하려는 이유도 바로 여기에 있다.

앞선 기술을 보유한 기업은 다음과 같은 혜택을 누린다.

기술적 우위를 점한 기업은 업계에서 독보적인 위치를 차지하여 고객에게 빠른 시간 안에 질 좋은 서비스를 제공하며, 이를 바탕으로 충성 고객을 확보한다. 뿐만 아니라 시장에서 유리한 입지를 선점하게 되므로 경쟁 상대를 밀어내고 주도권을 잡을 수 있다.

또한 자사 제품을 이용하여 철수장벽을 형성하고, 자사의 고객이 다른 제품을 이용하기 위해 공급업체를 바꿀 때 생기는 전환비용을 발생시킨다.

그리고 기술적 우위를 보유한 기업은 우수한 제품을 앞세워 판매 루트를 선점하는 데 우위를 차지하여 차별화된 상품을 바탕으로 경쟁력을 한 단계 향상시킬 수 있다.

또한, 앞선 기술을 보유한 기업은 기술표준을 제정할 자격이 주어지며, 이로써 후발주자들이 자사에서 만든 기준을 따르도록 한다. 이는 기업의 입지를 공고히 다지는 계기가 된다.

기술적 우위를 점한 기업은 짧은 시간 안에 높은 이윤을 창출할 수 있다. 물론 그전에 해당 기업은 자사의 기술적 우위를 경쟁력으로 전환하는 능력을 갖춘 다음 이를 바탕으로 승리의 여세를 몰아가야 한다. 실행이 늦어지면 기술적 우위는 방치되어 무용지물이 될 수 있다.

앞선 기술을 보유하기 위한 가장 중요한 자원은 인재다.

P&G의 한 임원은 이렇게 말했다.

"만약 당신이 P&G의 재산과 건물, 브랜드는 남겨두고 인재를 빼앗아간다면 P&G는 순식간에 주저앉을 것이다. 하지만 만약 당신이 P&G의 인재는 남겨두고 재산과 건물, 브랜드를 가져간다면 P&G는 10년 내에 재기할 수 있다."

마이크로소프트사에 관한 다음의 이야기도 흥미롭다. 지구가 멸망하기 직전, 하늘의 신이 빌 게이츠에게 물었다.

"너는 이 시대 최고의 갑부이니 지구를 벗어나 다른 행성에 살 수 있도록 허락해주겠다. 하지만 한 가지만 가져갈 수 있다. 무엇을 가져가겠느냐?" 그러자 빌 게이츠가 대답했다.

"저희 회사의 가장 우수한 인재 20명을 데리고 가겠습니다."

우수한 기업이 특별한 것은 우수한 인재 덕분이다.

3. 자원 분배의 효율성

자원 분배의 효율성은 자원이 만들어낸 단위가치와도 같다. 그러나 단지 자원을 가지고 있다고 해서 비교우위를 점할 수 있는 것은 아니며, 해당 자원을 효과적으로 활용해야 진정으로 우위를 점했다고 할 수 있다. 따라서 기업은 자사가 보유한 자원을 효율적으로 사용하기 위해 끊임없이 노력해야 한다. 혹자는 이렇게 말한다. "내게 지렛대와 지렛목만 준다면 지구를 비틀어 움직일 수도 있다." 경영인의 임무는 자원이라는 지렛대를 이용하여 경영의 전체 판도를 바꾸는 힘이 있어야 한다.

다음에 들려줄 마태효과의 이야기는 경영인에게 많은 시사점을 준다.

한 노인이 외출하려고 집을 나서는 세 명의 아들에게 각각 동전 다섯 개를 쥐어주었다. 이후 집으로 돌아온 세 아들의 결과물은 각기 달랐다. 첫 번째 아들은 동전을 모두 써버렸다고 말했고, 둘째 아들은 다섯 개의 동전을 건드리지 않고 그대로 가져왔다고 말했으며, 셋째 아들은 다섯 개의 동전으로 다섯 개의 동전을 벌었다며 열 개의 동전을 돌려주었다. 돈을 모두 잃은 아들은 밑지는 장사를 했고, 다른 아들은 벌지도 잃지도 않아 그가 가진 다섯 개 동전은 자원으로서의 역할을 하지 못했다. 반면 셋째 아들은 다섯 개의 동전을 열 개로 늘림으로써 자원을 이용해 가치를 창출해낸 진정한 승리자였다.

자원 분배의 효율성에 관한 이야기다. 가치를 창조하지 못한다면 이는 쓰레기나 다름없다. 경영인의 임무는 자원의 획득은 물론 자원을 이용하여 이를 기업의 수익 증대를 위한 지렛대로 활용할 수 있어야 한다. 자원을 관리할 때는 반드시 두 가지 사실을 기억해야 한다.

첫째, 최고의 자원은 기업 경영 과정에서 발전 기회가 가장 큰 영역, 또는 경영의 핵심 영역에 투자하라. 좋은 쇠는 칼날을 만드는 데 사용해야 한다.

둘째, 병력을 집중하여 섬멸전을 펼쳐라. 강력한 군대로 열악한 적군을, 많은 병력으로 적은 적군을 공격하듯 경쟁에서 우위를 점해야 한다.

●● 뜻을 같이 하면 이긴다

손자는 "장수와 병사가 함께하고자 하면 승리한다."고 했다.

그러자 장예는 『손자병법』에 나오는 위 구절에 대해 다음과 같이 주해했다.

"모든 장수와 모든 병사가 마음을 합쳐 전쟁에 임한다면 막힘없이 나아갈 수 있다."

이는 조직의 중요성에 대해 강조한 말이다.

청나라 초의 유명한 사상가인 이옹李顒은 조직의 화합과 관련해 다음과 같이 말했다. "하늘의 시기는 땅의 이로움만 못하고, 땅의 이로움은 사람의 화합만 못하다." 이 짧은 두 구절에 승리의 기회가 무엇인지 고스란히 담겨 있다. 이것이 바로 병법의 근본이다. 고금의 수많은 병법서는 모두 이것으로 귀납된다.

용병을 잘하는 장수는 솔연과 비유된다. 솔연은 상산에 있는 뱀인데 머리를 치면 꼬리가 달려들고, 꼬리를 치면 머리가 달려들고, 허리를 치면 머리와 꼬리가 함께 달려든다. 그렇다면 과연 군대도 솔연처럼 다룰 수 있는가? 오나라와 월나라 사람들은 원래 앙숙이었으나 한 배를 타고 강을 건너다 풍랑을 만나자 마치 사람의 양손처럼 서로를 도와서 살아났다. (……) 따라서 용병에 능한 사람은 계급의 상하를 막론하고 모든 병사가 마치 한 사람처럼 손을 잡고 행동하게 한다. 이는 객관적 환경이 반드시 그렇게 하도록 만들었기 때문이다. 『손자병법孫子兵法』「구지편九地篇」

그렇다면 오늘날 기업 구성원이 함께 나누어야 할 것은 무엇일까? 바로 기업의 이념, 문화, 핵심 가치관 그리고 기업의 성장 과정에서 형성된 사상 및 행위체계다. 이러한 것들은 조직원에게 지대한 영향을 미치므로 그들이 적극 받아들이고 실천할 수 있는 것이어야 한다. 그러므로 조직을 이끄는 경영인은 이를 적극적으로 발전시키고 부하 직원은 성실히 이행해야 시너지 효과를 낼 수 있다.

저명 경영학자인 짐 콜린스Jim Collins는 말했다. "성공을 원한다면 반드시 기업문화의 필요성을 알고 그 역할의 중요성에 대해 충분히 인식해야 한다. 시장경쟁에서는 문화를 통해 생산력을 향상시키고, 이로써 경쟁력을 확대해야 한다. 문화가 있는 기업은 성공하지만 문화가 없는 기업은 절대로 성공할 수 없다."

기업의 가치관이란 기업의 영혼이며 기업 문화의 정수다. 모든 구성원이 화합하는 환경을 만들고 싶다면 먼저 핵심 가치관을 수립해야 한다.

그렇다면 기업의 가치관은 어떤 역할을 하는 걸까?

첫째, 조직원을 단결시킨다 시장경제체제에서 기업의 구성원은 두 가지 특징을 갖는데, 그중 하나는 복잡성이고 다른 하나는 유동성이다. 조직원의 출신지역, 학력, 경력, 생활습관은 제각각이며 심지어 국적과 민족, 종교도 천차만별이다. 우수한 기업은 구성원의 유동성을 효과적으로 통제하여 기업에 유리한 방향으로 이끌어가지만, 그렇지 않은 기업은 구성원의 유동성을 통제하지 못해 낭패를 보기도 한다.

이러한 특징으로 인해 때로는 조직원 간의 사고방식과 행동방식이 충돌하기도 한다. 각기 다른 개성을 지닌 구성원들이 완전하고 조화로운 관계를 유지하기 위해서는 개인의 이익과 기업의 이익에 모두 부합하고 모든 구성원이 받아들일 수 있는 정신적 유대가 형성되어야 한다. 여기서 정신적 유대라는 것이 바로 기업의 핵심 가치관이다. 기업이 구성원들을 교육하고 변화시킴으로써 그들의 사상과 행위가 기업의 핵심 가치관에 부합했다면 해당 기업은 조직원을 단결시킬 수 있는 열쇠를 찾았다고 할 수 있다.

둘째, 조직원을 변화시킨다 우수한 기업의 가치관은 구성원들에게 기업의 정신을 심어준다. 훌륭한 기업 가치관은 자만심에 빠진 구성원에게 조직에 애정을 갖도록 만들며, 받는 것에만 익숙한 사람에게 헌신의 중요성을 가르쳐준다. 또한 수동적이고 소극적인 사람을 적극적인 사람으로 변화시키고, 늘 불평불만만 하는 조직원을 활력 있는 사람으로 변모시킨다.

셋째, 사람을 격려한다 올바른 기업 가치관은 조직원의 정신적 지주로서 때로는 신앙적 성격을 띠고 그들의 인생에 중대한 영향을 미치기도 한다. 조직원들은 기업 가치관에 의해 안정감, 명확한 방향성, 끈질긴 의지와 책임감을 갖게 된다. 이는 뛰어난 업무실적으로 이어져 기업뿐 아니라 자신의 성장을 위한 발판이 된다.

넷째, 사람을 만든다 우수한 기업 가치관을 지닌 기업은 우수한 인재의 요람이라고 할 수 있다. 우수한 기업에 소속된 인재는 자신이 일한 만큼의 보수와 지식, 기능, 성장 발판 그리고 생존 수단까지 기업에서 모두 제공한다고 생각하기 때문에 소속된 기업에 자긍심을 느낀다. 따라서 우수한 기업에서 성장한 인재는 종종 업계에서 두각을 나타낸다. 그 결과 경쟁업체들이 앞 다투어 스카우트하려는 인기 스타로 떠오르거나, 새로운 기업에서 조직을 이끄는 훌륭한 경영인이 되기도 한다.

기업이 올바른 가치관을 수립했다면 흔들림 없는 신념이 있어야 한다. '신념은 꺼지지 않는 등대다.' 모든 기업과 CEO에게 가장 중요한 것이 바로 신념이며, 기업의 성공은 바로 흔들림 없는 신념에서 꽃핀다. 세계적 기업들의 캐치프레이즈 속에는 강한 신념이 불꽃처럼 타오르고 있다.

'최상을 지향하라. 항상 보다 나은 목표를 추구하라'(월마트),

'언제나 생활을 위한 아름다움을 창조하라'(GE),

'영예롭게 사회에 봉사하라'(모토로라),

'경험은 대중에게 가져다주는 진정한 기쁨이다'(소니),

'광적인 창조력과 상상력으로 진보하라.'(디즈니)

●● 기회는 준비하는 자에게 찾아온다

기회는 준비하는 자에게 찾아온다고 했다. 그렇다면 어떻게 준비를 해야 할까? 우리의 질문에 손자는 「계비」를 통해 늘 경계하라고 말한다.

국가지대사에서는 경계警戒만큼 중요한 일이 없다 사소한 부주의가 엄청난 손실을 가져오기 때문이다. 군대가 전멸하고, 장수가 목숨을 잃고, 세태의 변화가 숨 돌릴 틈도 없이 빠르게 진전된다면 어찌 두렵지 않겠는가? (……) 만약 평안할 때 위기상황을 대비하여 대응책을 마련해놓지 않으면 외적이 침입해도 두려움조차 느끼지 못할 것이다. 이는 마치 제비가 장막 위에 둥지를 틀거나 물고기가 솥 안에서 헤엄을 치는 것과 같이 순식간에 멸망이 도래할 것이다.

『좌전』에 이르기를 "준비되지 않았다면 출정하지 말라"고 했으며, 또한 "벌과 전갈조차 독이 있는데 하물며 국가는 어떠하겠는가?"라고 했다. 아무런 대비를 하지 않으면 사람이 제아무리 많다 하더라도 아무 소용이 없다. 준비만이 재난을 예방하는 길이다. 따라서 군대 역시 경계를 게을리 해서는 안 된다.

예상치 못한 상황에서 급작스러운 성공을 거두어 장기적으로 발전하는 기업은 존재하지 않는다. 기업의 모든 성과는 끊임없는 노력이 오랫동안 축적된 결실이다. 그렇다면 치열한 경쟁 사회에서 성공하려면 어떻게 해야 할까? 답은 경쟁력을 갖추는 것이다. 이를 위해서는 결과만 좇기보다는 성공의 과정을 중시해야 한다. 경쟁력을 갖추면 성공은 자연스럽게 따라오게 마련이다.

●● 정확한 경영이념을 수립하라

마이클 포터는 기업의 경쟁과 관련하여 다음과 같이 말했다.

"기업 승패의 핵심은 경쟁이다. 경쟁은 기업의 경영실적 향상을 위한 모든 활동이 합당한지를 판단한다."

기업은 올바르고 적극적인 자세로 경쟁에 임해야 한다. 그리고 이를 위해서는 반드시 명확한 경영이념이 수립되어야 한다. 경영이념은 기업이 나아갈 방향을 제시하며, 기업의 경쟁력은 경영이념에서 비롯된다. 하지만 단순히 개개인의 태도나 마음가짐을 바꾸는 것만으로는 절대로 큰 성과를 거둘 수 없다. 세상을 바라보는 안목 즉 조직원들의 사고방식을 전환하는 것이 우선되어야 한다.

한 발짝 앞으로 나아가는 것으로 만족한다면 개인의 노력만으로도 충분하다. 그러나 대대적인 의식 전환과 획기적인 발전을 원한다면 조직원의 사고의 틀을 바꿔야 한다. 사고의 틀을 바꿔야만 기업의 경쟁력이 강화될 수 있다. 올바른 경영이념을 수립하기 위해서는 다음 네 가지를 직시해야 한다.

■ 경제 체제에서 경쟁은 기업 경영의 영원한 숙제다

아무도 없는 공간에 홀로 존재하는 기업은 없다. 모든 기업은 늘 수많은 경쟁 상대와 무한한 경쟁을 펼친다.

따라서 경영인은 설립 첫날부터 잔혹한 현실을 어떻게 타개해 나갈 것인지 심각하게 고민하게 된다. 비즈니스 사회는 잔혹하고 무정하다. 세상을 다 가진 어제의 영웅이 내일은 죽을 날만 기다리는 불치병 환자가 될 수도 있다. 최고가 되기 위한 경쟁 활동을 펼치기에 앞서 경쟁의 특징을 정확하게 파악해야 한다.

'진짜 산은 길이 없다.' 창립 초기 디즈니는 영업 사원 두 명이 직원의 전부였다. 하지만 이들마저 첫 번째 동화의 단편 저작권을 팔아버리고 도망치는 바람에 결국 회사는 파산하고 말았다. 하지만 오늘날 디즈니는 세계 최대의 엔터테인먼트 회사로 성장했고, 세계 애니메이션 영화의 독점적인 위치를 차지하고 있다.

또한 마이크로소프트사는 대학을 자퇴한 청년과 한 실업자가 만나 세운 회사다. 하지만 지금은 세계 최대 소프트웨어 시장을 독점한 세계 유수 기업으로 성장했다. 로레알L'Oreal은 설립 당시 자칭 화학자라던 창립자가 프랑스 도시의 곳곳을 누비며 이발소에 직접 염색약을 팔러 다넀다. 하지만 오늘날 세계 최고의 화장품 제국으로 발돋움하여 수년간 두 자릿수 성장을 지속하고 있다. 이들 기업은 모두 길이 없는 산 속에서도 용감하게 가시덤불을 헤치고 산을 올랐고, 천신만고 끝에 무수한 경쟁자들을 물리치고 정상에 오를 수 있었다.

2 경쟁의 핵심은 상대적 경쟁우위를 점하는 것이다

경쟁력은 기업의 지위를 결정하며, 실제 기업 간 경쟁에서 매출을 신장시켜 상대적 비교우위를 점하기 위한 힘이다. 상대적 비교우위는 두 가지로 나타나는데 첫째는 직간접적 경쟁업체에서 경쟁우위를 점하는 것이고, 둘째는 업계 전체에서 경쟁우위를 점하는 것이다. 기업 경영은 마치 전쟁과도 같아서 경쟁 상대가 곧 나의 적이므로, 기업의 가장 중요한 임무는 상대방을 물리치며 달리는 것이다.

성공은 순식간에 사라지는 연기와 같다. 따라서 기업의 영원한 숙제는 성공이 아닌 도전이다. 경쟁에서 승리하는 비결은 혼자 달리기를 하는 것이 아니라 경쟁 상대를 물리치는 것이다.

하지만 상대방보다 무한대로 잘하려고 애쓸 필요는 없다. 고비용과 잉여 기능이 발생하기 때문이다. 예를 들어 저원가 전략을 채택했다 하더라도 비용을 무한정 낮출 필요는 없다. 경쟁 상대를 뛰어넘었다면 그것으로 목표는 달성한 것이다.

'가장 중요한 것은 나를 이기는 것이다.' 나와 회사를 무너뜨리는 것은 바로 나 자신이다.

1985년 어느 날 오후, 인텔의 공동 창업자인 앤드루 그로브 Andrew S Grove와 고든 무어 Gordon Moore는 회사가 진퇴양난에 빠지자 오랜 고민 끝에 회사의 운명을 바꿀 엄청난 결정을 내린다. 메모리를 과감히 포기하고 마이크로프로세서 연구개발 시장에 뛰어들기로 했다.

인텔은 15년간 메모리 사업을 지속해왔다. 그러다 1984년 일본이 더 좋은 품질에 저원가를 무기로 인텔을 무자비하게 공격해왔다. 난관에 빠진 인텔은 결국 나아갈 방향을 잃고 생사의 기로에 서게 되었다. 인텔은 상황을 호전시킬 만한 묘안을 찾기 위해 밤낮을 고심했다. 당시 시장에서는 '인텔 = 메모리'의 공식이 공공연하게 알려져 있었기 때문에 메모리를 버리고 마이크로프로세서로 전환한다는 것은 인텔의 운명이 걸린 엄청난 모험이었다. 자칫 잘못하면 기업이 패망할 수도 있지만, 그대로 있다가는 기업의 멸망을 앉아서 지켜봐야 할 상황이었다.

어려운 결정을 내린 인텔은 3년 동안 꾸준히 노력을 기울인 끝에 드디어 흑자로 돌아서기 시작했다. 이렇게 죽음과 맞서 다시 태어난 인텔은 세계 최대 반도체 칩 생산업체로 거듭났다. 앤드루 그로브는 "편집증을 가진 사람만이 살아남는다 Only the Paranoid Survive"라는 명언을 남겼다. "만약 발전 전략을 바꾸지 않았다면 우리는 경제계의 불모지에 던져졌을 것이다. 나는 자신 있게 말할 수 있다. 전략을 바꾸지 않았다면 우리는 업계에서 하찮고 쓸모없는 기업으로 전락했을 것이다."

3 지속 가능한 경쟁우위를 점하라

오랜 기간 시장의 주도권을 잡으려면 어떻게 해야 할까? 아마 이는 모든 경영인의 가장 큰 고민거리일 것이다. 일시적 매출 증가는 아무런 의미가 없다. 오랜 기간 주도권을 놓지 않는 것이 무엇보다 중요하다.

업계의 평균 수준을 넘어서는 경영 실적을 올리기 위해서는 지속 가능한 경쟁우위를 점해야 한다. 이를 위해서는 경영환경의 변화에 신속하게 대응하여 경쟁력을 확보해야 한다. 그러기 위해서는 뛰어난 임기응변 능력이 요구된다.

많은 기업이 한 차례 성공을 경험한 이후 그것이 또 다른 성공을 가져다줄 것이라고 믿는다. 하지만 이런 정형화된 사유의 틀을 갖고 있을 경우 어제의 성공은 내일의 실패로 이어질 뿐이다. 변화된 환경에 적합한 경영전략을 수립하지 못한다면 그 기업은 영원히 하류의 늪에서 빠져나올 수 없다.

한 경제학자가 다음과 같은 이론을 제시했다. '신흥경제국가의 시장은 파편화된 시장이고, 경제력을 갖춘 선진국 시장은 성숙한 시장이다. 파편화된 시장은 엄격한 관리법규가 마련되어 있지 않아 산업 내 분업이 제대로 이루어지지 않기 때문에 거의 모든 기업이 걸음마 단계에 머무르고 있다. 이런 시장에서는 기업이 자원 축적을 주요 수단으로 삼기 때문에, 치밀한 전략으로 지속적인 발전을 꾀하기보다는 임기응변 전략으로 시장을 장악하려고 한다. 파편화된 시장에는 미개척지가 많아 기회가 많다. 따라서 기업의 발전 속도가 비교적 빠르다.

반면 성숙한 시장은 경쟁력이 치열한 시장이다. 무질서하게 파편화된 시장이 합리적이고 분업화된 환경으로 진화한 것이 성숙한 시장이다. 성숙한 시장은 모든 산업이 분업화되어 있고 체계화된 법규가 마련되어 있어 기업이 안정적으로 활동을 할 수 있다. 이러한 환경에서 활동하는 기업은 심혈을 기울여 수립한 전략을 기반으로 안정적으로 운영된다. 성숙한 시장에서는 기업과 국가 모두 비교적 낮은 성장률을 보이며 안정적인 경제발전을 유지한다.

따라서 파편화된 시장과 성숙한 시장에서의 기업 전략 및 운영방식은 각기 달라야 한다. 먼저 파편화된 시장에서의 기업은 주로 개별 사안에 따라 단기적인 전략을 수립하는데, 이는 기회주의적 전략과 닮는 꼴이다. 즉 시장의 기회를 탐색하는 데 가장 많은 노력을 할애하며, 기회를 잡은 뒤에는 적절한 자원을 조달함으로써 기업을 발전시킨다. 이렇듯 주로 단기적인 전술을 채택하기 때문에 장기적인 전략은 부족하다. 따라서 경쟁 범위와 소득 범위도 제한적일 수밖에 없다. 이러한 특징을 가진 기업은 탁월한 통찰력과 식견, 담력, 판단력과 속도가 요구된다.

파편화된 시장에서의 조직 운영체계는 기존의 시장을 뒤엎으려는 성격이 있어 활력이 넘치고 변화가 많고 행동이 민첩하다. 하지만 명확한 규정이 없다 보니 혼란스럽다.

반면 성숙한 시장에는 일정한 법규가 마련되어 있어 기업들이 이를 잘 지킬 경우 주도면밀하고 전략적인 운용이 가능하다. 따라서 성숙한 시장에서는 일정한 규정에 기반을 둔 암묵적 경쟁이 각 기업의 전략적 사유 방식이자 행동 양식이 된다. 이러한 환경에서의 기업의 발전은 개인의 혜안이나 감각적 반응에 의한 것이 아니라 조직원의 끊임없는 노력 끝에 만든 계획에 의해서 이루어진다.

그러므로 기업은 경쟁의 규범을 반드시 준수해야 한다. 성숙한 시장의 조직은 지속성이 있으며, 이러한 지속성을 기반으로 한 기업은 혁신과 창조 능력을 바탕으로 글로벌 시장에서 몸집을 키워나간다. 월마트, 맥도날드, KFC, 코카콜라 등의 기업이 대표적이다.

❹ 경쟁력은 가치사슬에 대한 종합 운용 능력이다

기업 간 경쟁은 비교우위의 법칙에서 시작된다. 따라서 각 기업은 경쟁업체와 차별화된 전략을 구사하는 것만이 살아남는 비결이다. 마이클 포터는 '경쟁우위를 점하기 위해서는 가치사슬을 만들어야 한다'고 강조했다. 기업경쟁은 곧 기업 가치사슬 간의 경쟁이므로 이를 끊임없이 보완하고 발전시켜 경쟁업체보다 뛰어난 가치사슬을 만들고, 이로써 지속적인 경쟁우위를 확보해 나가야 한다.

사실 한 기업이 모든 분야에서 최적화된 가치사슬의 구조를 형성하는 것은 불가능하기 때문에 가장 자신 있는 분야에서 승부를 건다면 경쟁우위를 점할 수 있다.

●●● 새로운 비즈니스 모델로 경쟁력을 키워라

래리 보시디 Larry Bossidy 와 램 차란 Ram Charan 은 그들의 공동 저술서인 『현실을 직시하라 : 중요한 일에 집중하기 Confronting Reality: Doing What Matters to Get Things Right』에서 비즈니스 모델에 관해 이렇게 서술하고 있다. "사회 구조가 변화하는 시기에는 당대의 경영이론 및 현실을 정의 내릴 수 있다." 그렇다면 21세기의 기업환경에서 자사의 비즈니스 모델을 어떻게 개발해야 할 것인가? 이는 이론적 문제일 뿐 아니라 실천적 문제이기도 하다. 21세기에 들어서면서 정보화로 인한 과학의 눈부신 발전으로 기업들은 새로운 비즈니스 모델을 창출하기 위한 중대한 기로에 서게 됐다. 현대 사회에서 비즈니스 모델은 곧 경쟁력이며, 이를 알고 따르는 자만이 성공한다는 사실을 염두에 두어야 한다.

포스트 2차 세계대전 시기에는 현대 경영이론이 성행하면서 대규모 구매자시장이 열렸다. 이 시기의 대표적 인물로는 GM자동차를 세계 최대 기업으로 성장시킨 전설적 인물 알프레드 슬론 Alfred Pritchard Sloan 을 꼽을 수 있다. 그는 현대 시장 마케팅 이론을 자동차 산업에 접목시켜 여러 제품 라인과 고객군을 보유한 대형 기업을 효율적으로 운영했다. 그는 경영권은 이양하고 재정권을 집중시킴으로써 조화로운 균형을 이루

었다. 특히 조직구조 및 공정 분야에서의 그의 혁신 노하우는 오늘날에
도 많은 대기업의 경영 모델로 활용되고 있다.

1970년대 들어서면서 장기적인 경기불황이 전 세계를 덮쳤다. 그러
자 미국 경제의 발전 속도가 둔화되면서 인플레이션이 발생하자 기업들
은 침체기에 빠진 기존의 모델을 대체할 방법을 찾기 위해 고심했다. 이
시기의 대표적 인물은 ITT International Telephone and Telegraph Corporation 의 해럴
드 제닌 Harold Geneen 이다. 그는 미국 이외의 지역에 거점을 둔, 경제 가치
가 7억5000달러에 그쳤던 통신회사를 20여 개 분야를 아우르는 매출액
180억 달러의 거대 복합 기업으로 성장시켰다.

1980~90년대 초기, 일본의 부상은 미국과 유럽을 화들짝 놀라게 했
다. 일본이 내놓은 저단가의 고품질 상품은 구미 지역 기업들에게 치명
타를 입혔다. 이로써 구미 지역 기업들은 기존의 경영전략에 문제가 있
다는 사실을 깨닫고 새로운 전략을 수립함으로써 변화를 꾀하기 시작했
다. 이 시기의 대표적 인물이 GE그룹의 잭 웰치다. 그는 평범한 공업회
사를 정밀하게 운영되는 성장기제 Growth Machine 로 탈바꿈시켰다.

1990년대 중반은 전 세계적으로 새로운 변화의 물결이 일었다. 바로
과학기술의 발달이다. 당시 경영이념의 4대 신조는 비즈니스 모델의 혁
신, 높은 생산력, 속도전 및 주주가치의 실현이었다. 이 시기의 대표적
인물은 바로 빌 게이츠다. '속도의 아버지'로 불리는 그는 컴퓨터를 모든
개인의 필수품으로 만들면서 정보화시대의 발판을 마련했다. 그는 창조
적인 비즈니스 모델을 활용하여 소수의 대기업이 지배하던 시장을 개방
하였다. 이로써 시장에는 획기적인 변화가 일어나면서 제품 가격은 계속
해서 인하되었다.

알프레드 슬론, 해럴드 제닌, 잭 웰치, 빌 게이츠가 성공할 수 있었던

것은 경영 환경이 중대한 변화를 맞자 전통 모델로는 기업을 지속적으로 이끌어갈 수 없다는 사실을 간파했기 때문이었다. 그들은 낡은 운영 방식을 과감히 버리고 새로운 환경에 적합한 운영 모델을 구축함으로써 재계의 역사를 바꾸어놓았다. 혹자는 말한다. 향후 기업 간 경쟁은 비즈니스 모델을 중심으로 벌어질 것이라고. 일리 있는 말이다.

부동산시장에서 가장 중요한 것은 첫째도 위치, 둘째도 위치며 셋째도 위치다. 비즈니스 세계에서 가장 중요한 것은 첫째도 차별성, 둘째도 차별성이며 셋째도 차별성이다. 차별화된 비즈니스 모델은 결국 뛰어난 비즈니스 영웅을 탄생시킨다.

'언제나 최저가 Always Low Prices' 세계를 감동시킨 월마트의 슬로건이다. 월마트는 이를 실천하고자 다음과 같은 전략으로 저원가를 보장했다.

낮은 매입가 월마트는 중간 유통 과정을 모두 생략하고 공장에서 물건을 직접 매입했다. 이를 바탕으로 탄탄한 경제적 기반을 쌓은 뒤 구매자의 교섭력을 장악했다. 월마트는 공급업체와의 관계를 중시하며 동종업계에 비해 월등한 대우를 해주었다.

우수한 물류관리 시스템 월마트는 제품배송 혁명의 선구자이다. 월마트만의 배송 시스템은 원가를 크게 절감시키면서 재고회전율을 높였으며, 이는 '매일매일 최저가 every day low price'를 가능하게 하는 가장 중요한 기반이 되었다. 효율적인 배송센터는 주문에 따라 상품을 선별하여 포장·분류한 뒤 각 지점으로 운송한다. 이 작업의 85%는 모두 기계로 이루어지기 때문에 인건비를 줄일 수 있어 매우 효율적이다. 빠른 운송 시스템을 도입하여 매입한 제품은 창고에서 48시간 이내에 각 상점까지 배송되며, 동종업계의 기타 상점이 2주에 한 차례씩 새 제품을 채우는 것과 달리 월마트는 매주 두 차례씩 새 제품을 채울 수 있다.

마케팅 비용 절감　월마트의 광고비는 업계 2인자인 체인마트 시어스 Sears 의 3분의 1이다. 1제곱피트(약 0.092㎡)당 매출액은 Kmart의 두 배지만 전체 매출액에서 마케팅 비용이 차지하는 비율은 1.5%, 제품 손상 비율은 1.1%에 그친다. 경쟁업체의 경우 이 수치가 각각 5%와 2%를 차지한다.

이렇듯 월마트는 특유의 비즈니스 모델을 창출함으로써 이름 없는 시골의 한 구멍가게에서 세계 1위를 다투는 소매업체로 성장할 수 있었다.

●● 학습능력은 경쟁력을 향상시킨다

기업인이 반드시 기억해야 할 두 가지 사항이 있다. 첫째는 지식의 중요성을 인식하는 것이고 두 번째는 학습조직을 구축하는 것이다.

■ 지식의 중요성을 인식하라

1990년, 피터 센게Peter M. Senge는 저서 『제5경영The Fifth Discipline』을 출간하여 전 세계에 센세이션을 일으켰다. 그는 이 책에서 학습조직을 구축하는 것이야말로 21세기 기업이 성공하는 열쇠라고 강조했다. 이는 지식의 중요성을 일깨우는 계기가 되었다.

글로벌 경쟁 속에서 사람들은 21세기의 성공 비결이 지난 세기와 엄청난 차이가 있다는 사실을 알고 있다. 과거에는 저렴한 천연자원이 국가 발전의 모태가 되었으며, 전통적인 경영 시스템이 자원 개발에 이용되었다. 하지만 이제 시대는 변했다. '인간의 창조력'이 오늘날의 경영 핵심 과제가 되었다.

센게의 이 관점은 우리에게 '천연자원이 기업 경영의 기반이자 경쟁력이었던 시대는 이미 지나갔다'는 사실을 명확히 밝히고 있다. 21세기의 기업 경쟁력에서 주도적인 역할을 하는 것은 지식이다. 지식은 부패한 기업을 새롭게 탈바꿈시키는 요술 지팡이이자 기업을 신속하게 성장시키는 엔진과 같다. 기업 간 경쟁에서도 가장 중요한 희소 자원은 바로 지식이다.

21세기에 접어들면서 기업에게 지식이 이처럼 중요한 가치를 지니게 된 이유는 기업이 성장하는 토양과 환경에 엄청난 변화가 일어났기 때문이다. 1970년 〈포브스〉지가 발표한 세계 500대 기업 중 1980년대 들어서면서 자취를 감춘 기업이 3분의 1이나 된다. 기업 환경의 변화가 가져온 결과였다.

그렇다면 이러한 변화가 일어난 이유는 무엇일까?

첫째, 시장이 변했다. 자유경쟁시대는 판매자 시장으로 자원이 전반적으로 부족했으며 기업 간 경쟁도 느슨해졌다.

하지만 기업의 독점화가 가속화되면서 경쟁은 점차 치열해졌고, 시장이 구매자 위주로 변화하면서, 기업 간 합병과 구조조정이 활발하게 이루어졌다. 시장의 변화로 뛰어난 통찰력과 경쟁력을 가진 소수의 기업만이 생존하게 되었다. 이로써 기업들은 업계를 선도하면서도 경쟁업체에서 모방하기 어려운 자사만의 독특하고 장기적인 경쟁력을 도모하지 않을 수 없게 되었다.

둘째, 경쟁이 치열해짐에 따라 기업들은 제품의 차별화에 힘쓰기 시작했다. 또한 선진 기술을 선점하고 서비스의 질을 높여 시장점유율을 증대하기 위해 고심하기 시작했다. 이는 기업의 기술적 진보를 가져옴으로써 모든 기업이 첨단 제품을 생산하는 계기를 가져왔다. 물론 여기에는 지식의 역할이 무엇보다 컸다.

셋째, 과학 기술의 발전은 기업의 기술적 진보를 위해 매우 유리한 환경을 조성해주었다. 분초 단위로 계산되는 경영 환경은 지식의 전파 속도를 가속화시켰고, 이로써 새로운 지식과 기술을 선점하는 기업이 선두 자리를 차지할 수 있게 되었다. 결국 기업 간 경쟁은 지식의 경쟁, 기술의 경쟁, 인재의 경쟁으로 변모했다.

넷째, 기업 발전의 원동력에 변화가 생겼다. 과거 기업 경쟁의 기반은 주로 천연자원이었다. 하지만 오늘날은 상황이 완전히 바뀌었다. 물론 천연자원 역시 없어서는 안 될 요소지만, 이보다 더 중요한 것은 자원의 핵심이 사람이며, 사람의 가치는 바로 지식과 능력이라는 사실이 입증된 것이다.

다섯째, 전 세계의 주요 기업들은 만연한 불확실성이라는 난제에 직면하게 되었다. 이러한 불확실성은 새로운 기술, 경영 방식의 변화, 경제 규모의 변화로 인해 생겨났으며, 이를 해결하기 위해서는 새로운 지식과 능력이 필요하게 되었다.

결론은 하나로 귀납된다. 기업이 경쟁우위를 유지하며 지속적인 발전을 꾀하고자 한다면 끊임없는 배움만이 살길이다. 즉 학습능력이 뛰어난 기업만이 살아남아 불패의 신화를 이룰 수 있다.

<포브스>지에서도 다음과 같은 문구를 발견할 수 있었다. "낡은 지도자적 관념을 버려라! 21세기의 가장 성공한 기업은 바로 학습형 조직이다." 석유화학기업 쉘Shell의 한 경영인도 이렇게 말했다. "진정 훌륭한 기업은 각 구성원이 함께 참여하여 끊임없이 학습하는 조직을 만든다."

경쟁우위를 지속시키는 유일한 힘은 아마도 당신의 경쟁 상대보다 더 빨리 학습하는 능력을 갖추는 것이다.

2 학습조직을 구축하라

학습조직이란 무엇일까? 『슈퍼 엑슬런스Super Excellence』의 저자 칼슨 토머스Carlson Thomas는 말한다. "학습조직이란 조직 전체에 퍼져 있는 학습 분위기를 고취시키고 조직원의 창조성을 충분히 발휘하게 하는 것을 말한다. 이러한 조직의 성과는 개인의 성과를 모두 합한 것보다 크다."

그렇다면 학습조직은 어떻게 조성해야 할까?

❶ 앞선 지식을 확보하라　이는 자사의 지식체계가 항상 경쟁사보다 앞서야 한다는 사실을 의미한다.

앞선 지식을 확보하여 성공한 기업으로는 델Dell의 사례가 주목할 만하다. 델이 다른 업체보다 앞설 수 있었던 것은 독자적으로 개발한 마케팅 모델 덕분이었다. 그들은 시장을 분석한 뒤 자사만의 특별 운영방식을 개발하는 뛰어난 능력을 보였다. 바로 앞선 지식과 경영이론 체계를 구축했기 때문이다.

델 마케팅 모델의 핵심은 직판 방식과 대규모 맞춤제작이다. 고객의 수요에 따라 직접 디자인하고 생산하여 최단 시간에 직접 배송하는 구조다. 델이 가진 최고의 능력은 기술이 아니었다. 그들은 모든 불필요한 공정

과정을 없애고 시장의 요구에 맞춰 모듈화된 반제품을 조립한 뒤 최대한 신속하게 고객에게 배달했다. 이러한 방식으로 유통 과정과 그에 따르는 비용을 크게 절감했다. 현재 델의 제품보관 기간은 6일로, 업계평균인 30여 일보다 24일이나 짧다. 이렇게 델은 속도의 상징으로 자리를 잡았다.

델의 눈부신 성장 뒤에는 시장에 대한 앞선 분석이 전제되었다. 그들은 시장을 명확하게 분석한 뒤 그들만의 지식 체계를 구축했고, 이를 실제 경영에 접목하여 엄청난 성공을 거두었다.

❷ 지식을 체계화하라 기업의 지식 체계는 반드시 뛰어난 전략을 바탕으로 한 완전하고 상호보완적인 시스템이어야 한다. 연관성 없는 단편적인 지식들이 단순하게 결합된 구조로는 살아남기 힘들다. 기업의 지식 체계를 형성하는 것은 바로 경영 전략이다. 바꿔 말해 지식 체계는 전략에 근거해야 한다.

핵심역량 개념을 처음 제창한 프라할라드C.K. Prahalad와 게리 하멜Gary Hamel은 이렇게 말했다. "핵심역량은 조직 내부에서 통합된 지식과 기능에 의해 만들어진다. 특히 각기 다른 기술과 기능의 조화로운 융합이야말로 핵심역량을 탄생시키는 밑바탕이 된다."

델은 시장, 제품, 마케팅, 경영에 관한 다양한 지식과 기술을 효과적으로 융합하여 지식 체계를 형성하였고, 결국 엄청난 성공을 거머쥐었다.

❸ 지식을 현실로 전환하라 지식은 반드시 현실로 전환되어야 한다. 지식은 만물의 바탕이므로 지식 없이는 능력을 키울 수 없고, 지식 추구는 능력을 향상시키는 힘이다. 따라서 기업은 지식의 획득뿐 아니라 이를 현실로 전환시키는 데 노력을 기울여야 한다.

●● 유능한 자를 간섭하지 않으면 이긴다

손자는 「모공편」에서 군주가 군대를 간섭함으로써 발생할 수 있는 결과에 대해 집중적으로 분석하여 다음과 같은 글을 남겼다.

군대가 군주 때문에 근심하는 이유는 세 가지가 있다. 군대가 진격해서는 안 될 때 공격을 명령하거나, 군대가 후퇴해서는 안 될 때 물러날 것을 명령하는 것이다. 이는 군대를 속박하는 행위다. 군대와 전쟁의 속성을 모르는 군주가 군사 문제에 참여한다면 병사들은 혼란을 느낄 것이다. 군대와 전쟁의 임기응변 전략을 모르면서 군대의 지휘권을 갖고자 한다면 병사들은 상사의 지시를 의심할 것이고, 그 틈을 이용해 제후들이 반란을 일으켜 멸망할 것이다.

군주는 능력 있는 장수를 방해해서는 안 된다. 군대의 통솔권과 지휘권을 모두 장수에게 이임한다면, 장수는 몸과 마음을 다하여 나라를 위해 싸울 것이라는 의미다.

기업의 경영인 역시 자신의 권한을 조직원에게 적절하게 분배해야 한다. 이는 효과적인 기업 경영을 위한 필수적 수단이다.

『삼국연의』에 등장하는 다음 이야기 속의 제갈량은 완벽주의형의 대표적 인물이다. 제갈량은 모든 책임을 혼자서 지고 고민하고 또 고민하다가 피로가 누적되어 결국 병사하고 말았다.

제갈량이 오장원五丈原에 주둔하고 있을 때의 일이다. 그는 여러 차례 사람을 보내 위魏나라 군대를 도발했지만 사마의司馬懿는 끝까지 출격하지 않았다. 이에 제갈량은 여자의 머리 장식인 건귁巾幗과 흰 옷을 구하여 큰 상자에 담은 뒤 서신 한 통을 동봉하여 위나라 진영으로 보냈다. 사마의가 병사들 앞에서 상자를 열어보자 그 안에는 건귁과 여자의 옷, 서신 한 통이 있었다.

중달(사마의의 자字)께서는 중원의 병사들을 통솔하는 대장군인데, 갑옷을 입고 무기를 들어 전투를 벌일 생각은 않고 진영 안에 숨어 칼과 화살을 피하시니 어찌 여인과 다를 것이 있겠소! 여기 건귁과 흰 옷을 보내드리니 출전하지 않으려면 이것을 받으시오. 만약 치욕을 느끼셨다면 사내답게 결전의 날을 알려주시오.

'제갈공명이 나를 여인으로 본단 말이지!'
사마의는 속으로는 크게 분노했으나 겉으로는 웃으며 사신을 후하게 대접하고는 물었다.
"제갈공명의 식사와 잠자리는 어떠하신가?"
"승상께서는 늘 늦게 잠자리에 드시지만 일찍 일어나시고, 20개 이상의 징벌 사항을 친히 살펴보십니다. 드시는 음식은 하루에 한 되(약 1.8리터)도 되지 않습니다."
사마의는 여러 장수를 돌아보며 말했다.
"제갈공명이 음식은 적게 먹고 일은 많이 한다는데, 오래 살 수나 있겠느냐?"
촉나라의 사신은 사마의에게 작별을 고하고는 오장원으로 돌아가 제갈량에게 사마의와 만나 나누었던 이야기를 자세히 전했다.
"사마의는 건귁과 여인의 옷과 서신을 보고도 화를 내지 않았습니다. 단지 승상의 식사와 잠자리가 어떠한지에 대해서만 물었을 뿐 군대에 관한 일은 일체 묻지 않았습니다. 제가 질문에 답했더니 음식을 적게 먹고 일을 많이 하는데 어찌 오래 살 수 있겠느냐고 말했습니다.”

제갈공명은 이를 듣고 탄식하며 말했다.

“나를 그토록 잘 알고 있다니!”

그 말을 듣고는 양옹楊顒이 간언했다.

“승상께서는 항상 모든 부서簿書(관아의 장부나 문서)를 스스로 살피시지만, 저는 그럴 필요가 없다고 생각합니다. 무릇 다스리는 일에는 체계가 있는 법이어서 상하가 서로 침범해서는 안 됩니다. (……) 옛날 병길丙吉은 소가 헐떡이는 것을 걱정하면서도 사람이 죽은 것에 대해서는 묻지 않았고, 진평陳平은 ‘그 일을 주관하는 사람은 따로 있다’며 돈과 곡식의 수를 일체 알려고 하지 않았습니다. 승상께서 직접 사소한 일까지 관리하시며 종일토록 땀을 흘리시니 어찌 수고롭지 않으시겠습니까? 사마의의 말은 참으로 옳은 말입니다.”

그러자 제갈량은 눈물을 흘리며 말했다.

“내가 그것을 모르는 바는 아니지만 선제의 당부가 중하니 다른 사람이 나처럼 마음을 다하지 않을까 걱정이 되는구나!”

그의 말에 모든 사람이 눈물을 흘렸고, 그 후로도 제갈량은 늘 고민하고 걱정하다 결국 피로가 누적되어 병사했다.

제갈량은 전형적인 충신이면서 동시에 완벽주의형 리더의 대표적 인물이다. 사마의는 그의 이런 약점을 간파하고 그가 죽을 때까지 기다린 것이다.

이 이야기에서 우리가 배울 점은 경영인의 권한 부여는 전략적 의미를 가진다는 사실이다. 즉 권한을 적절히 분배하지 않으면 권력집중 현상이 생겨 정책 결정의 질과 운영효율이 떨어져 조직원에게 동기를 부여할 수가 없다. 즉 경영인 홀로 이리 뛰고 저리 뛰며 허둥거릴 뿐 기업은 성장을 이룰 수 없다.

그리고 권한을 지나치게 분산한 허수아비형 경영주도 문제다. 권력이 지나치게 분산된다면 반드시 있어야 할 권위가 서지 않아 집중경영을 할 수 없게 되며, 구성원 간의 사고방식 및 행동방식이 엇박자를 이루게 된다. 이렇게 되면 자격 미달인 사람에게 권한이 부여되어 권력 체계가 무너져 나사가 빠진 조직이 되어버린다. 경영인 역시 능력 없는 '무늬만 리더'로 전락하고 만다. 이러한 경영인은 자칫 대재앙을 불러올 수 있다.

적을 나오게 하되 먼저 나가지 마라

전쟁의 승패 유무는 전술에 달려 있다. 전쟁에서 전략과 전술은 서로 상호보완적이며 밀접하게 연결되어 있다. 전략이 전쟁의 향방을 결정짓는다면 전술은 이를 지탱하는 힘이다. 그리고 전략이 전술을 결정한다면 전술로서 전략을 이행해야 한다. 따라서 전쟁에서 승리하기 위해서는 전략과 전술을 적절하게 구사해야 한다. 전쟁에서의 전략은 통일성과 안정성이 요구되지만, 전술은 카멜레온처럼 상황에 따라 시시각각 변화해야 한다. 하지만 이때에도 전술은 전략을 바탕으로 행해져야 한다.

●● 전략을 이용하라

최고 수준의 전쟁이란 모략을 이용하여 승리하는 것이고, 그다음은 외
교적 수단으로 승리하는 것이고, 그다음은 군대를 이용하여 적을 토벌
하는 것이고, 가장 낮은 단계는 적의 성지를 공격하는 것이다.

『손자병법孫子兵法』「모공편謀攻篇」

손자는 승리의 방법을 네 가지 등급으로 분류했는데, 그중에서도 특
히 전략을 이용한 방법을 중요하게 생각했다. 장예 역시 이를 "전쟁에서
승리하는 방법 중 최고"라고 했고, 이전 또한 "가장 뛰어난 것은 지략을
구사하는 것이고, 그다음은 사람을 이용하는 것이고, 그다음은 정벌하
는 것이다"라고 했다. 이전은 전략의 중요성을 전하기 위해 다음과 같은
이야기를 남겼다.

후한의 구순寇恂이 고준高峻을 포위하자 고준은 책략가인 황보문皇甫文을
구순에게 보냈다. 하지만 구순은 무례하게 행동하는 황보문을 즉각 죽
인 다음 고준에게 전갈을 보내 이 사실을 알렸다.
"항복하려거든 빨리 하고, 투항할 생각이라면 버티지 말고 나오시오."
이를 전해 들은 고준은 이튿날 곧바로 진영의 문을 열고 투항했다. 구순
을 지켜보고 있던 장수들이 고준이 보낸 사신을 죽인 이유가 무엇이며,
이후 고준이 곧바로 투항한 이유가 무엇인지 묻자 구순이 대답했다.
"황보문은 고준의 심복이고 뛰어난 계략가다. 만약 그를 살려둔다면 그
의 지략이 시행될 것이고, 그를 죽인다면 고준은 용기를 잃게 될 것이다.
최고 수준의 전쟁은 모략을 이용하여 승리하는 것이기에 그렇게 한 것

이다."

하지만 전쟁이란 매우 복잡하고 변수가 많아서 언제, 무슨 일이 일어날지 알 수가 없다. 따라서 장수는 상황에 따라 외교적 수단 외에도 각종 전술을 조화롭게 활용해야 한다.

외교를 이용한 전쟁에 관해 장예는 다음과 같이 말했다.

"벌교伐交란 외교적 수단으로 적을 정벌하는 것이다. 말로서 병사를 일으켜 적군을 정벌하고자 한다면 먼저 주변국과 연맹을 맺어 기각지세(앞뒤에서 적을 몰아치는 것을 비유적으로 이르는 말)로 나아가야 한다. 이렇게 하면 아군은 강해지고 적군은 약해진다."

또한 적의 성지를 공격하는 전쟁에 대해 장예는 이렇게 말했다.

"성을 공격하고 마을 사람들을 학살하면 병사는 피로해지고 재물을 낭비하는 등 많은 피해를 입게 된다. 따라서 이는 전쟁에서 가장 하책이다."

요컨대 전쟁을 단계별로 나눈다면 첫째는 지략을 이용하는 것이고, 둘째는 외교적 수단을 이용하는 것이고, 그다음은 용병을 이용하는 것이며, 마지막 단계는 성을 공격하는 것이다. 즉 용맹함보다는 지혜로움이 먼저여야 한다.

●●● 싸우지 말고 적을 굴복시켜라

손자는 「모공편」에서 이렇게 말했다. "군사를 부리는 데 능한 자는 적군을 굴복시키되 싸움을 하지 않고, 적의 성을 함락시키되 공격하지 않고, 적국을 파괴하되 오래 끌지 않는다. 반드시 온전함으로 천하를 다투기 때문에 전력이 소모되지 않으면서 이익은 온전케 한다. 이것이 지략으로 적을 공격하는 방법이다. 백전백승이 최선 중의 최선이 아니라 싸우지 않고 적을 굴복시키는 것이 최선 중의 최선이다." 이는 『육도』의 다음 구절과 일맥상통한다. "온전한 승리란 싸우지 않는 것이고, 위대한 전쟁은 다치는 사람이 없는 것이다. 이는 귀신과 통하는 것이니 미묘하고 또 미묘하구나."

동서고금을 막론하고 싸우지 않고 상대방을 굴복시킨 사례는 셀 수 없이 많다.

기원전 281년, 진秦나라 소왕昭王은 백기白起를 이용해 양梁을 공격할 계획을 세우고 있었다. 그러자 소려蘇厲는 주나라 왕을 찾아가 양이 공격받으면 그 위협이 주나라까지 미칠 것이라며 일이 발생하기 전에 싹을 근절해야 한다고 말했다. 이에 주왕은 소려를 보내 백기를 설득하도록 했다. 소려는 백기에게 찾아가 이렇게 말했다.

"초나라에는 양유기養由基라는 명사수가 있습니다. 100보 이상 떨어진 곳에서 활을 쏘아도 언제나 백발백중이지요. 그래서 늘 주변 사람들의 칭찬이 끊이질 않습니다. 어느 날 누군가가 양유기에게 '잘 쏘는군요. 활 쏘는 법을 가르쳐줘도 되겠군요'라고 말하자 양유기는 무척이나 당황하여 말했지요. '다른 사람들은 모두 저더러 활쏘기의 명수라고 하는데, 당신은 오히려 저를 가르쳐도 되겠다고 말씀하시는군요. 그렇다면 한번 활을 쏴보십시오.' 그러자 그가 이렇게 말했습니다. '저는 왼손과 오른손을 이용해 활 쏘는 방법을 가르치려는 것이 아닙니다. 언제나 백발백중일지라도 멈추고 휴식하는 법을 모르면 결국은 체력이 달려 실력을 발휘하기 어려울 것입니다. 그렇게 되면 그동안의 공로는 모두 무너지고 말겠지요.' 최근 진나라는 한韓나라와 위魏나라를 무너뜨리고 위나라의 장군 무武를 죽였습니다. 그리고 북쪽으로 건너와 조나라를 공격하고 인藺, 이석離石, 기祁까지 빼앗았으니 이는 모두 당신의 공로지요. 그런데 또다시 군대를 이끌고 출정하여 동주와 서주를 지나 한나라를 밟고 양나라까지 치려 하고 있습니다. 하지만 이것이 만약 실패한다면 지금까지 세운 공로는 공든 탑 무너지듯 사라질 것입니다. 그러니 병을 구실 삼아 출병하지 않음이 옳다고 생각합니다."

『전국책戰國策』「동주책東周策」

소려의 설득에 넘어간 백기는 눈앞에 닥친 큰 전쟁을 시작도 하지 못한 채 흐지부지되고 말았다. 소려는 피 한 방울 흘리지 않고 깊은 지혜와 이치로 재앙에 직면한 나라를 구해냈다.

●● 상대방이 나를 이길 수 없게 만들어라

옛날 전쟁의 귀재는 먼저 누구도 자신을 이길 수 없도록 한 다음 적을 제압할 수 있게 되기를 기다렸다. 적이 나를 이기지 못하게 하는 것은 나에게 달려 있고, 내가 이기는 것은 적에게 달려 있다. 그러므로 전쟁의 귀재는 능히 적의 승리를 막을 수는 있지만, 적으로 하여금 아군의 승리를 돕도록 할 수는 없다. 이 때문에 '승리를 예측할 수는 있지만 억지로 얻을 수 있는 것이 아니다'라고 하는 것이다. 이길 수 없을 때는 방어하고, 이길 수 있을 때에 진격해야 한다. 방어하는 것은 힘이 부족해서이고 공격하는 것은 힘이 충분하기 때문이다. 수비에 능한 자는 은밀한 곳에 숨어 적군이 볼 수 없게 하고, 공격에 능한 자는 구천에서 하늘과 땅을 덮고 하늘에서 아래로 떨어지듯 공격하니, 늘 자신을 보호하고 승리를 쟁취할 수 있다. 『손자병법孫子兵法』「형편形篇」

전쟁에서 승리하기 위해서는 적이 나를 제압할 수 없게 만든 뒤에 내가 적을 제압할 수 있는 기회를 기다려야 한다. 그러기 위해서는 먼저 유리한 고지를 선점한 뒤, 적이 이길 수 없는 상황이 만들어졌을 때 적을 공격해야 한다. 이 부분에 대해 손자는 "승리란 예측할 수는 있지만 억지로 얻어지는 것은 아니다"라고 강조하면서, 상황에 적합한 전술을 구사해야 한다고 했다.

●● 싸우기 전에 전략을 세워라

예측할 수 있는 승리는 다른 사람들도 예측이 가능하기 때문에 최선이 아니다. 승리한 후 세상 사람들이 모두 칭찬한다면 이것 역시 최선은 아니다. 예전에 싸움에 능한 자는 승리할 만한 여건을 만든 뒤 적을 기다렸다. 전쟁의 귀재가 승리를 거두는 것은 지혜가 뛰어나서도, 용맹해서도 아니고 그가 지휘하는 전쟁에 실수가 없었기 때문이다. 실수가 없다는 것은 전략과 전술이 완벽하여 열세에 놓인 적을 이길 수 있다는 의미다. 따라서 전쟁에 능한 자는 늘 유리한 위치를 점하며 적을 무너뜨릴 기회를 놓치지 않는다. 승리하는 군대는 승리할 수 있는 조건과 상황을 조성한 뒤에 전쟁에 임하고, 실패하는 군대는 먼저 전쟁에 임한 뒤 승리의 기회를 찾는다. 전쟁의 귀재는 승리의 법칙을 연구하고, 그 법칙을 지켜 승리를 쟁취한다. 『손자병법孫子兵法』「형편形篇」

승자와 패자의 가장 뚜렷한 차이는 승자는 싸우기 전에 전략을 세워 놓지만, 패자는 싸움을 시작한 뒤에 이기는 방법을 찾는다는 것이다. 이러한 차이점이 승패를 결정짓는다.

승리를 쟁취하는 가장 좋은 방법은 이기기 쉬운 상황을 만든 다음 적을 물리치는 것이다. 이기고 지는 것은 적이 아닌 나에게 달려 있다. 전쟁의 귀재가 승리를 거두는 것은 뛰어난 지혜를 가졌거나 명성 때문이 아니고, 용맹심이 뛰어나서도 아니다. 단지 그가 지휘하는 전쟁에 실수가 없었기 때문이다. 승리하기 위해서는 실수가 없어야 하고, 기회를 포착할 줄 알아야 한다.

●● 적을 나오게 하되 먼저 나가지 말라

손자가 말했다. "전쟁에 승리하는 자는 적을 나오게 할 뿐 적에게 나가지 않는다." 이정은 『손자병법』에 관해 말하기를 "『손자병법』의 모든 구절은 '적을 나오게 하지, 적에게 나가지 않는다'라는 내용에서 벗어나지 않는다."라고 했다.

여기에서는 전쟁의 주도권을 잡는 문제를 다루고자 한다. 주도권을 확실히 잡아야 적을 멸할 수 있기 때문이다.

주도권이란 전쟁의 지휘권이자 승패의 결정권이며 운명을 건 생사권을 말한다. 전쟁의 주도권을 쥐기 위해서는 승리의 기세를 몰아가야 한다. 유리한 기세를 만드는 자가 결국 주도권을 거머쥔다.

급류의 힘이 돌을 떠내려가게 할 정도로 센 것이 기勢요, 큰 새가 나는 속도가 사냥감의 뼈를 꺾어버릴 정도로 빠른 것이 바로 절節이다. 그러

286

므로 전쟁을 잘하는 자는 그 기세가 맹렬하고 리듬이 짧다. 이러한 기세는 당겨진 활과 같고, 그 리듬은 활을 쏘는 것과 같다.

『손자병법孫子兵法』「세편勢篇」

여기에서 손자는 두 가지 내용을 시사하고 있다.

첫째, 전쟁을 잘하려면 병력보다는 형세를 이용해야 한다. 일단 기세를 먼저 잡으면 그다음은 일사천리로 일이 진행된다.

둘째, 전쟁에서는 기세뿐 아니라 흐름도 잘 타야 한다. 기세는 등등해야 하고 리듬은 빨라야 한다. 기세가 등등하면 적군이 쉽게 맞설 수 없고, 빠른 리듬을 타면 적이 미처 스스로를 돌아볼 겨를이 없어진다.

●● 전략과 위세와 힘을 이용하라

무릇 전쟁은 도승道勝과 위승威勝, 역승力勝을 잘 이용해야 이길 수 있다. 적정을 탐색한 뒤 적의 기세를 꺾어 군대를 혼란에 빠뜨리면 진형이 잘 갖추어져 있더라도 제대로 싸울 수 없다. 이것이 바로 도승을 이용한 승리다. 법률을 명확히 하고 상벌을 엄격히 하며 장비를 개선하여 군사들이 필사적으로 싸우도록 결심을 하게 하는 것은 위승을 이용한 승리다. 적군을 공격하여 적의 장수를 죽이고, 적의 성지에 올라 적군을 쳐부수고, 적국의 토지를 점령하여 승리한 뒤 군사를 조정으로 복귀시키는 것이 역승을 이용한 승리다. 군왕이 이러한 이치를 알면 세 가지 승리의 비법을 모두 내 것으로 만들 수 있다. 『울요자尉繚子』「제담制談」

각기 다른 관점에서 바라본 승리의 비법이다. 도승道勝은 적을 제압하는 것을, 위승威勝은 군대를 다스리는 것을, 역승力勝은 교전에서 승리하는 것을 일컫는데, 이들 셋 중 어느 것 하나라도 소홀히 해서는 안 된다. 도승이 있으나 위승이 없다면 역승이 있을 수 없고, 도승 없이는 위승이나 역승도 있을 수 없다. 도승과 위승은 있으나 역승이 없다면 모든 공은 물거품이 된다. 울요자가 마지막 구절에서 '세 가지 승리의 비법을 모두 내 것으로 만들 수 있다'고 한 것은 특히 음미할 만하다.

고요한 마음으로 만물의 흔들림을 대하라

경쟁에서 승패를 결정짓는 두 가지 핵심 요소는 전략과 전술이다. 흔히 전략이 승패를 결정짓는다고 하지만 어떤 이는 개별 사건이 승패를 좌우한다고 한다. 누군가는 전술보다 전략이, 또 다른 이는 전략보다는 전술이 문제 해결에 더 중요한 영향력을 미친다고 한다. 하지만 모든 기업이 처한 환경과 경쟁 상대는 각기 다르고, 기업 고유의 특징도 서로 다르기 때문에 해결해야 할 문제 또한 다를 수밖에 없다. 그렇기 때문에 기업의 발전 과정에서 나타나는 문제점을 해결하고자 할 때, 전략과 전술 중 어느 것을 더 중시해야 할 것인지의 문제는 상황에 따라 달라질 수밖에 없다.

현대 기업의 경영 방식은 경험 중심에서 지식 중심으로, 감각 중심에서 지혜 중심으로 바뀌었다. 이러한 변화 속에서 경영인은 어떻게 해야 기업을 성공적으로 이끌어 나갈 수 있을까? 이는 모든 경영인이 해결해야 할 중요한 과제다.

혹자는 말한다. 기업의 승패를 결정짓는 것은 전략이라고. 옳은 말이다. 전략적 경영의 본질은 미래에 대한 준비 과정이며, 미래 경영의 핵심은 바로 경쟁력 강화다. 실제로 많은 기업이 전략 실패로 무너진 사례가 많다. 성공적인 전략으로 기업을 경영하기 위해서는 다음 몇 가지 사항을 유의해야 한다.

●● 경영환경에 대한 정확한 인식

전략은 기업 경영의 가이드라인과도 같다. 경영인은 늘 전략을 바탕으로 경영활동을 펼친다. 따라서 성공적인 전략을 수립하기 위해서는 먼저 경영환경에 대한 정확한 인식이 전제되어야 한다. 그래야만 전략이 방향성을 갖게 된다.

기업의 외부 환경을 분석할 때에는 다음 두 가지를 명심해야 한다.

첫째는 맹인할마盲人瞎馬[3]의 경우이다. 일부 경영인은 외부 환경에 대한 진지한 분석이 이루어져야 원활한 경영이 가능하다는 사실을 알지 못한 채 그저 감각에만 의존하여 독단적으로 일을 처리한다.

궁벽에 올라 황천으로 내려갔지만

두 곳 모두 망망하여 보이지 않더라

이런 사람이 이끄는 기업은 실패할 수밖에 없다.

둘째는 색안경을 끼고 세상을 바라보는 경우다. 이런 사람들은 고정관

---

3) **盲人騎瞎馬 夜半臨深池** '장님이 애꾸눈 말을 타고 한밤중에 깊은 연못에 이르렀네'라는 말에서 유래한 성어로 매우 위험함을 뜻함.

념을 갖고 외부 환경을 바라보려 한다. 그들의 눈에 보이는 외부 세계란 주관적 인식에 의해 왜곡된 세상일 뿐이다.

눈을 크게 떠야 아름다운 풍경을 볼 수 있고 귀를 깨끗이 해야 인간사의 절묘한 소리를 들을 수 있다. 단지 눈을 뜨는 데 그치지 말고 시야를 넓혀 세상을 바라보아라. 단지 귀를 씻는 데 그치지 말고 잡음을 없애고 들어라. 경영인도 마찬가지로 주위를 살피고 각 방면에 귀를 활짝 열고 기업 경영과 관련된 객관적 환경을 정확하게 파악해야 한다. 객관적인 상황을 무시한 채 경영환경에 대한 분석을 소홀히 한다면, 결국 주관성과 객관성 모두를 잃게 되어 이상과 현실이 충돌하게 된다. 이러한 전략은 실패로 가는 지름길이다.

●● 해당 기업의 능력에 대한 정확한 인식

여기에서 지칭하는 능력이란 자원분배 능력과 경영운영 능력을 말한다. 기업의 능력과 전략은 서로 밀접한 관계가 있다. 능력을 배재한 전략은 실현이 어렵고, 급한 마음에 무리수를 두게 되면 결국 파국을 맞을 수밖에 없다. 반면 전략이 능력에 미치지 못하면 발전 속도와 효율성이 떨어지고, 심지어 발전 기회마저 놓쳐 기업에 엄청난 재앙을 초래할 수 있다. 따라서 전략과 능력을 조화롭게 활용하는 것은 일종의 기술이자 예술이며, 이는 기업을 성공으로 이끄는 힘이다.

실제 기업 경영 사례를 보면 지나치게 신중한 나머지 제자리걸음을 하는 기업이 있는가 하면, 막무가내식 경영으로 아슬아슬한 위기를 겪고 있는 기업도 부지기수다. 많은 기업이 하루아침에 스타가 되었다가도 한순간의 물거품으로 사라져버리기도 한다. 이는 모두 조급함, 인내심

부재, 벼락 성공에 대한 갈망과 현실을 고려하지 않은 무모한 열망 때문에 빚어진 결과다.

스스로 지혜롭다 말하는 자는 대부분 지혜롭지 못하고, 스스로 밝다고 말하는 자는 그 미혹됨이 깊다. 『법률삼매경法律三昧經』

남을 아는 자는 지혜롭고 나를 아는 자는 현명하다. 경영인 역시 자신에 대해 정확히 알아야 한다. 하지만 안타깝게도 많은 경영인이 쓰라린 아픔을 겪고 나서야 비로소 스스로에 대해 알게 되는 경우가 비일비재하다.

혹자는 기업 경영에 대한 인식 과정을 네 단계로 구분했다. 첫 번째는 내가 모르는 것을 모르는 것이고, 두 번째는 내가 모르는 것을 아는 것이고, 세 번째는 내가 아는 것을 모르는 것이고, 네 번째는 내가 아는 것을 아는 것이다. 매우 절묘하고 심오한 지혜가 담긴 문구다.

첫 번째 단계인 '내가 모르는 것을 모를 때'의 정책 결정이 가장 무섭다. 기업의 흥망성쇠는 마치 밀물이나 썰물과 같다. 매일 아침 해가 떠오르듯 수많은 기업이 생겨나지만, 또 매일 저녁 석양이 지듯 무수한 기업이 자취를 감춘다. 이 중 대다수 기업의 실패는 무지에서 기인한다.

따라서 경영인은 기업의 발전을 위해서 무지에서 앎으로의 변화가 필요하다. 경영인의 진짜 지혜는 특이한 공상이나 막가파식 행동이 아니라 지피지기의 정신이 밑바탕이 되어야 한다.

●● 중점적 업무부터 시행하라

"우리의 사업은 무엇인가?" 저명 경영학자인 피터 드러커의 이 질문은 전략의 핵심문제이기도 하다. 모든 기업은 이 명제에 대한 답을 얻었는지 곰곰이 생각해볼 필요가 있다. 중국 근대 고증학자인 왕국유王國維는 이렇게 말했다.

"과거에나 지금이나 큰 사업과 큰 학문을 이룬 사람은 반드시 세 가지 단계를 거쳤다."

어젯밤 서풍에 푸른 나무 시들었는데
홀로 높은 누각에 올라 하늘 끝닿은 길을 하염없이 바라보네

이것이 첫 번째 경지다.

옷을 맨 허리띠가 갈수록 느슨해져도 후회는 없고
그대 그리는 마음은 더욱 초췌해질 뿐

이것이 두 번째 경지다.

사람들 속에서 수백 수천 번 찾다가 문득 고개를 돌리니
등불 환하게 비추는 곳에 그대가 있네

이것이 바로 세 번째 경지다.
왕국유가 말하는 첫 번째 경지는 바로 '머리를 쥐어짜는' 깊은 고뇌의

시간이다. 이는 불교에서 말하는 완벽한 깨달음과 같다. 기업을 운영하거나 정책을 결정할 때는 충분한 사고思考가 전제되어야 한다. '일단 저지르고 보자'라는 생각은 절대 금물이다. '어떤 일을 할 것인가?'는 기업으로서 가장 중요한 문제다. 업종을 선택했다면 이미 돌아올 수 없는 강을 건넌 것과 다름없으므로 심사숙고해야 한다. 섣불리 행동했다가는 치명적인 재앙을 부르기 십상이다.

『단경』에서는 "깨우치지 못하면 부처도 곧 중생이고, 일념을 깨우쳤을 땐 중생이 곧 부처이다."라고 했다.

이와 같이 깨달음은 '제대로' 일을 시행하기 위한 필수적인 전제 조건이다. 왕국유가 말하는 두 번째 경지는 일단 목표를 정했으면 온 정신을 집중하여 끈기 있게 완수하는 것이다.

결연한 의지는 땅처럼 안정적이고, 고요한 마음은 마치 연꽃 같구나.

『불본행집경佛本行集經』

『육조단경』의 바람과 깃발 이야기는 지금까지도 전해지고 있다.

육조六祖 혜능법사가 광주廣州에 있는 법성사法性寺를 찾았다. 마침 인종仁宗법사가 열반경涅槃經을 강의하고 있었다. 그때 바람이 불어 깃발이 휘날리자 한 스님은 바람이 부는 것이라고 하고, 또 한 스님은 깃발이 흔들리는 것이라며 서로 왈가왈부하고 있었다. 그러자 혜능이 말했다.

"바람이 부는 것도 아니요, 깃발이 흔들리는 것도 아닙니다. 인자仁者의 마음이 흔들리는 것입니다."

그의 말에 모든 사람이 놀라움을 금치 못했다.

이 이야기가 전하고자 하는 메시지는 무엇일까? 불교의 관점으로 볼 때 바람과 깃발이 흔들리는 것은 마음에 틈이 있기 때문이요, 마음이 진실하지 않고 근본이 흐트러져 있기 때문이다. 자연의 법칙에 따르면 바람이 흔들리면 깃발이 흔들리고, 깃발이 흔들리면 마음이 흔들린다. 하지만 불자라면 바람과 깃발이 흔들릴지라도 마음은 절대로 흔들려서는 안 된다. 바람과 깃발이 흔들려도 마음이 흔들리지 않는다는 것은 보아도 보이지 않고 들어도 들리지 않는다는 것이다. 흔들리지 않는 마음으로 만물의 흔들림을 대하는 것, 이것이 바로 불가에서 말하는 수행의 참뜻이다.

불나방이 불 속으로 날아드는 것은 불의 빛깔 때문이고, 물고기가 낚싯줄에 걸리는 것은 먹이를 삼키려 했기 때문이다. 『불본행집경佛本行集經』

경영인이라면 한결같고 침착해야 하며 자제력이 있어야 한다. 눈앞의 이익에만 급급한 성과주의나 변덕, 유혹에 쉽게 넘어가는 태도는 지양해야 한다. 어떤 일을 하든 '그저 하기'보다는 '완성도 높게' 해야 한다. 머뭇거리지 말라. 주저하지 말라. 성공하기 전에는 절대로 포기하지 말라. 제대로 일하기 위해서는 고집이 필요한 법이다. 왕국유가 말한 세 번째 경지는 모든 고난과 역경을 이겨내고 마침내 성공했다는 의미다. 이는 기업 경영의 최고 경지이기도 하다.

쇠 신발이 다 닳도록 걸어도 찾을 수 없었는데
아무 노력도 하지 않은 데서 얻었구나

아무리 노력해도 얻을 수 없었던 무언가가 때로는 부지불식간에 나타나기도 한다. 성공과 돈도 마찬가지다. 이런 경지에 다다랐다면 당신은 이미 모든 것을 자유자재로 다루고 썩은 물도 신비한 성수로 바꿀 능력을 갖추었음을 의미한다.

봄에는 온갖 꽃이 가을에는 달이
여름에는 서늘한 바람이 겨울에는 눈이 있네
쓸데없는 일을 머리에 담지 않는다면
이것이 바로 인간 세상 좋은 시절이라

『운문광진선사광록雲門匡眞禪師廣錄』

이렇듯 경영인이 제대로 일을 했다면 결과는 성공으로 나타난다.

■ 가장 중요한 것은 핵심 업무의 선택 및 실행이다

전쟁에서 승리하기 위해서는 전쟁의 판도를 뒤바꿀 만한 결정적인 공격 포인트에 핵심 병력을 배치해야 한다. 마찬가지로 성공적인 기업 경영을 위해서는 발전 가능성이 가장 큰 핵심 분야에 자원을 집중 투입해야 한다. 집중 전략을 선택하는 것이야말로 성공의 비결이다.

실제 기업의 성공 사례를 보면 실적이 우수한 기업의 경우, 하나 또는 많아야 두 개 정도의 핵심 업무를 중심으로 실력을 향상시킨 뒤 주변 영역으로 조금씩 세력을 확장해 나간다. 신규 고객이나 판매 루트, 신제품 개발 등으로의 확장은 역으로 기존의 핵심 업무를 더욱 공고히 하는 역할을 한다.

따라서 우수한 기업이라면 먼저 핵심 분야의 업무 영역을 명확히 정한 뒤 이를 바탕으로 발전을 도모해야 한다. 이는 드러커의 말과도 일맥 상통한다. "기업은 그 이름이나 사칙, 조례 등으로 정의하는 것이 아니라 업무로 정의 내려진다. 기업이 명확한 방향성을 가지고 있어야 비로소 현실적인 목표를 세울 수 있다."

경영학자들이 핵심 업무의 중요성을 강조하는 이유는 모든 기업의 자원은 한계가 있기 때문이다. 이 세상에는 모든 영역의 업무를 완벽하게 처리할 수 있는 기업은 존재하지 않는다. 가장 최악의 경우는 한 기업이 모든 분야에 진출하는 문어발식 경영을 하는 경우다.

"우리의 사업은 무엇인가? 이는 기업의 성패가 결정되는 가장 중요한 문제다."라는 드러커의 말을 기억하자. 기업이 전략을 세우기 위해서는 자원 분배의 원칙을 제대로 알아야 한다. 성공적인 전략이란 핵심 자원을 성공 가능성이 가장 큰 영역에 투입하는 것이다. 핵심 업무는 기업의 생존과 발전의 근간이므로, 자원을 주된 업무에 집중적으로 분배해야만 경쟁우위를 점하여 발전을 꾀할 수 있다. 능력보다 중요한 것은 선택이다.

> 길이라도 가지 말아야 할 길이 있고, 군대라도 치지 말아야 할 군대가 있고, 성이라도 공격하지 말아야 할 성이 있고, 땅이라도 다투지 말아야 할 땅이 있고, 군주의 명령이라도 받들지 말아야 할 명령이 있다.
>
> 『손자병법孫子兵法』「구변편九變篇」

2 산업구조를 조정하고 보완하라

현대 기업의 경영이론에 따르면, 기업의 수익 수준은 1차적으로는 해당 기업이 속해 있는 업종에 따라 결정된다. 업계 평균 수익률이 해당 업종에 종사하는 각 기업의 수익 수준을 결정한다는 의미다. 저부가가치 산업 및 저기술 산업군에 속한 기업이라면 아무리 성과가 뛰어나다 하더라도 업계 평균 수익 수준을 벗어날 수 없다. 이 때문에 산업 구조 조정의 필요성이 대두된다.

따라서 저부가가치 산업은 고부가가치 산업으로, 저기술 산업은 고기술 중심의 산업으로 전환해야 한다. 이를 실현하지 못한 기업은 결국 산업사슬의 최하위 단계에 머무르며 가격 경쟁의 악순환에서 벗어나지 못하게 된다. 바로 여기에서 나아감과 물러섬, 얻음과 버림의 문제가 발생한다. 나아갈 때는 반드시 성장산업을 찾아 나서고, 물러설 때는 반드시 업계 발전 동향에 역행하는 제품이나 계열사를 과감하게 정리해야 한다. 나아감이 있으면 물러섬이 있고, 물러설 줄 알아야 비로소 나아갈 수 있는 법이다.

큰 것이라도 정리해야 할 것은 과감히 정리해야 더 큰 것을 얻을 수 있다. 나아갈 것인가 물러설 것인가? 언제 어떤 식으로 나아가고 물러설 것인가는 경영인이라면 누구나 고민하고 따져보아야 할 문제다.

때로는 나아가는 것보다 물러서는 것이 더 현명할 수 있고, 나아감이 함정이었다가도 물러섬이 오히려 승리를 불러올 수도 있다. 성숙한 경영인이라면 나아가고 물러설 때를 정확히 알아야 하며, 용감하게 나아가고 과감하게 물러설 줄 알아야 한다. '침몰한 배 옆으로 1000척의 배가 지나가고, 병든 나무 앞에 1만 그루의 나무가 봄을 맞는 법'이다.

3 제품의 수준을 향상시키고 혁명을 일으켜라

어제의 제품과 오늘 그리고 내일의 제품은 서로 연관되면서도 차별성이 있어야 한다. 신제품을 어떤 방향으로 업그레이드할 것인가의 문제는 기업의 향후 업무 발전에 중요한 나침반이 된다.

●● 전략은 고무적이어야 하며, 실행 가능해야 한다

목표는 전략의 중요한 일환이자 기업이 나아가고자 하는 방향으로써 기업 발전에 견인차 역할을 한다. 목표를 세우는 일은 간단해 보이지만 복잡한 문제이기 때문에 기업으로서는 늘 고민해야 할 문제다.

경제 발전에는 일정한 규칙이 있다. 경제 지표는 경제 활동을 분야별로 가늠해볼 수 있는 통계다. 지표가 상승했다는 것은 해당 산업군이 원활하게 운영되어 목표를 실현했음을 의미한다. '목표는 명령이 아니라 책임이자 약속이다. 또한 미래를 결정하는 것이 아니라, 자원과 에너지를 이용하여 미래를 창조하는 수단이다.' 목표를 설정할 때는 피터 드러커의 이 말을 기억하자. 현실과는 동떨어진 높은 목표를 세워 조급하게 서두르다가 오히려 일을 망치는 발묘조장拔苗助長의 우를 범하지 말아야 하기 때문이다. "위기에 몰려 내린 선택은 대부분 최악의 선택이다." 많은 기업들이 쓰라린 경험을 한 후에야 '다시는 잘못된 전철을 밟지 말아야겠다'고 후회하지만 때는 이미 늦었다.

●● 전략은 경쟁력과 입지 강화에 도움이 되어야 한다

전략의 영혼은 경쟁력이다. 따라서 경쟁력 없는 전략이란 무용지물일 수밖에 없다. 경쟁업체의 전략보다 뛰어난 전략을 세워야 업계에서 살아남을 수 있다.

경쟁력이란 무엇인가? 이에 관해 경영학에서 오랫동안 회자되고 있는 이야기가 있다.

두 친구가 숲 속을 거닐다 곰과 마주치게 되었다. 한 친구가 가방에서 운동화를 꺼내자 다른 한 친구가 말했다.

"네가 곰보다 더 빨리 달릴 수 있을 거라고 기대하지는 마."

그러자 운동화를 꺼내든 친구가 이렇게 말했다.

"내가 곰보다 빨리 달릴 것이라고 기대 안 해. 단지 너보다 빠르면 되니까."

매우 철학적인 함의가 담긴 이 이야기는 우리에게 두 가지 교훈을 준다. 첫째, 경쟁이란 상대적 우위를 점하는 것이다. 즉 상대방을 이기면 생존의 권리를 갖게 된다. 둘째, 상대적 경쟁우위를 점하지 못하면 결국 도태될 수밖에 없다.

매일 아침 태양이 떠오를 때면 아프리카 대초원의 동물들은 뛰기 시작한다. 그때 어미 사자는 새끼 사자에게 말한다.

"아가야. 좀 더 빨리, 더 빨리 뛰어야 한다. 영양을 따라잡지 못하면 굶어 죽을 거야."

반면 영양 어미는 새끼에게 이렇게 이야기한다.

"아가야. 좀 더 빨리, 더 빨리 뛰어야 한다. 사자보다 느리면 잡아먹히고 말 거야."

기업의 경쟁력을 높이는 것은 상대적 비교우위를 점하는 것으로, 이는 기업의 생존을 결정짓는 문제다. 그렇다면 경쟁력을 갖춘 기업은 어떤 모습일까? 한 전문가는 미국의 경쟁력 있는 기업을 대상으로 심층 분석을 거친 뒤, 그들이 가진 일곱 가지 특징에 대해 다음과 같이 정리했다.

❶ 시장점유율을 중시해야 한다. 항상 2등이 아닌 1등을 지향해야 하며, 3등으로 추락하는 것보다 더 위험한 일은 없다.

❷ 자신에게 주어진 업무를 정확하게 이해해야 한다.

❸ 어떤 문제가 발생하든 늘 완벽하게 처리해야 한다. 제품뿐 아니라 기업 안팎의 문제에서도 마찬가지다.

❹ '혁신 아니면 죽음이다!' 특히 기술주도형 기업은 성공하지 않으면 사라질 뿐이다.

❺ 기업 발전을 위해서는 인수합병도 중요하다. 성공적인 인수합병은 기업의 기술력과 시장점유율을 극대화시킨다.

❻ 인재를 중시해야 한다. 아무리 강조해도 지나치지 않은, 결코 진부하지 않은 말이 바로 '인재 중시'다.

❼ 시장에서 품질을 대신할 만한 요소는 없으며, 국제시장에서 원가 경쟁력을 잃는 것보다 더 큰 위험은 없다. 이 두 가지 요소는 상호배타적이 아니라 상호보완적이다.

경영전략을 수립할 때는 반드시 경쟁력 향상에 착안점을 두어야 하며, 이때 앞에서 언급한 일곱 가지 특징을 잊지 말아야 한다.

이해득실 살피기

지혜로운 자의 생각에는 반드시 이익과 손해가 함께 한다. 불리할 때 유리함을 생각하면 임무에 자신감이 생기고, 유리할 때 불리함을 생각하면 재난을 피할 수 있다. 『손자병법孫子兵法』「화공편火攻篇」

전쟁은 승리할 수 있을 때 한다

전쟁에서 승리하기 위해서는 적군과 아군에게 유리한 요소와 불리한 요소를 판별하는 능력이 있어야 한다. 이득이 있다면 따르고, 해가 된다면 피하라. 그래야 나아감에 얻음이 있고 물러남에 재앙이 없다.

손자는 「작전편」에서 이와 관련하여 다음과 같이 말했다. "그러므로 전쟁의 불이익을 제대로 알지 못하는 자는 전쟁의 이득 또한 알 수 없다."

전쟁을 치를 때면 사정없이 날아드는 포화 속에서 일어나는 자욱한 연기로 인해 마음은 더없이 복잡해지지만 그럴 때일수록 마음을 다잡고 유리한 요소를 최대한 활용하고 불리한 요소는 최대한 피해야 한다.

중국의 군사 사상에서 이해관계와 관련해 우리가 배우고 생각해볼 만한 것은 무엇이 있을까?

●● 전쟁의 이해관계 살펴보기

『태백음경』의「작전편」에서는 환경의 변화에 따라 어떻게 전쟁을 치러야 하는지 설명하고 있다. "불리한 상황에서 경솔하게 전쟁에 임하면 병력이 많더라도 반드시 실패한다. 유리한 상황과 맞닥뜨리면 병력이 적더라도 반드시 승리한다. 유리한 조건이란 적군의 약점을 이용하고 아군의 장점을 발휘할 수 있는 상태를 말한다. 유리한 조건에서는 즉시 행동하고 불리한 조건에서는 즉시 멈추어야 한다. 제왕의 자질을 가진 자는 유리한 환경을 만나면 그 즉시 행동한다."

또한 손자는 전쟁의 원칙에 대해 다음과 같이 설명하고 있다.

형세가 불리하면 움직이지 말고, 승리를 얻지 못할 것 같다면 출병하지 말고, 위태롭지 않으면 싸우지 말라. 군주는 분노가 솟구친다고 해서 전쟁을 일으켜서는 안 되고, 장수는 원한이 있다 하여 전쟁을 일으켜서는 안 된다. 내게 유리하면 행동을 취하고 불리하면 즉각 멈추어라. 분노는 다시 기쁨으로 바뀔 수 있고, 원한은 다시 즐거움으로 바뀔 수 있지만 국가가 멸망하면 다시 일어설 수 없고, 전사자 역시 다시 살아날 수가 없다. 따라서 현명한 군주는 신중한 태도로 전쟁에 임하고, 훌륭한 장수는 경계심을 늦추지 말아야 한다. 이것이야말로 국가가 편안해지고 군대가 승리하는 원칙이다. 『손자병법孫子兵法』「화공편火攻篇」

전쟁이란 화가 난다고 해서 일으켜서는 안 된다. 승리할 수 있다면 일으키고 승리할 자신이 없으면 멈추어야 한다. 『울요자尉繚子』

위의 두 문장은 한 가지로 귀납된다. '전쟁은 승리할 수 있을 때 한다.'

●● 전쟁에서 환경의 요건

전쟁은 이해득실이 난무하는 공간이다. 현명한 장수와 무능한 장수, 질서정연한 군대와 무질서한 군대, 우수한 전략과 열등한 전략 등의 복잡한 요소가 펼쳐지는 곳이다.

중국의 고대 병법가들은 전쟁에서 환경의 요건을 매우 중요하다고 보았다. 따라서 전장의 장수에게 환경을 이용해 유리한 형세를 구축하는 것은 매우 중요한 과제다.

여기에서는 전쟁에 관한 몇 가지 구체적인 문제를 살펴보자.

전쟁을 치를 수 있는 형세는 세 가지가 있다. 첫째는 하늘의 형세인 천세天勢요, 둘째는 땅의 형세인 지세地勢요, 셋째는 사람의 형세인 인세人勢다. 천세란 해와 달과 같이 청명하고, 오성五星(금성, 목성, 토성, 수성, 화성)이 정상적으로 운행하고, 혜성의 출현과 같은 불길한 기미가 없고, 바람과 비가 때맞춰 오는 것을 말한다. 지세란 성벽이 높고 험준하며, 물은 깊고 넓으며 파도가 거세고, 석문이 견고하고, 동굴이 깊숙하며, 산길이 구불구불한 것을 일컫는다. 인세란 군주는 슬기롭고, 장수는 현명하고, 군대는 잘 다스려져 있고, 병사는 명령에 잘 복종하고, 식량은 풍족하고, 무기가 우수한 것을 말한다. 전쟁을 잘하는 자는 하늘의 때에 맞추고 땅의 형세에 따라 군대의 우세함을 이용하니, 어딜 가나 적수가 없고 공격할 때는 한 치의 실수가 없다. 「제갈량집諸葛亮集」「병세兵勢」

과거 장수들은 시기와 지형에 따라 전쟁의 방법을 결정하곤 했다. 따라서 장수라면 환경을 적절히 이용하는 능력을 갖추어야 한다.

그래서 손자는 「지형편」을 통해 이렇게 말했다. "지형은 전쟁을 돕는 중요한 수단이다. 적정을 정확히 판단하여 승리를 거머쥐고, 지형의 험준함과 거리를 정확히 따져보는 것이 바로 장수의 임무다. 이 모든 것을 검토한 후에 전쟁을 지휘한다면 승리할 수 있지만 이를 모른 채 전쟁을 지휘한다면 패배할 것이 분명하다. 따라서 전쟁의 추세를 보았을 때 승리할 수 있다면 설사 군주가 싸우지 말라고 해도 나가서 싸워야 한다. 하지만 전쟁의 추세를 보았을 때 승리할 수 없다면 당장 적과 싸우라는 군주의 명령이 있어도 싸워서는 안 된다. 그러므로 군대를 파병할 때에는 승리의 명성을 얻기만을 기대해서는 안 되고, 퇴각할 때에는 명령을 어기는 죄를 피하지 말고, 오로지 백성의 안전과 군주의 이익에 부합되는 것을 추구하는 장수야말로 국가의 보물이다." 따라서 장수라면 환경을 적절히 이용하는 능력을 갖추어야 한다.

하늘의 시기가 왔다 하더라도 무도한 군주를 도와서는 안 되고, 지리적으로 우세하더라도 망국을 구제할 수는 없다. 지형의 험준함과 평탄함은 사람으로 인해 달라지니, 험준함도 없고 험준하지 않음도 없으며, 평탄함도 없고 평탄하지 않음도 없는 것이다. 국가의 존망은 덕을 얼마나 베푸느냐에 달려 있고, 전쟁에서의 공격과 수비는 지형을 어떻게 이용하느냐에 달려 있으므로 현명한 군주와 지혜로운 장수가 있어야 비로소 국토를 수호할 수 있는 법이다. 따라서 험준함과 평탄함을 탓하는 것이 무슨 의미가 있겠는가? 『태백음경太白陰經』「지무험조편地無險阻篇」

환경이 전쟁에 미치는 영향은 상대적이고 가변적이라는 사실을 전하고 있다. 전쟁에서 지리적 요소는 매우 중요하지만, 결국 승패를 가르는 것은 바로 사람이 하는 일이다.

예로부터 중국 군사가들은 환경에 대한 인식과 사람의 화합을 매우 중시했다. "하늘의 때는 땅의 이로움만 못하고, 땅의 이로움은 인간의 화합만 못하다."라는 유명한 구절은 이를 뒷받침한다. 기업 역시 처한 환경에 대해 정확히 알아야 한다. 기업에 영향을 미칠 외부 환경 요인 가운데 긍정적인 측면과 부정적인 측면이 무엇인지 정확히 파악해야 하며, 이를 어떻게 효과적으로 통제할 것인지에 대해 경영인은 항상 관심을 기울여야 한다.

오늘날 기업을 운영함에 있어서 하늘의 시기와 지리적 우세함, 그리고 사람의 화합은 어떻게 적용되어야 할까? 시대와 환경이 바뀜에 따라 제반 요건도 크게 달라졌다. 현대 기업경영 이론에서는 기업의 경영 환경이 기업의 승패에 결정적인 영향을 미친다고 본다. 많은 전문가들이 이에 관한 연구와 분석을 통해 도출한 결론도 매우 다양하다. 따라서 경영인이라면 기업 환경에 대한 인식을 높이고 이를 실제 경영에 적절하게 활용할 수 있어야 한다.

미국의 경영 컨설팅 회사인 매킨지McKinsey는 기업의 전략, 구조, 시스템, 스타일, 공유 가치, 사람, 기술의 7가지 요소를 서로 밀접하게 연관된 유기체로 보고, 이를 체계적으로 활용하여 기업의 운영효율과 경쟁력을 높이는 '7S 모델'을 제시했다. 또한 마이클 포터 미 하버드 대학교 교수는 SWOT 분석법을 제시하고 S(strength : 강점), W(weakness : 약점), O(opportunity : 기회), T(threat : 위험)의 네 가지 시점에서 기업의 경쟁력을 구체적으로 분석했다. 비록 방법과 특징은 서로 다르고 나름의 일장일단이 있으나 기업 경영에 중요한 의미를 지닌다.

'완자러(萬家樂), 모두를 즐겁게(樂萬家)!' 이는 한때 중국 전역을 풍미하여 중국의 '창의적 광고 Top 10'에 수차례 거론된 광고 카피다. 완자러는 타이양선太陽神과 함께 광둥 지역의 대표 기업으로 평가받기도 했으나, 창립 10주년을 맞이한 지 얼마 지나지 않아 투자 정책 및 브랜드 경영의 실패로 다른 기업에 합병되는 불운을 겪었다. 잘못된 투자정책의 주요 원인은 경영환경에 대한 정확한 인식, 특히 고객의 수요변화에 대한 인식이 부족했기 때문이었다.

●● 일과 휴식에 대한 고대 병가사상

고대 병법에서는 휴식의 중요성에 대해 중요하게 다루고 있다. 피로한 상태에서는 절대 전쟁에서 승리할 수 없기 때문이다. 여기서는 환경을 적극적으로 활용하는 방법과 일과 휴식의 적절한 분배를 통해 효율적인 전투를 치를 수 있는 방안을 제시하고 있다.

▌1 환경을 적극 활용하여 주도권을 잡아라

전쟁에서 승리하기 위해서는 편안한 상태로 상대방이 피로해지기를 기다렸다가 상대방을 무찔러야 한다. 이는 전쟁에서 반드시 필요한 전략의 핵심이다.

지혜롭고 경험이 풍부한 군대는 편안하게 앉아서 적이 피로해지기를 기다렸다가 적절하게 상황에 대응한다. 이들은 적이 필사적으로 싸우다 지쳐 불안에 떨게 만든 다음 싸워 이긴다.

가까운 곳에 있으면서 적군이 먼 길을 고생스럽게 오기를 기다리고, 여유롭게 휴식하면서 적군이 피로해지기를 기다리고, 배불리 먹으면서 적군의 식량이 동나 굶주리기를 기다린다. 이 세 가지는 큰 틀에서 본 전략이다. 전쟁에 능한 사람은 이 세 가지를 여섯 가지로 세분화한다. 즉 적을 속여 유인하고, 혼란스러운 적을 침착하게 기다리고, 경박스러운 적을 신중하게 상대하고, 나태해진 적군을 엄격하게 다스리고, 혼란스러운 적을 효율적인 군대로 대응하고, 성문을 굳게 지켜 적군의 진격을 막아낸다. 이렇게 하지 않으면 적을 당해낼 수가 없다. 나의 전투력을 강화하지 않은 상태에서 어찌 현장을 지휘할 수 있겠는가? 이정李靖

2 일과 휴식의 시기를 적절하게 활용하라

전쟁을 치를 때는 반드시 적군의 허함과 실함을 밝혀내 그들의 가장 치명적 허점을 공격해야 한다. 적군이 먼 곳에서 오느라 아직 진영을 설치하지 않았을 때 공격하면 이길 수 있고, 막 식사를 마쳐 미처 방어태세를 갖추지 못했을 때 공격하면 이길 수 있고, 행군하여 분주히 돌아다닐 때 공격하면 이길 수 있고, 피로해졌을 때 공격하면 이길 수 있고, 유리한 지형을 아직 선점하지 못했을 때 공격하면 이길 수 있다. 또한 적이 유리한 시기를 놓쳐 무력해져 있을 때 공격하면 이길 수 있고, 먼 길을 온 탓에 후속부대가 쉬지 못했을 때 공격하면 이길 수 있고, 강을 절반쯤 건넜을 때 공격하면 이길 수 있고, 좁고 험준한 도로를 지나고 있을 때 공격하면 이길 수 있고, 깃발이 이리저리 흔들릴 때 공격하면 이길 수 있고, 진형이 번잡스럽게 이동할 때 공격하면 이길 수 있고, 장수와 병사들이 갈등하고 있을 때 공격하면 이길 수 있고, 그들이 혼란스러워할 때 공격하면 이길 수 있다. 이러한 상황에서는 먼저 정예부대를 파병한 뒤 후속부대를 출격시켜 한 치의 오차도 없이 신속하게 공격해야 한다.

『오자병법吳子兵法』「요적料敵」

앞의 글에서 오기는 절호의 찬스를 잡아 적군에게 치명타를 날리는 방법에 관해 상세하게 묘사하고 있다.

❸ 일과 휴식 이외의 다른 요소를 조화롭게 활용하라

손자는 전쟁에서 승리하는 방법으로 기세를 이용하는 치기治氣, 마음을 이용하는 치심治心, 힘을 이용하는 치력治力, 임기응변의 방법을 이용하는 치변治變의 네 가지를 제시했다.

전쟁에 능한 자는 적의 날카로운 기세를 피해 그들이 나태해졌을 때 공격한다. 이는 기운을 이용하여 적을 이기는 치기治氣다. 적이 무질서하고 어지러워 침착성을 잃었을 때 적을 공격한다. 이는 마음을 이용하여 적을 이기는 치심治心이다. 가까운 곳에 있으면서 멀리서 오는 적이 지치기를 기다리고, 편안하게 쉬면서 적군이 피로해지기를 기다리고, 배부르게 먹으면서 적군이 굶주리기를 기다린다. 이는 힘을 이용하여 적을 이기는 치력治力이다. 깃발이 정돈되어 있는 군대와 위풍당당한 진영은 공격하지 않는다. 이는 바로 변통의 방법을 이용하여 적을 이기는 치변治變이다. 『손자병법孫子兵法』「군쟁편軍爭篇」

춘추시대 오나라 왕 합려는 여러 현명한 신하들의 보좌를 받아 국력을 크게 증강시켰다. 512년, 초나라를 공격할 때가 되었다고 생각한 합려는 손무와 오자서, 백비伯嚭를 불러 출병 계획을 의논했다. 손무는 초나라는 영토가 넓고 물자가 풍부한데다 강력한 군대를 보유하고 있으므로 아직 때가 이르다고 말했다. 오자서는 손무의 의견에 동의한 뒤 초나라를 피로하게 만들 수 있는 묘책을 내놓았다. 오나라의 군대를 세 개의 부대로 나누고, 첫 번째 부대를 먼저 보내 초나라 군을 교란시킨 뒤 돌아오면 교대로 다음 부대를 진격시킨다는 계획이었다. 이렇게 하면 오나라 군은 적을 교란시키면서도 충분한 휴식을 취할 수 있다는 주장이었다.

합려는 오자서의 의견을 수락하고 둘째 날부터 작전에 돌입했다. 먼저 첫 번째 부대를 초나라의 잠성潛城과 육성六城으로 보냈다. 갑작스러운 습격에 당황한 초나라 군이 잠성을 지키느라 다른 지역을 대응하지 못하는 사이에 오나라 군은 공격에 성공했고, 곧이어 육성을 공격했다. 다음 날 오나라 군은 또다시 초나라의 현弦을 공격했고, 이 소식을 들은 초나라가 수백 리를 부리나케 달려갔지만 이미 오나라 군대는 철수한 뒤였다. 이런 방식으로 오나라는 6년간 계속해서 초나라를 교란시켰는데, 그때마다 초나라는 오나라 군의 도발에 대응하느라 진이 빠질 대로 빠졌다. 506년, 초나라가 제나라를 격파하자 합려는 이때가 바로 초나라를 칠 절호의 기회라고 생각하고 친히 오자서와 손무, 백비를 이끌고 출정했다. 당시 초나라 군대는 계속된 전쟁으로 지칠 대로 지쳐 있었고 군사들의 사기도 극도로 저하되어 있었다. 이 틈을 탄 오나라 군대는 초나라 도성을 공격해 대승을 거두었다.

●● 새로운 경쟁 모델을 도입하라

열심히 노력했으나 아무것도 얻지 못했다면, 이는 혁신을 외면한 채 과거만 답습했기 때문이다. 그저 다른 사람의 꽁무니만 졸졸 따라다니며 이미 경쟁력을 잃은 지 오래된 모델로 성공하려고 발버둥을 치지만 결국 실패하고 만다. 그렇다면 좀 더 효과적인 방법으로 원하는 것을 쟁취하려면 어떻게 해야 할까? 우선 용감하게 개혁을 단행하고 차별화 전략을 실행하여 누구도 가지 않은 길을 가야 한다. 이를 위해서는 새로운 콘텐츠로 비즈니스 모델을 창출해야 한다. 기업의 슬로건과 목표는 간단명료하면서도 효율성이 있어야 한다.

민첩한 토끼가 되어 느리게 기어가는 거북을 뒤로 따돌려라. 이를 위해서는 운영방식을 과감히 바꾸어 도전적이고 창의적으로 문제를 해결해야 한다. 늘 고되게 일하지만 이렇다 할 만한 성과를 내지 못한다면 이는 성장모델을 잘못 선택했기 때문이다. 그릇된 성장모델을 도입할 경우 회복 불가능한 패배자가 될 수밖에 없다.

기업의 경영 과정에서 가장 두려운 존재는 바로 '성장 둔화'다. 한 연구 기관이 1955년부터 1995년까지 〈포브스〉지가 선정한 50대 기업 명단에 오른 172개 기업에 대해 밀착 조사를 한 결과 이 기간 동안 6% 이상의 성장률을 유지한 기업은 5%에 불과했다. 나머지 95%의 기업은 성장률이 어느 지점까지 도달한 후 둔화되기 시작했으며, 그 수치는 GNP의 수준에 그치거나 그보다도 낮았다.

위의 통계에서 알 수 있듯 일단 성장이 둔화되면 회복은 거의 불가능하다. 기업의 성장은 계속되어야 하지만 그 방식에 문제가 있다면 차라리 성장하지 않는 편이 낫다.

기업이 성장모델을 잘못 선택했을 경우 심각한 부작용을 낳는다. 실제로 잘못된 성장모델을 도입하여 파산을 초래한 사례는 비일비재하다. 그렇다면 기업의 성장모델에는 어떤 것이 있을까?

1 제품을 중심으로 한 모델

제품을 중심으로 한 모델은 예전부터 활용되어왔다. 기업은 경쟁력을 갖춘 제품을 출시한 뒤 광고를 통해 시장점유율을 확대해야 한다. 최근에는 국제화 전략의 일환으로 해외기업의 인수합병을 통해 수익률을 높이기도 한다. 그 외에 원가는 낮추고 판매 가격은 최대한 높이면서 제품의 수익률을 배가시키는 방법도 있다.

이러한 방식은 일정 기간 눈에 띄는 성과를 가져다준다. 그렇기 때문에 오늘날까지도 많은 기업이 해당 모델을 적용하고 있다. 하지만 문제는 이미 많은 기업에서 같은 방식을 적용하고 있어 경쟁 수단이 점차 단일화되고 있다는 사실이다. 자사에서 출시한 제품을 경쟁업체에서도 출시하고, 한 업체에서 저가전략을 펼치면 모두가 똑같은 전략을 펼치는 등 동일한 방식이 돌고 도는 악순환에 빠지게 된다. 이러한 성장방식은 지속적인 성장을 유지하는 데 걸림돌이 된다. 어느 기업이나 경영 과정에서 다음과 같은 문제에 직면하기 때문이다.

첫째는 시장의 글로벌화다. 오늘날의 시장은 국경과 지역의 구분이 이미 모호해졌으며, 전 세계가 하나의 큰 시장으로 탈바꿈하는 중이다. 주요 기업이 선보이는 제품은 대부분 세계 시장을 겨냥하고 있다. 세계 시장에서 승자가 되려면 경쟁력이 있어야 한다.

둘째는 경쟁이다. 품질, 가격, 성능, 브랜드 등 모든 분야에서 무한 경쟁이 펼쳐지고 있다. 어떤 기업의 제품도 치열한 경쟁 앞에서 완벽할 수 없고, 그 어떤 기업도 다양한 제품의 홍수 속에서 단일 제품으로 장기간 생명력을 유지하기는 힘들다. 내가 불가능하다고 생각했던 것을 다른 업체에서는 성공시키기도 하고, 어제의 스타는 가고 오늘의 스타가 새로 나타나는 것이 시장의 현실이다. 이렇듯 자유 시장 경쟁은 미묘하면서도 매우 잔혹한 면이 있다.

셋째는 고객의 구매 행위에서 나타나는 뚜렷한 기호와 취향이다. 코카콜라가 좋을까, 펩시가 좋을까? 벤츠가 좋을까 아우디가 좋을까? 이는 고객의 취향과 습관에 따라 결정된다. 마케팅학에서는 구매 행위에서 고객의 취향을 가장 중요한 요소로 보고 있다.

따라서 모든 고객을 사로잡을 수 있는 제품은 없으며, 최고의 인기를 지속적으로 이어가는 제품 역시 존재하지 않는다. 특히 자유경쟁 시대를 맞아 기업 간 경쟁이 치열한 오늘날은 하루가 멀다 하고 신제품이 쏟아져 나오고 대체상품이 언제나 '대기'하고 있기 때문에 제품 하나만 믿고 경쟁력을 유지하겠다는 생각은 대단히 위험하다.

앞서 언급한 시장의 개방성, 경쟁의 잔혹성, 제품을 구매하는 고객의 기호와 취향 등의 특징으로 인해 비즈니스 모델의 진화는 계속되어야 한다. 이는 기업의 성장을 위해서도 필수적이다.

② 수요기반 혁신정책

수요기반 혁신정책이란 고객이 원하는 새로운 욕구를 만족시킴으로써 성장 기회를 모색하는 것을 말한다. 수요기반 혁신정책을 꾀하는 기업은 새로운 제품을 선보이는 것은 물론 우수한 서비스를 제공하는 것도 간과하지 않는다. 즉 제품이라는 매개체를 통해 새로운 가치사슬을 형성하고, 이를 바탕으로 기업의 새로운 가치창조 시스템을 구축해야 한다. 수요기반 혁신정책을 도입할 경우 새로운 성장기반을 찾을 수 있다.

수요기반 혁신정책을 도입하기 위해서는 다음 몇 가지 사항을 유념할 필요가 있다.

고객을 새롭게 정의하라

고객의 최대 관심사가 무엇인지 파악하고, 신제품에 대한 목표 구매자를 발굴하라. 그러기 위해서는 기업은 고객을 새롭게 정의하고, 새로운 관점에서 수요를 파악해야 한다. 하루가 멀다 하고 신제품이 쏟아지는 휴대전화 시장을 보면 그 필요성이 여실히 드러난다. 초기에는 통화와 문자 기능 위주였던 휴대전화가 이제 인터넷, 블루투스, GPS 기능까지 제공된다. 휴대전화 업계가 고객이 원하는 것이 무엇인지 지속적으로 관찰하고 이를 바탕으로 휴대전화의 개념을 끊임없이 재정의하면서 소비자의 만족도를 높이기 위해 노력한 결과다. 이렇게 휴대전화 시장은 그 영역이 끊임없이 확대되고 있으며, 이제 휴대전화는 현대인의 생활에서 잠시도 떨어질 수 없는 생활필수품으로 자리 잡았다.

고객을 재정의하는 과정에서 기업은 고객 가치와 만족을 창출하기 위해서 가치사슬을 재정립해야 한다. 고객 만족의 가치사슬을 재정립하여 창조해낸 새로운 상품은 일반적으로 기존 제품 가치의 10~20배에 달한다.

무형자산을 발굴하라

무형자산이란 기업의 건물, 시설, 현금 등의 유형자산을 제외한 소프트파워를 말한다. 구체적으로 기업의 브랜드, 지적 재산권, 경쟁력, 고객과의 접촉 방식, 전문기술, 기존 보유 시설의 규모, 확실한 시장 루트, 광범위한 네트워크, 풍부한 관련 정보, 충성 고객 등이다. 이러한 자산은 볼 수 없고 만질 수도 없지만, 기업 경영에서는 결정적인 역할을 한다.

무형자산을 발전시킨다면 해당 기업은 낮은 원가로 고객을 끌어 모을 수 있으며, 비용 절감과 동시에 업무 효율을 높일 수 있다. 또한 무형자산의 경우 복제 불가능이라는 특성으로 인해 진입 장벽을 높일 수 있는 이점이 있다.

암묵적 부채를 낮춰라

암묵적 부채란 기업의 가치를 감소시키는 자산이다. 이는 기업의 경쟁력을 약화시키고 성장률을 저해하여 발전에 걸림돌이 된다. 암묵적 부채를 낮추는 것은 기업의 빠른 성장을 위한 지름길이다. 그렇다면 기업에게 암묵적 부채란 구체적으로 무엇을 의미할까? 기업은 이러한 명제들을 진지하게 분석함으로써 암묵적 부채를 낮춰야 한다. 암묵적 부채를 해결한다면 마이너스 자산을 플러스 자산으로, 부채를 권리와 수익으로 전환하여 경쟁력을 향상시킬 수 있다.

승패의 징조는 정신에서 먼저 나타난다

●● 사기란 병사의 정신을 반영하는 거울이다

사기란 일종의 정신 상태로서, 전쟁의 승패를 결정하는 중요한 요소다. 따라서 중국의 많은 군사 사상가들이 사기의 중요성에 대해 언급했다.

승패의 징조는 정신에서 먼저 나타난다. 현명한 장수는 이를 관찰하니, 그 징조는 사람에게 있다. 『육도六韜』「병징兵徵」

장수가 전쟁을 할 수 있는 까닭은 백성 덕분이고, 백성이 전쟁을 할 수 있는 까닭은 사기가 높기 때문이다. 사기가 높으면 용감하게 전쟁에 임할 수 있고, 사기를 잃으면 병사들은 도망친다. 『울요자尉繚子』「전위戰威」

삼군이 기쁨에 넘쳐 의기양양하고, 병사들이 군법을 두려워하고, 장수의 명령을 존중하고, 적을 무찌르는 것을 서로 기뻐하고, 용맹하게 적을 죽이는 것에 대해 서로 이야기하고, 과감하고 위풍당당한 것을 서로 칭찬한다면 이는 군대가 강력하다는 징조다. 반면 삼군이 놀라 두려워하고, 병사들의 마음이 분산되고 흩어져 강한 적을 두려워하고, 불리한 사건을 서로 전하고, 서로의 안전을 거듭 확인하고, 사람을 미혹시키는 유언비어를 퍼뜨리고, 서로 다른 말을 하여 혼란에 빠뜨리고, 법령을 두려워하지 않고, 장수를 경시하는 것은 군대가 쇠약하다는 징조다. 삼군의 마음이 안정되고, 동작이 한결같고, 진영이 견고하고, 도랑이 깊고 성벽은 높고, 세찬 비바람을 이용해 유리한 환경을 선점하고, 번잡한 교란이 없고, 깃발은 앞을 향해 휘날리고, 징소리는 높고 청량하고, 북소리는 감미로우면서 우렁찬 것은 신령의 도움으로 대승을 거둔다는 징조다. 반면 군대의 행렬과 진영이 어지럽고, 깃발이 어지러이 휘날려 서로 얽히고, 세찬 비바람이 칠 때 유리한 조건을 이용하지 못하고, 병사들은 사기가 저하되어 비탄에 빠져 있고, 군마는 놀라 미친 듯이 날뛰고, 전차는 축이 끊어져 앞으로 나갈 수가 없고, 징소리는 낮아 청량한 음을 내지 못하고, 북소리는 우울하여 비에 축축하게 젖은 듯하다면 대패한다는 징조다. 『육도六韜』「병징兵徵」

사기란 병사의 정신을 반영하는 거울이다. 모든 병사가 한마음이 되어 사기가 높은 군대만이 적군을 상대하여 이긴다. 사기가 저하되고 군심이 동요되어 병사들이 자기 살 궁리만 하는 군대는 패배만 있을 뿐이다. 그래서 사기야말로 승리의 전제 조건이라고 하는 것이다. 클라우제비츠는 『전쟁론』에서 이렇게 말했다.

"'정신'은 전쟁의 모든 영역과 연관되어 있으며, 가장 중요한 요소 중 하나다."

그는 특히 무도武道를 강조했다.

"만약 맹렬한 포화 속에서도 위험을 상상하며 쓰러지지 않고, 진짜 위험 앞에서 두려워하지 않는다면 승리를 거머쥘 것이다. 또 아무리 어려운 역경 속에서도 장수를 존중하고 신뢰한다면 힘든 고난을 겪어도 승리할 수 있다는 생각에 낙담하지 않는다. 그리고 끊임없이 스스로를 단련하면서 영예를 지키겠다는 신념을 굳히고, 앞서 말한 모든 의무와 미덕을 가슴에 새기는 군대는 의심할 바 없이 무도를 갖춘 군대라고 할 수 있다."

무도란 곧 무사가 지녀야 할 품격과 도리다. 전쟁에서 정신 상태가 올바르지 못하고 강한 투지도 없다면 무도 또한 있을 수 없다. 클라우제비츠가 강조한 무도는 사기와 그 의미가 같다.

사기는 어디에서 오는가

이 질문에 대해서는 『오자병법』에서 답을 찾아보자. 아군의 사기가 높다면 적은 심리적 압박을 느낄 것이고, 아군에게 동기부여와 격려를 해준다면 군사들의 사기가 하늘을 찌를 것이다.

1 심리적 압박

"사람은 저마다 장단점이 있고, 사기가 높을 때도 있고 낮을 때도 있습니다. 만약 군왕께서 공적이 없는 병사 5만 명을 시험 삼아 제게 주신다면 그들을 이끌고 진秦나라 군대와 맞서겠습니다. 만일 전쟁에서 이기지 못하면 제후들의 웃음거리가 되고 권위를 잃겠지요. 그런데 죽을죄를 지은 죄인을 황야에 숨겨놓고 1000명을 파병하여 그를 포획하라고 한다면, 모든 병사는 올빼미처럼 두리번거리고 늑대처럼 앞뒤를 살필 것입니다. 그 이유는 죄인이 갑자기 튀어나와 자신을 해할까 두려워서입니다. 이처럼 한 사람이 필사적으로 노력한다면 1000명의 군사도 두려움에 떨게 할 수 있습니다. 지금 저는 5만 명의 병사들 사이에 한 사람의 사형수를 숨겨둔 것처럼 가장하여 적군을 정벌하려고 하니, 그들은 절대로 우리를 당해낼 수 없을 것입니다."

무후는 오기의 건의를 받아들여 500대의 전차와 3000필의 군마를 내주었고, 결국 진나라의 50만 군대를 격파했다. 『오자병법吳子兵法』「여사勵士」

오기가 적은 병력으로도 승리할 수 있었던 것은 바로 사기를 북돋운 결과다.

2 동기 부여

명령을 내렸을 때 백성들이 기꺼이 따르고, 나라에서 군대를 동원하면 기꺼이 나아가 싸우고, 전투가 벌어졌을 때 기꺼이 목숨을 던질 수 있다면 군주는 승리를 확신해도 된다. 『오자병법吳子兵法』「여사勵士」

심리적 압박만으로는 부족하다. 상부에서 병사들의 마음속에 있는 용맹함을 끄집어낸다면 더욱 쉽게 적을 무찌를 수 있다.

3 격려

무후가 조정에서 연회를 베풀 때 세 가지 방법으로 사대부를 위로했다. 많은 공을 세운 자는 맨 앞줄에 앉힌 뒤 최고급 식기에 돼지, 소, 양고기로 만든 고급 음식을 상에 올렸다. 공을 조금 세운 자는 중간에 앉혔고, 음식과 식기 역시 중간 등급이었다. 공이 없는 자는 맨 뒷줄에 앉혔는데 음식만 있을 뿐 고급 식기를 쓰지 않았다. 연회가 끝나자 조정 밖에서 공덕이 있는 자들의 부모와 처자식들에게 상을 하사했으며, 공로에 따라 하사품의 등급도 달랐다. 나라를 위해 희생한 장수의 가족에게는 매년 사신을 보내 위로하며 그들의 공로를 영원히 기억한다는 것을 보여주었다. 이 방법을 3년간 시행하고 난 뒤 진秦나라가 위魏나라의 서쪽 강변 가까이 공격해왔다. 그러자 명령을 내리기도 전에 갑옷을 입고 용감하게 전진하는 위나라 병사들이 셀 수 없이 많았다.　『오자병법吳子兵法』「여사勵士」

4 기타 필수 수단

북과 징, 방울은 병사들의 귀를 통해 명령을 따르게 하고 깃발은 눈을 통해 따르도록 하는 것이고 군령과 형벌은 병사의 마음을 통해 위엄을 세우는 것이다. 귀를 놀라게 하는 소리는 또렷해야 하고, 눈을 놀라게 하는 색깔은 선명해야 하며, 마음을 놀라게 하는 형벌은 엄격해야 한다. 이 세 가지가 확립되지 않으면 비록 국가를 가지고 있다 하더라도 적에게 패하게 될 것이다.　『오자병법吳子兵法』「논장論將」

『태백음경』에서는 군대의 사기에 대해 매우 통찰력 있는 글을 남겼다. "장수가 전쟁할 수 있는 까닭은 병사 때문이고, 병사가 전쟁할 수 있는 까닭은 사기 때문이다. 적군의 사기가 낮고 아군의 사기가 높다면 적군은 반드시 실패할 것이다."

기업 구성원들에게 있어 사기는 제반 업무를 향상시키기 위한 기본 바탕이므로 매우 중시해야 한다. 따라서 경영인은 조직원의 사기를 북돋울 수 있는 다양한 방법을 이용하여 실패를 두려워하지 않는 강인한 조직을 만들어야 한다.

사기를 북돋우려면 어떻게 해야 할까?

사기란 하늘에서 떨어지는 것도 아니고, 교육을 통해서 얻어지는 것도 아니다. 사기를 진작시키기 위해서는 확고한 신념이 필요한데, 특히 승리할 수 있다는 희망을 심어주는 것이 관건이다. 그리고 주도면밀한 준비와 원칙을 지켜야 한다.

■ 주도면밀하게 준비하라

형벌이 아직 가해지지 않고 군대가 아직 싸움터에 나가지 않은 상황에서 적의 투지를 상실시키는 방법은 다섯 가지가 있다. 첫째, 조정의 정책이 분명하다. 둘째, 군왕의 명령을 따른다. 셋째, 장수에게 병사를 지휘하는 권힌이 있다. 넷째, 높은 장벽과 깊은 구덩이가 준비되어 있다. 다섯째, 진영이 교묘하고 기세가 등등하다. 『울요자尉繚子』「전위戰威」

이 다섯 가지 중 첫 번째는 훌륭한 정책 결정을, 두 번째는 명분을, 세 번째는 실권을, 네 번째는 준비성을, 다섯 번째는 막강한 세력을 얻는 것을 말한다. 이는 모두 전쟁에서 승리하기 위한 전제 조건이다. 이러한 제반 사항이 충족되면 병사들은 승리를 확신할 수 있다.

❷ 군대를 잘 다스리려면 원칙을 지켜라

『태백음경』에서는 장수가 군대를 다스리려면 반드시 다음의 원칙을 지켜야 한다고 했다. "수양이 높은 군주는 덕으로 상대방을 복종시키고, 인자한 군주는 의로움으로 사람을 화합시키고, 지혜로운 군주는 지략으로 상대방을 제압하고, 권위가 높은 군주는 기세로 사람을 굴복시킨다."

사람의 마음을 북돋우고 병사의 사기를 진작시킴으로써 명령을 내리면 이를 기꺼이 따르도록 하고, 군대를 동원하면 기꺼이 싸우도록 하고, 교전에 참가하면 기꺼이 죽도록 한다. 이는 전쟁으로서 전쟁을 부추기고, 포상으로서 포상을 부추기고, 병사로서 병사를 격려하는 것이다. 이러한 원칙을 지킨다면 다음과 같은 결과를 얻을 수 있다.

고요함은 있는 것을 지키게 하고, 움직임은 뜻하는 바를 이루게 한다. 『울요자尉繚子』「무의武議」

하늘로부터도 제약이 없고, 땅으로부터도 제약이 없고, 군주로부터 뒤에서 통제받지 않고, 그 앞에 맞설 적이 없으면 한 사람의 군대가 마치 이리나 호랑이, 비바람과 번개, 우레처럼 쾅쾅거리므로 어두컴컴해지면 천하가 놀란다. 『울요자尉繚子』「무의武議」

허와 실의 실체

과거 국가의 예절과 제도는 군대에 적용할 수 없고, 군대의 예절과 제
도는 국가에 적용할 수 없었다. 군대의 예절과 제도가 국가에 적용되
면 백성의 덕행은 추악해지고, 국가의 예절과 제도가 군대에 적용되면
병사들의 덕행이 나빠진다. 『사마법司馬法』

나의 장점을 살려 상대의 허점을 공격하라

허와 실을 교묘하게 이용하면 적군과 아군의 실력 및 전쟁의 형세를
완전히 뒤바꿀 수 있다.

손자는 다음과 같이 말했다. "전쟁이란 남을 속이는 행위다. 전쟁은
속임으로써 성립한다."

『태백음경』과 『육도』에도 비슷한 구절이 있다.

기정奇正(임시변통의 수단과 원칙적 수단)의 방법이 아니라면 진영을 배치하
지 말고, 속임수 없이는 전쟁을 치르지 말라.

군사를 부리는 자는 그 실상을 제대로 볼 수 없다. 불현듯 갔다가 불현 듯 돌아오며, 혼자서 마음대로 제어할 수 없는 것이 군대다.

앞의 내용은 전쟁의 은폐성과 기만성에 대해 묘사하고 있다. 전쟁은 이러한 특성이 있으므로 허와 실의 전략을 다채롭게 구사해야 한다.

당태종은 이렇게 말했다. "전쟁에서 허와 실의 기세를 알 수 있다면 반드시 승리한다." 또한 클라우제비츠는『전쟁론』에서 허와 실의 개념을 직접 언급하지는 않았으나 이와 유사한 의견을 피력한 바 있다.

"간사함으로 남을 속이는 행위는 자신의 의도를 은폐하려는 목적이 있기 때문이다. 간사함이란 솔직함과는 정반대의 개념이자 직접적인 행동방식과 대립되는 개념이다. 간사함은 설득, 매수, 재촉 등의 수단과 배치되는 것으로 '기만'에 가까운 개념이다. 기만 역시 자신의 의도를 숨기는 것을 전제로 한다. 만약 간사함으로 남을 속이는 데 성공했다면 이는 기만행위에 속하겠지만, 표면적으로 봤을 때 직접적으로 거짓말을 했다고 볼 수는 없다. 간사하게 행동하는 사람은 상대방이 이성적인 생각을 할 수 없도록 부추긴다. 이러한 행위의 목적은 상대방이 사물의 실체를 제대로 보지 못하도록 하는 것이다."

손자는 클라우제비츠보다 2000여 년이나 앞서 살았던 사람이지만 그들의 사상은 놀랄 만큼 닮아 있다.

혹사는 남을 속이는 것은 중국의 덕德 중시 사상에 위배되는 것이 아니냐고 묻는다. 따라서 그들은 병가사상을 받아들이는 것이 불편하다고 한다. 그렇다면『사마법』에 등장하는 다음 구절을 보자.

과거 국가의 예절과 제도는 군대에 적용할 수 없고, 군대의 예절과 제도는 국가에 적용할 수 없다. 군대의 예절과 제도가 국가에 적용되면 백성의 덕행은 추악해지고, 국가의 예절과 제도가 군대에 적용되면 병사들의 덕행이 나빠진다.

예의와 품행에 관한 이 이야기는 전쟁의 특수성을 이해하는 데 많은 도움이 된다.

전쟁의 본질은 적을 사지에 몰아넣어 소탕하는 것이다. 이는 적을 한 명씩 상대하는 것이 아니라 적군을 한 팀으로 간주하여 그들의 저항능력을 완전히 상실시켜 무기를 내려놓고 투항하게 만드는 것이다. 그렇지 않으면 군대와 그 나라는 주저앉을 수밖에 없다. 따라서 전쟁에서는 모든 수단을 동원하여 적을 소멸시킬 방법을 궁리해야 한다.

현명한 군주가 전쟁을 일으키는 것은 결코 전쟁을 좋아해서가 아니라 폭군을 몰아내고 역신逆臣을 징벌하기 위해서다. 정의로운 자를 이용하여 불의를 징벌하는 것은 강을 파내어 작은 불꽃을 파묻는 것과 같고, 깊은 연못 앞에 아슬아슬하게 서 있는 사람을 밀어버리는 것과 같다. 현명한 군주가 서둘러 진격하지 않고 침착하게 기다리는 까닭은 많은 사람이 다칠까 염려하기 때문이다. 전쟁은 좋은 일이 아니므로 하늘에서도 이를 몹시 싫어하기 때문에 군주 역시 불가피할 경우에만 전쟁을 치르는데 이는 하늘의 뜻에노 부힙한다. 「삼략三略」「하략下略」

여우와 맞서기 위해서는 여우보다 교활해야 하고, 사자와 맞서려면 그보다 더 사나워야 한다. 이처럼 군대에서의 간교함이란 '눈에는 눈, 이에는 이'의 방법으로 피치 못할 경우에 사용하는 승리와 생존의 수단이다.

이를 무시하고 송나라 양공처럼 적군에게 불필요한 예우를 베푼다면 생명을 구해줬던 늑대에게 도리어 물려 죽은 동곽東郭 선생과 같은 처지에 놓이고 말 것이다.

중국의 고대 병가사상에서 강조하는 허와 실은 다음 세 가지로 나눌 수 있다.

●● 은폐하기

계략은 마음속에 숨겨두고, 전쟁에 관한 일은 겉으로 드러낸다. 마음속의 계략과 겉으로 드러난 행동이 일치하면 실패하고, 두 가지가 서로 다르면 승리한다. 『태백음경太白陰經』「침모편沈謀篇」

손자는 이에 대해 매우 명확한 견해를 피력했다.

전쟁은 속이는 행위다. 따라서 할 수 있더라도 못하는 것처럼 하고, 사용하더라도 사용하지 않는 것처럼 하고, 가까우면서도 먼 것처럼 하고, 멀어도 가까운 것처럼 한다. 적이 재물을 중시하면 그들을 유혹하고, 적군이 혼란스러워하면 그들을 쳐부수고, 적군이 실력을 갖추었다면 그들을 경계하고, 적군이 강하다면 그들을 피하고, 적군이 분노하면 그들을 교란시킨다. 적군이 자책하면 그들을 교만하게 만들고, 적군이 편안하면 수고스럽게 만들고, 적군이 화합하면 그들 사이를 떼어놓는다. 적군이 미처 대비하지 못한 곳을 공격하고, 그들의 생각을 뛰어넘어서 행동하는 것은 바로 병가사상에서 말하는 승리의 방법이며 이는 미리 약속한 것이 아니다. 『손자병법孫子兵法』「계편計篇」

따라서 전쟁에서는 다음 내용을 반드시 기억해야 한다.

허와 실을 이용하는 것은 가상을 통해 적을 속이는 것과 같다. 고사 성어인 암도진창暗渡陳倉[4]의 유래가 된 이야기는 이를 보여주는 전형적인 예다.

초나라와 한漢나라가 전쟁을 치르는데, 유방이 항우를 경계하기 위해 한중漢中에 머무르며 때를 기다리고 있었다. 그는 장량의 계략에 따라 관중關中에서 한중에 이르는 수백 리의 잔도棧道(험한 벼랑 같은 곳에 낸 길)를 불태워 없애 오로지 하나의 계책만을 고수하는 것처럼 보이게 했다. 과연 이를 본 항우는 유방에 대한 경계를 풀었다. 유방은 이때를 놓치지 않고 몰래 전투준비를 했고, 때가 되자 한신에게 동쪽을 치라는 명령을 내렸다. 그러는 한편 유방은 초나라 군을 미혹시키기 위해 수백 명의 병사를 파견하여 잔도를 고치게 한 뒤 곧 초나라를 공격할 것이라고 큰소리로 떠벌렸다. 초나라 장군 장한章邯은 이 이야기를 전해 듣고는 큰 사업에 고작 수백 명이 달려드니 수리를 모두 마치는 데 최소한 수년이 소요될 것이라고 생각하여 경계를 풀었다. 한신은 이 틈을 타 진창陳倉을 빼앗았다. 진창을 빼앗긴 초나라 군대는 서서히 퇴각하기 시작했고, 장한은 결국 자살로 생을 마감했다. 이로써 유방은 관중지역을 점령하고 항우를 격파하는 데 유리한 조건을 형성했다.

나의 계획은 철저히 숨기면서 상대방의 의중을 훤히 꿰뚫어보려면 고

---

4) 본래는 '명수잔도 암도진창(明修棧道 暗渡陳倉)'이다. '겉으로는 잔도를 수리하는 척하면서 몰래 진창으로 건너가다'라는 뜻으로, 적을 공격하는 척 위장하여 적군을 한쪽으로 몬 다음 허술한 곳을 찌르는 작전을 뜻한다.

도의 기술이 필요하다. 어떤 기업은 늘 행동보다는 말이 앞서 모든 전략을 여기저기 떠벌리고 다니면서도 정작 제대로 실행은 하지 않는다. 모든 정보를 타인에게 알려주다 보니 결국 공격받기 쉬운 처지에 놓이고 만다.

어떤 경영인은 늘 말을 아끼고 감정을 쉽게 드러내지 않지만, 필요할 때는 화려한 언변으로 좌중을 압도한다. 숨겨야 할 때는 한 치의 오차도 없이 철저하게 은폐함으로써 상대방이 대하기 어려운 위치에 올라선다.

협상을 예로 들어보자. 꿍꿍이가 없는 사람은 '생각 없이' 마지막 히든 카드까지 전부 꺼내 보인다. 반면 진정한 고수는 침착하게 마음을 숨기고 있다가 패를 내야 하는 결정적인 순간에 보여준다.

한 협상전문가가 이런 말을 했다. "협상의 고수에게 총명함은 곧 우매함이요, 우매함은 곧 총명함이다. 상대방보다 많이 알지 못하는 척하는 사람이 결국에는 더 좋은 결과를 얻는다. 어리석은 척할수록 마지막에는 유리한 결과를 얻는다. 왜냐하면 상대방이 자신보다 어리석다고 판단할 때 사람들은 경계심을 풀고 경쟁심도 줄어들며 심지어는 동정심까지 생기기 때문이다."

●● 적의 변화 이용하기

전쟁을 치르거나 기업을 운영하려면 상대의 변화를 나에게 유리하도록 이용할 줄 알아야 한다. 이를 위해서는 다음 세 가지를 명심하라.

첫째, 군대의 전략과 전술은 고정적이지 않으며 상대에 따라 늘 변화한다.

무릇 전쟁의 형세는 물과 같다. 물은 높은 곳을 피해 아래로 향한다. 전쟁의 형세는 견고한 곳을 피해 허술한 곳을 공격한다. 물은 지형에 따라 흐름을 만들고, 전쟁은 적의 전술에 따라 승리를 만든다. 그러므로 전쟁은 고정된 형세가 없고 물 역시 고정된 형태가 없다. 적의 변화를 포착하여 승리할 수 있다면 이는 신의 경지에 올라섰다고 할 수 있다. 따라서 오행은 늘 상생상극하고, 사계절은 늘 변화하며, 해는 짧았다가 길어지며, 달은 사라졌다가 다시 생기는 것이다. 『손자병법孫子兵法』「허실편虛實篇」

손자는 전쟁을 경우에 따라 형태가 변화하는 물에 빗대어 표현했다. 여기서 중요한 것은 적의 전술을 미리 알고 승리를 쟁취하는 것이다. 이는 곧 변화무쌍하고 예측불허인 전쟁에서 적군의 동태를 한눈에 알아보고 전략을 수립하는 것이 얼마나 중요한 일인지 일깨워주고 있다. 그런 점에서『삼략』에 등장하는 다음의 구절을 참고할 만하다.

사물의 처음과 끝이 보이지 않으면 사람들은 이를 이해할 수 없다. 하늘과 땅은 신명하여 만물의 움직임에 따라 변화한다. 따라서 능수능란한 장수는 적정의 변화에 따라 아군의 계책을 바꾸고, 사전에 세운 계획에 구속받지 않는다. 적의 변화를 꿰뚫어보고 계책을 바꾸는 자는 제왕의 스승이다.

둘째, 상황에 따라 변화하는 군대의 전략과 전술은 반드시 이익에 부합해야 한다.

전쟁을 치를 때는 적을 속이고 유혹하는 데 능해야 하고, 유리한 환경이 만들어졌을 때 비로소 행동을 취해야 하고, 군대를 흩어졌다 모이게 하는 변화무쌍한 수단을 강구해야 한다. 빠르게 행동할 때는 돌풍처럼 일어나야 하고, 느리게 행동할 때는 마치 평온한 숲을 대하듯 해야 하고, 적을 공격할 때는 황야를 태우는 불길을 대하듯 해야 하고, 잠시 멈추고 기다릴 때에는 우뚝 솟은 산을 대하듯 해야 하고, 은밀히 행동할 때는 먹구름이 낀 것처럼 해야 하고, 행동을 개시할 때는 천둥번개처럼 해야 한다. 적군의 땅을 점령하고, 적군의 백성을 분열시킨 뒤 빼앗은 이익은 반드시 분배해야 한다. 전쟁을 치를 때는 득과 실을 따져보고 적절한 시기를 보아 대응해야 한다. 전쟁에서 우회공격을 해야 할지 곧장 나아가야 할지를 아는 자만이 승리할 수 있다. 이것이 바로 전쟁에서 승리하는 방법이다. 『손자병법孫子兵法』「군쟁편軍爭篇」

셋째, 적군의 상황에 따라 각기 다른 전략과 전술을 채택해야 한다. 강한 군대로 약한 적군을 공격하되, 상대방의 허를 찔러야 승리할 수 있다.

무릇 전쟁이란 병력이 적어 불안정해 보이는 적군은 공격하고, 병력이 강해 안정적으로 보이는 적군은 피해야 하며, 피로하고 슬퍼 보이는 적은 공격하고, 편안하고 한가로워 보이는 적은 피해아 한다. 두려움에 떠는 직은 공격하고, 조심스럽게 행동하며 경계하는 적은 피해야 한다. 이는 과거부터 행해져온 전쟁의 방법이다. 『사마법司馬法』「엄위嚴位」

삼국 시대 때 유비는 관우의 죽음을 복수하기 위해 부하들의 만류에도 불구하고 직접 동오東吳로 쳐들어갔다. 그는 오반吳班과 진식陳式에게 수군을 통솔하도록 하고 자신은 직접 육군을 지휘했다. 수군과 육군이 함께 진격하자 그 위세는 하늘을 찌를 듯했다. 효정虎亭에 본거지를 둔 유비는 자신의 수많은 전투 경험을 자만하며 오나라 장수인 육손陸遜을 거들떠보지도 않은 채 600~700리에 달하는 계곡에 수십 개의 진영을 설치하여 장사진을 칠 것을 명령했다.

선제공격으로 적을 제압하려 했던 유비는 날마다 적의 진영에 병사를 보내 도발하라고 큰소리쳤다. 하지만 육손은 끝까지 미동도 하지 않았다. 그러자 유비는 적을 자극하는 것이 더 이상 먹히지 않는다는 사실을 깨닫고는 적을 유인하는 쪽으로 계획을 선회했다. 이에 8000명의 정예 부대를 계곡에 잠복시킨 다음, 오반을 시켜 수천 명의 늙은 패잔병들을 데리고 오나라 진영 앞에 진을 치게 했다. 그런데도 육손은 여전히 꼼짝도 하지 않았다. 7개월이 지나자 날씨가 점점 무더워지면서 촉나라 병사들은 고통을 호소하며 투지도 점차 사라져갔다. 그러자 유비는 어쩔 수 없이 수군과 육군이 함께 진격할 수 있는 유리한 조건을 포기하고 모든 수병들을 육지로 올려보내 더위를 피하도록 했다. 이 광경을 목격한 육손은 그제야 반격을 결심했다.

날이 어두컴컴해지자 그는 일부 병사들에게 지푸라기를 짊어지고 촉나라 진영에 불을 지를 것을 명령했다. 그리고 불빛이 일면 즉시 출동하라고 지시했다. 그날 밤 촉나라 진영 곳곳에 불꽃이 일었고, 어느새 불꽃이 바람을 타고 수백 리까지 퍼져나갔다. 오나라 군대는 그 틈을 타서 촉나라의 40여 진영을 모조리 공격했고, 유비는 병사들의 호위 속에서 간신히 백제성白帝城으로 도망쳤다.

적군의 변화를 주목해야 하는 것은 전쟁에서뿐만 아니라 기업 간 경쟁에서도 그대로 적용된다. 어떤 기업도 피해 갈 수 없는 치열한 경쟁 속에서 나의 장점을 살리고 경쟁업체의 허를 찌르기 위해서는 경영인의 지혜가 필요하다.

●● 형태를 숨겨라

계책을 세워 적의 전략에 이해득실이 있는지 판단하고, 행동을 통해 적의 행동규율을 이해하고, 병력을 배치하여 지형이 생사에 미치는 영향력을 판단하고, 비교함으로써 적군과 아군의 우열을 가려낸다. 병력 배치의 최고의 극치는 어떤 흔적도 남기지 않는 것이다. 흔적을 남기지 않는다는 것은 깊숙이 은폐하여 간첩조차 알아차리지 못하게 하고, 지략이 아주 뛰어난 사람이라도 대책을 세울 수 없게 하는 것이다. 이러한 책략으로 얻어낸 승리를 사람들에게 알려주면 그들은 승리의 원인을 찾아내지 못할 것이고, 설사 승리의 수단을 알아냈다 할지라도 적절한 수단을 활용하는 법을 알지 못할 것이다. 따라서 승리를 위해서는 기존의 방법을 되풀이하지 말고 상황에 따라 변화무쌍한 전술을 활용해야 한다. 『손자병법孫子兵法』「허실편虛實篇」

중국 위나라 장수인 이전李典 역시 손자의 사상을 계승하고 있다.

형태는 성신을 통하지 않으면 변화할 수 없고, 지략은 적군을 통하지 않으면 발휘할 수 없다. 그러므로 물은 땅으로 인해 형태를 만들고, 군사는 적으로 인해 승리를 거머쥔다. 『태백음경太白陰經』「병형편兵形篇」

이전은 형태와 정신은 상호작용을 한다고 보았다. 따라서 정신은 전쟁의 객관적인 상황에 따라 변화하며, 적정 및 환경의 변화가 결국 정신에도 영향을 미치는 것이다. 그러므로 무형의 경지에 오르면 적을 통제하기 쉬워진다.

내가 싸우고자 하면 비록 적의 성이 높고 도랑이 깊어도 나와 싸울 수밖에 없다. 그들이 반드시 구해야 하는 곳을 공격하기 때문이다. 내가 싸우고자 하지 않으면 비록 땅에 선을 긋고 수비하더라도 나와 싸울 수 없다. 그들이 원하는 바를 어그러뜨리기 때문이다.

『손자병법孫子兵法』「허실편虛實篇」

『육도』에도 무형과 관련한 구절이 있다.

군왕의 통치 방법은 용의 머리와 같아서 높은 곳에서 사방을 멀리 바라보며 깊이 관찰하고 자세히 듣는다. 비록 자신의 형체를 드러내더라도 마음은 숨긴다. 이는 마치 푸른 하늘처럼 높디높아 닿을 수 없고, 깊은 연못처럼 깊디깊어 헤아릴 수 없는 것과 같다. 『육도六韜』「문도文韜」

전쟁에서 무형의 상태를 유지하는 것은 최고의 경지임에 틀림없다. 적군이 나의 공격을 방어할 수 없고, 적이 나의 방어를 뚫고 공격할 수 없으며, 적이 나의 승리의 원인을 알 수 없고, 적이 스스로 패배 원인을 알 수 없는 경지에 오른다면 백전백승하여 천하를 아우를 수 있다.

삼국시대 때 제갈량은 오나라와 연합하여 위魏나라를 칠 계획을 세우고 있었다. 손권은 육손과 제갈근諸葛瑾에게 수군을 이끌고 양양襄陽을 공격하도록 명했다. 그러고는 직접 10만 대군을 이끌고 소호구巢湖口로 진격했지만 상황이 불리해지자 어쩔 수 없이 군대를 철수했다.

이 이야기를 들은 제갈근은 곧바로 사람을 보내 육손에게 이 소식을 알린 뒤 그 역시 철수할 것을 제안했다. 하지만 돌아온 사신이 전한 이야기는 이러했다. 서신을 전할 당시 육손은 동료와 장기를 두고 있었는데, 서신을 받아보고도 말 한 마디 없이 계속해서 장기를 두더라는 것이었다. 제갈근이 육손의 군대 동태를 묻자 사신은 병사들이 콩과 채소를 심는 데 열심일 뿐 위나라 군사들의 행동에는 신경도 쓰지 않더라고 대답했다. 이를 듣고 불안해진 제갈근은 직접 육손을 만나 대책을 구하자 육손은 놀랄 만한 묘안을 내놓았다. 그는 먼저 모든 군사들에게 배에서 나와 육지로 올라올 것을 명령하고는, 양양을 공격하기 전에는 되돌아가지 않을 것이라고 큰 소리로 외쳤다.

위나라 군대는 이 소식을 듣고 즉각 병사와 군마를 소집하여 양양에서 오나라 군대를 맞을 채비를 했다. 일부 위나라 장수들은 육손이 양양을 치는 것에 의혹을 품었지만, 육손의 병사들이 육지에서 콩과 채소를 재배하며 물러설 의향을 전혀 보이지 않는다는 비밀 보고를 받은 뒤 전력을 다해 전투 준비를 마치고 오나라 군대를 전부 소탕하겠다는 결의를 불태웠다.

하지만 양양으로 향하던 육손은 제갈근의 수군이 머무르고 있는 주둔지로 갑자기 방향을 바꾸어 제갈근이 미리 준비해두었던 배에 올라탔다. 병사들을 태운 배는 돛을 올려 강동江東 지방으로 향했다. 한편 양양에서 육손의 부대를 기다리던 위나라 군대는 육손의 그림자도 보이지 않자 그제야 속았다는 것을 깨닫고 그들을 추격하려 했으나 이미 때는 늦었다.

전략을 세울 때 허와 실은 다음 네 가지 패턴으로 활용된다. 강점이 많으면서도 허점을 내세우거나, 허점이 많은데도 강한 척하거나 또는 허점과 강점을 각각 그대로 노출하는 경우다.

기업 간 경쟁에서도 마찬가지다. 양측 모두 강점을 보유하고 있거나 허점이 있는 경우, 또는 한쪽은 강점이 많지만 다른 쪽은 허점이 많은 경우가 있을 수 있다. 어떤 전략을 구사할 것인지는 경쟁 상대에 따라 달라진다. 여기서 염두에 두어야 할 것은 허와 실을 이용한 전략을 구사할 때는 반드시 나의 장점을 최대한 살려 상대방의 허점을 찌르는 것을 기본 원칙으로 해야 한다.

경쟁력을 강화하여 전략적 우위를 점하라

기업 경영 과정에서 허와 실의 전략을 사용할 때는 다음 두 가지를 기억해야 한다.

첫째, 전술적 측면에서 허와 실의 전략을 적극 활용하여 상대방을 현혹시켜라.

둘째, 경쟁력을 강화하여 전략적 우위를 점하라. 이는 기업 간 경쟁에서 반드시 염두에 두어야 할 핵심 사항이다. 마이클 포터는 그의 저서 『경쟁우위』에서 경쟁력을 갖는 것을 성공의 열쇠로 보았다. 기업의 매출 수준을 결정하는 가장 큰 요소는 해당 산업의 매력도다. 따라서 경쟁전략은 산업의 매력도를 결정하는 경쟁법칙에 대한 전면적인 이해를 기반으로 수립되어야 한다. 산업 구조를 분석할 때는 다음 다섯 가지를 분석하여 산업의 매력도를 평가하게 된다.

신규 진출 기업의 위협, 구매자의 교섭력, 공급자의 교섭력, 대체재의 위협, 기존 경쟁자의 경쟁 등이 그것이다.

위의 '다섯 가지 모델'은 비즈니스 경쟁에서 각 기업이 직면하는 요소들이다. 이는 기업의 입지 및 경쟁력을 결정하므로 주도권을 선점해야 경쟁우위를 점할 수 있다. 이를 위해 경영인은 자사의 강점은 적극적으로 발휘하고, 약점은 강점으로 변화시켜야 한다.

그렇다면 다섯 가지 모델의 구체적인 의미와 운용방법은 무엇이 있을까?

신규 진출 기업의 위협

신규 진출 기업의 위협이란 기업의 현재 매출 수준이 기존 업체의 영향을 받을 수 있는 가능성을 의미한다. 위험의 정도는 진입 장벽의 높낮이 및 기존 기업의 반응에 따라 결정된다.

진입 장벽은 다음 여섯 가지 문제에서 기인한다.

❶ **규모의 경제** 규모의 경제란 생산량이 증대함에 따라 단위당 생산비용이 하락하는 것을 뜻한다. 이런 이유로 신규 진입자는 생산 규모를 확대하지만 기존 기업의 높은 진입 장벽을 뛰어넘는 도전을 감행하거나, 생산 규모를 줄여 원가 우위 전략을 포기하는 것 가운데 한 가지를 선택하게 된다. 그러나 이 두 가지 모두 이상적인 전략은 아니므로 신규 진출 기업의 진입 장벽을 높인다.

❷ **제품의 차별성** 기업의 브랜드 이미지와 고객의 충성도가 높을 때

해당 기업의 제품은 차별성을 갖는다. 이때 신규 진출 기업은 시장의 진입 장벽이 높아 고객 확보를 위해 엄청난 비용을 투자해야 한다.

❸ **소요 자본** 신규 시장에 진입하기 위해서는 재정을 투입해야 하므로 진입 장벽이 형성된다. 특히 여기에 소요되는 자본은 모험성을 띤 성격이거나 손실을 만회하기 힘든 수준일 경우가 있으며, 정면 승부를 위한 광고를 하거나 연구 개발에 투자되는 경우가 많다.

❹ **전환 비용** 전환 비용이란 구매자가 기존에 거래하던 공급업체에서 경쟁업체로 전환할 때 부담해야 하는 일회성 비용이다. 이 역시 진입 장벽의 형성 요인이 된다.

❺ **유통 채널 접근** 신규 시장에 진입하기 위해서는 안정적인 유통 채널이 필요하므로 진입 장벽이 형성된다.

❻ **규모와 무관한 비용상의 불리함** 일부 기업은 규모와 상관없이 경쟁우위에 있다. 예를 들면 독점 제품, 유리한 입지 조건, 정부 보조금 지원 대상, 유리한 정부정책 혜택 등이다.

신규 진출 기업의 위협은 결국 기업 간의 경쟁으로 나타난다. 경쟁업체를 방어하여 나의 시장을 지켜내거나 경쟁업체에게 나의 시장을 빼앗기거나 두 가지 중 하나의 결과가 발생한다. 사실 모든 기업은 해당업체가 속한 시상의 보호자인 동시에 신규 진입자이기도 하다. 먼저 해당업체가 속한 시장의 보호자로서의 기업은 장점과 특기를 살려 진입 장벽을 높이고, 이로써 신규 업체의 진입을 차단해야 한다. 반면 신규 진출 기업은 자사가 가진 장점으로 기존 업체의 허점을 찔러 공격함으로써 경쟁효과를 높인다.

20세기 미국의 중소 철강회사들이 미국 전역의 철강 시장을 차지한 사례는 기존의 시장 점유자가 새로운 진입자를 막아내는 것이 얼마나 중요한지를 단적으로 보여준 사례다. 과거에는 대다수의 철강기업이 대규모의 체계화된 조직을 갖고 거대 투자자금, 완벽한 공정, 다양한 제품 라인 등을 기반으로 오랫동안 엄청난 매출을 올리고 있었다. 그러나 시간이 지나면서 수많은 중소 철강업체가 시장에 신규 진입했으나 그다지 신경을 쓰지 않았다. 하지만 이들 중소 철강업체들이 대형업체를 공격할만한 비장의 무기를 가지고 있었는데, 이는 바로 소자본으로 간단한 기술을 이용하여 대형업체의 제품과 동일한 가치를 지닌 제품을 제작하는 것이었다. 그들은 대형업체보다 20%나 낮은 원가로 동일한 제품을 만들었고, 이를 기반으로 대형업체와의 전면전에 나섰다.

첫 번째 공격 대상은 스크루 스틸Screw steel 시장이었다. 중소 철강업체가 스크루 스틸 시장에 진입했을 때, 대형 철강업체는 오히려 매우 기뻐하며 시장에서 발을 뺐다. 당시 스크루 스틸의 매출 총이익은 전체 시장의 7%밖에 되지 않는데다 총 생산량은 업계 총 생산량의 4%에 불과했기 때문이다. 따라서 대형업체는 '기꺼이' 스크루 스틸 생산을 줄이고 수익률이 높은 제품으로 눈을 돌렸다.

그 결과 1979년에는 전체 스크루 스틸 시장에서 모든 대형업체가 철수했고, 이로써 스크루 스틸의 가격은 20%가량 하락했다. 중소 철깅업체들은 20%의 원가우위를 바탕으로 대형업체와의 경쟁에서 경쟁우위를 점하면서 거기에 따른 높은 이윤을 창출하게 되었다. 하지만 중소 철강업체가 스크루 스틸 시장을 독점하고 난 뒤 이들의 경쟁 상대는 더 이상 대형업체가 아니었다. 중소 철강업체들은 같은 여건의 업체끼리 치열한 경쟁을 벌였고, 결국 스크루 스틸 시장에서 이렇다 할 만한 수익을 올리지 못한 기업은 도태되고 말았다.

그 후 중소 철강업체들은 한 단계 높은 수준의 제품인 철근과 철사 시장으로 눈을 돌렸다. 이 시장은 대규모 기업에 12%의 매출 총이익을 창출해주며 시장규모가 스크루 스틸 시장의 두 배에 달하는, 업계 총 생산량의 8%를 차지하는 시장이었다. 따라서 이 시장은 중소 철강업체 에게 매우 매력적이었다. 중소 철강업체의 등장으로 대형 철강업체는 더 높은 단계의 시장으로 나가야겠다는 결론을 내렸다. 그 결과 20%의 원가우위를 점한 중소 철강업체들은 1984년 또다시 철근 및 철사 시장 에서 주도적 위치를 점했으며, 이들 간의 경쟁으로 인해 철근 및 철사의 시장가격 역시 20% 하락했다.

중소 철강업체들의 도전은 멈추지 않았다. 그들의 다음 타깃은 바로 강철빔 시장이었다. 이 시장의 매출 총이익률은 18%였고 시장 규모는 철근과 철사 시장의 3배였다. 중소 철강업체들은 강철빔 롤링 기술이 없다고 안심하고 있던 일부 전문가들을 비웃기라도 하듯 대형업체가 생 각지도 못한 방법으로 이 문제를 해결했다. 이렇게 중소 철강업체들은 또다시 원가우위를 이용하여 강철빔 시장에서까지 대형업체들을 몰아 내고 시장의 주도자가 되었다. 이 과정에서 일부 대형업체들은 끝내 파 산하고 말았다.

구매자의 교섭력

구매자는 항상 보다 만족스러운 가격에 좋은 품질의 제품과 서비스를 원한다. 이는 생산자 간의 경쟁을 유발하며, 결국 업계 전체의 이윤에 영향을 미친다. 다음과 같은 상황에서 구매자는 비교적 강한 교섭력을 가진다.

구매자가 집중된 경우 개별 구매자의 구매량이 전체 판매량에서 비중이 클 때 구매자의 교섭력은 커진다. 구매자가 구매하고자 하는 제품이 표준상품이거나 차별화되지 않은 제품일 경우에 해당된다.

구매자의 전환비용이 낮은 경우 이때는 반대로 판매자의 전환비용이 높은 경우 구매자의 교섭력은 강해진다.

구매자의 이윤이 낮은 경우 이때 구매자는 구매가격을 인하하려 한다. 반면 비교적 높은 이윤을 획득할 수 있는 구매자는 가격에 크게 민감하지 않다.

구매자의 후방통합 Backward integration **위협이 있는 경우** 만약 구매자가 이미 일부를 후방통합했거나 후방통합을 실시하겠다고 위협한다면 그들은 유리한 교섭력을 가질 수 있다.

구매자의 교섭력은 주로 기업과 고객 사이에서 나타난다. 교섭 시에는 일반적으로 구매자가 갑, 판매자가 을이 된다. 구매자의 교섭력은 기업의 수익에 결정적인 영향을 미치며, 심지어 업계의 평균 수익까지도 결정짓는다. 따라서 교섭력 강화는 자사의 수익을 향상시켜 기업의 입지를 다지는 데 중요한 수단으로 활용된다.

기업의 교섭력 강화를 위해 무엇보다 중요한 것은 가격협상에서 우위를 점하는 것이다. 이때는 전략도 중요하지만 구매자와 비교했을 때 누가 더 주도적인 위치에 있는지를 파악하는 것이 중요하다. 따라서 제품을 구매할 때 구매자로서의 우위를 십분 발휘한다면 좀 더 만족스러운 결과를 얻을 수 있다.

미국의 존슨 컨트롤즈는 세계 최대의 차량용 의자 제조업체로 매년 엄청난 양의 화학공업 원료를 사용한다. 이 때문에 그들은 전 세계적으로 통합된 구매 시스템을 구축하여 일괄적으로 화학공업 원료를 구매하고 세계 각지의 자회사에 공급하는 방식을 채택했다. 그 결과 대량 주문량이 늘면서 구매비용뿐만 아니라 제품 제조비용도 크게 절감할 수 있었다.

실제로 많은 기업이 집중구매 방식을 통해 구매비용을 적게는 5~10%, 많게는 20%까지도 절감하고 있다. 놀랄 만한 수치다. 이렇듯 집중구매 방식은 비용 절감을 가능케 할 뿐 아니라 중소기업의 원가우위전략을 막아 경쟁 장벽을 형성하기도 한다.

공급자의 교섭력

공급자는 공급가격을 인상하거나 제품 및 서비스 품질을 낮추겠다는 압박을 가하는 등의 교섭력을 갖는다. 강력한 힘을 가진 공급자는 업계 내 일부 기업의 매출수준을 통제할 수도 있으며, 심지어는 투입한 원자재 가격을 회수할 수 없도록 만들기도 한다. 공급자가 비교우위를 점하게 되면 구매자의 발언권이 약해지는 요인이 발생한다. 특히 다음의 경우 공급자는 가격 협상에서 강력한 교섭력을 갖는다.

소수의 공급자가 독점하고 있는 경우 다수의 소규모 업체로 구성된 산업군에 제품을 판매하는 공급자는 제품 가격과 품질 및 납품 조건에 더 많은 영향력을 행사한다.

대체품과 경쟁할 필요가 없는 경우 만약 대체품과 경쟁할 경우 아무리 강력한 공급업체라도 그 힘은 줄어들게 마련이다.

공급 제품이 구매기업에 중요한 자원일 경우 만약 해당 제품이 구매자의 생산 과정 또는 제품의 품질에 매우 중요한 영향을 미칠 경우 공급자의 교섭력은 커진다.

공급자의 제품이 다른 제품과 비교했을 때 차별화된 경우와 구매자의 전환비용이 발생할 경우 차별화된 제품 및 전환비용은 구매자가 공급업체에게 대항하지 못하도록 한다.

공급자 집단이 전방통합의 위협을 가할 가능성이 있는 경우 공급자의 교섭력은 구매자의 구매비용에 직접적인 영향을 미친다. 특히 가공제조업의 경우 원자재 및 부품 구매비용은 전체 원가에서 5분의 3 또는 5분의 4, 심지어는 더 많은 비중을 차지하기 때문에 지나치게 높은 구매비용은 기업에 엄청난 손실을 초래한다. 따라서 기업의 총비용 절감을 감안할 때 구매비용 절감은 매우 중요한 사안이다. 구매비용을 낮추는 과정에서 주도적인 위치를 선점하는 것 또한 매우 중요하다. 물론 공급자 입장에서도 마찬가지로 자사의 제품을 적절한 가격에 팔아 기업의 수익을 높이기 위해서는 가격 협상 시 주도권을 잡아야 한다.

2009년 발발한 글로벌 경제위기는 사실상 임금 문제에서 비롯되었다. 당시 북미 지역의 많은 기업들은 높은 복지를 자랑해오던 임금에 발목이 잡혀 노조 쪽에 주도권을 빼앗기고 결국 파산했다. 그러자 일부 기업은 어쩔 수 없이 기업을 팔아넘기거나 제품의 생산기지를 노동력이 저렴한 지역으로 이전할 수밖에 없었다. 당시 아시아 지역은 노동력 공급의 교섭력이 부족했고 임금수준도 구미 지역보다 현저히 낮았기 때문에 북미 기업의 새로운 생산기지로 안성맞춤이었다. 경영상 어려움을 겪었던 북미 지역의 기업들은 아시아로 제품 생산 기지를 옮긴 덕분에 다시 흑자로 돌아설 수 있었다.

대체재의 위협

모든 기업은 대체상품 및 서비스를 생산하는 기업과 경쟁관계에 있다. 대체재는 경쟁업체가 이윤을 창출할 수 있는 가격에 상한선을 설정하며, 해당 업계의 잠재적 수익 수준을 제약한다. 대체재의 가격 대비 성능이 좋을수록 해당 업계의 수익에 미치는 영향력도 크다. 해당 제품이 대체품에 속하는지 판단하려면 먼저 업계 내 동일한 효능을 가진 제품이 있는지 알아보아야 한다.

기존 경쟁자 간의 경쟁

경쟁의 최종 목표는 업계 최고 자리를 차지하는 것이다. 이를 위해 기업이 일반적으로 사용하는 경쟁 수단은 가격 경쟁, 광고전, 제품 홍보, 고객 서비스 및 보증 서비스 등이 있다.

경쟁자가 모종의 압박을 느꼈거나 업계의 위상을 높이고자 할 때 경쟁이 발생한다. 가격경쟁은 매우 불안정하며, 경쟁업체는 쉽게 가격 인하를 단행할 수 있어 업계 전체의 수익에 심각한 영향을 초래한다. 반면 광고전을 할 경우 제품에 대한 소비자들의 전반적 수요가 확대되어 경쟁력이 치열해지기 때문에 업계 전반의 발전에는 긍정적인 영향을 미친다. 동종 업계 간의 치열한 경쟁은 갖가지 요소가 상호작용을 하여 생긴 결과이며, 일반적으로 다음과 같은 경우에 나타난다.

경쟁자 수가 매우 많거나 실력이 균등한 경우 만약 해당 업종의 경쟁이 치열할 경우 업계의 규범이 지켜지지 않을 가능성이 커지며, 많은 기업이 남몰래 앞서 나갈 방법을 모색한다. 같은 업종의 기업 수가 상대적으로 적더라도 이들의 기업 규모 및 보유 자원의 규모가 대체적

으로 비슷할 때는 기업이 경쟁업체를 공격하는 데 사용 가능한 자원
이 충분하다면 그들 간의 경쟁 역시 치열해질 수 있다.

업계 발전이 느린 경우 모든 기업이 판매규모를 확대하려고 하기 때
문에 업계 발전 속도가 느리면 경쟁은 시장 쟁탈전으로 변모된다.

고정비용 및 재고비용이 높은 경우 높은 고정비용은 기업의 생산량
확대에 걸림돌이 되며, 생산량 과잉은 끊임없는 가격인하를 유발한다.

제품에 차별성이 없고 전환비용이 없는 경우 구매하고자 하는 상품의
품질이 큰 차이가 없을 경우 구매자는 가격 또는 고객 서비스를 바탕
으로 제품을 선택한다. 이는 결국 기업 간의 치열한 가격경쟁 및 고
객 서비스 경쟁을 유발한다.

생산량 증가를 위해 반드시 규모를 확대해야 하는 경우 규모의 확대
가 규모 경제의 효과를 얻기 위한 유일한 방법이라면 생산량의 증가는
업계 전체의 공급과 수요의 균형에 치명적인 결과를 초래하게 된다.

작금의 발전 추세로 볼 때, 오늘날 동종업계 간의 경쟁은 치열함을
넘어 잔혹해지기까지 하고 있다. 이런 상황 속에서 각 기업이 성장속도
를 높이는 방법은 무엇일까? 이는 전략적인 문제다.

원칙과 변칙의 조화

전쟁을 치르기 위해서는 반드시 사전에 확실한 전략을 세워두어야 한다. 그렇지 않으면 생각의 실마리가 잡히지 않고 군대는 진퇴양난에 빠지고 의혹이 생겨나 결국 패배하게 된다. 따라서 정병의 핵심은 선제공격이며, 기병의 핵심은 기회를 보았다가 상대를 제압하는 것이다. 이 두 가지 공격 방법은 모두 적을 무찌르기 위함이다.

『울요자尉繚子』「늑졸령勒卒令」

상대방은 드러내 보이게 하고 나는 감추라

●● 기정이란 무엇인가

전쟁에서 진영을 갖추고 교전하는 것이 정正이라면, 가로채고 습격하는 것이 기奇다. 정면 공격이 정이라면 우회하여 포위 공격하는 것이 기이고, 전쟁을 선포한 뒤 공격한다면 정이지만 선포 없이 갑자기 공격하면 기이다. 정규전이 정이면 비정규전은 기다.

무릇 전쟁이란 원칙[正]으로 회합하고, 계책[奇]으로 승리하는 것이다.

계책에 능한 장수의 전술 변화는 하늘과 땅처럼 무궁무진하고 강과 바다처럼 마르지 않는다. 마치 해와 달이 뜨고 지는 것처럼 끝나면 다시 시작되고, 사계절이 반복되듯이 끝나면 다시 시작한다. 음악은 다섯 가지 소리에 지나지 않지만 이들 조합이 선사하는 청각적 변화는 끝이 없고, 색깔은 다섯 가지에 지나지 않지만 이들 조합이 가져다주는 시각적인 변화는 끝이 없으며, 맛은 다섯 가지에 지나지 않지만 이들 조합이 만들어내는 미각적 변화는 끝이 없다. 전쟁의 형세도 기奇와 정正 두 가지뿐이지만 이 두 가지를 응용한 전술의 변화는 무궁무진하다. 기와 정은 마치 사물이 끊임없이 순환하듯 상생하니, 어찌 이를 멈출 수 있겠는가?

『손자병법孫子兵法』「세편勢篇

기奇는 계책, 기병, 기습 등을 뜻하며 정正은 원칙, 정병, 정공 등을 뜻한다. 이는 중국의 고대 병법가들이 강조했던 특수한 개념으로, 실전에서의 전략과 전술에서 자주 사용되었다. 이와 관련해 손자는 다음 세 가지를 강조했다.

첫째, 전쟁의 형세는 기와 정 두 가지가 있다. 비록 형식은 두 가지지만, 제갈량의 말처럼 '전쟁은 기정奇正에서부터 시작한다.'라고 해도 과언이 아닐 정도로 중요한 개념이다.

둘째, 전쟁이란 원칙으로 적을 대항하고 변칙으로 승리하는 것이다. 조조는 "먼저 나가 싸우는 것은 정正이고, 후에 나가 싸우는 것은 기奇다."라고 했고, 『울요자』에서도 "적을 잘 통제하는 자는 먼저 원칙을 이용하여 싸우고 후에 변칙을 이용해 꺾어야 한다. 이렇게 해야만 반드시 승리한다."라고 했다.

셋째, 기와 정의 변화는 무궁무진하다.

종합해보면 정이란 정규적이고 연속적이며 공개적이기 때문에 진격과 진지전 및 대규모 전쟁에 주로 사용된다. 반면 기는 특수하고 돌발적이며 우연성을 띠기 때문에 우회전, 유격전 및 소규모 병력으로 대규모 병력을 진압할 때 주로 사용된다. 따라서 전쟁에서는 원칙적인 방법보다도 변칙을 이용하는 것이 더 효과적이다.

먼저 원칙적인 방법을 사용하고 후에 변칙적인의 방법을 사용하며, 먼저 인의를 이용하고 후에 교묘함을 이용한다. 『당이문대唐李問對』「권상卷上」

기습의 핵심은 적이 생각지 못한 곳으로 나아가고 대비하지 못한 곳을 공격하는 것이다. 즉 상대가 생각지도 못한 것을 시도해야 한다. 고대 병법가들은 단순히 기습과 정공의 문제를 묘사하는 데 그치지 않고, 이 두 가지 요소가 상호의존적이며 서로 전환될 수 있다는 특성을 파악했다. 여기에는 심오한 변증법이 녹아 있다.

전쟁의 귀재는 적의 장점을 보면 약점도 알고 적의 약점을 보면 강점도 알 수 있다. 마치 해와 달을 보는 것처럼 쉽게 승리를 예측하며, 마치 물을 끌어다 불을 끄는 것처럼 단순하게 문제를 해결하여 적을 이긴다. 드러내 보임으로써 드러난 것을 대응한다면 이는 정正이고, 감춰진 것으로 드러난 것을 제압한다면 이는 기奇다. 기와 정의 변화는 무궁무진하며, 그 관건은 바로 적당함을 유지하는 것이다. 『손빈병법孫臏兵法』「기정奇正」

손빈은 중국의 군사 역사상 매우 중요한 인물이다. 그의 전기새마田릉賽馬 이야기는 2000년이 지난 지금까지도 전해져오고 있을 뿐 아니라 중국 게임사상의 시발점이 되었다. 기정에 관한 그의 사상도 매우 통찰력이 있다. 이를 통해 우리는 기와 정이 고정적이지 않고 가변적이며, 상호 의존적인 개념이라는 사실을 알 수 있다.

나의 정正은 적군에게 기奇로 보이게 하고, 나의 기는 적군에게 정으로 보이게 한다. 『태백음경太白陰經』

기와 정은 늘 함께 존재한다. 때로는 원칙이 변칙으로 때로는 변칙이 원칙으로 보이기도 하며, 아군이 정병을 사용할 때 적군이 기병을 사용하거나 때로는 그 반대의 경우가 발생하기도 한다. 이렇듯 관례에 구속받지 않고 상황에 따라 변화하는 것이 바로 승리의 방법이다.

●● 기정은 왜 필요한가

이 명제에 대한 명쾌한 해답이 『삼략』의 「중략」에 숨어 있다.

계략을 세우지 않으면 의혹을 없앤 뒤 명확한 전략과 전술을 수립할 수 없고, 계략을 사용하지 않으면 간사한 적들을 물리칠 수 없고, 비밀스런 계획 없이는 성공할 수 없다.

『울요자』에도 이와 비슷한 사상이 담겨 있다.

전쟁을 치르기 위해서는 사전에 확실하게 전략을 세워두어야 한다. 그렇지 않으면 생각의 실마리가 잡히지 않고 군대는 진퇴양난에 빠지고 의혹이 생겨나 결국 패배하게 된다. 따라서 정병의 핵심은 선제공격이고, 기병의 핵심은 기회를 보았다가 상대를 제압하는 변칙에 있다. 이 두 가지 공격 방법은 모두 적을 무찌르기 위함이다. 『울요자尉繚子』「능졸령勒卒令」

● ● 기정은 어떻게 활용되는가

전쟁의 귀재는 정공 또는 기습을 활용하여 적군이 변화를 예측하기 어렵게 만든다. 따라서 정병으로도 이길 수 있고 기병으로도 승리할 수 있다. 그러나 병사들은 단지 승리한 사실만 알 뿐 어떻게 승리했는지는 알지 못한다. 만약 변화무쌍한 기습과 정공을 조화롭게 사용하지 않는다면 어떻게 이러한 경지에 오를 수 있겠는가? 『당이문대唐李問對』「권상卷上」

기정의 변화와 규칙을 알고 이를 잘 운용한다면 원칙과 변칙 중 어느 것을 적용하든 승리는 나의 것이 된다. 이것이 바로 기정의 첫 번째 활용법이다.

기정은 적군의 허와 실을 파악하는 데 사용한다. 적군이 실하다면 정병으로 전쟁하고, 적군이 허하다면 반드시 기병을 이용해 싸워야 한다. 만약 장수가 기정의 방법을 알지 못한다면 적군의 허와 실을 알더라도 어찌 그들을 바꾸고 또 이길 수 있겠는가? 『당이문대唐李問對』「권중卷中」

교묘하게 기정의 방법을 사용한다면 유리한 위치를 점할 수 있다. 이것이 두 번째 활용법이다.

만약 정병을 기병으로, 기병을 정병으로 활용하지 못한다면 어찌 승리를 구할 수 있겠는가? 전쟁의 귀재가 기병과 정병을 적절히 활용하는 것은 사람에게 달려 있고, 이를 입신의 경지로 올려놓는 것은 하늘에 달려 있다. 『당이문대唐李問對』「권상卷上」

기와 정 중에 한 가지만 활용해서는 안 된다. 두 가지 요소를 조화롭게 운용하는 사람만이 승리할 수 있다. 이것이 세 번째 활용법이다.

전쟁이란 장수가 군주의 명을 받고 병사들을 소집하여 군대를 조직한 뒤 적과 싸우는 것이다. 이때 기선을 제압하는 것보다 중요한 것은 없다. 기선을 제압하는 데 가장 어려운 것은 우회로 난 굽은 길을 지름길로 바꾸고 불리한 조건을 유리한 조건으로 바꾸는 것이다. 따라서 우회하여 전진한 뒤 이익으로서 적군을 유혹한다면, 비록 적보다 늦게 돌격한다고 해도 승리의 기선을 잡을 수 있다. 이것이 바로 돌아가면서도 빨리 가는 전략인 '우직迂直의 계計'이다. 『손자병법孫子兵法』「군쟁편軍爭篇」

전쟁에서 기선을 제압하고 각종 교묘한 방법을 사용하여 적을 이기는 것이 바로 네 번째 활용법이다.
'상대방은 드러나게 하고 나를 감춘다. 이것이 바로 기정의 극치'다.

당태종이 말했다. "나는 정병을 사용하면서도 적군으로 하여금 기병으로 착각하게 하고, 기병을 사용할 때는 적군으로 하여금 정병으로 착각하게 한다. 기병을 정병인 것처럼, 정병을 기병인 것처럼 가장하여 그 변화를 예측할 수 없게 하는 것은 나의 의도와 행적이 탄로 나지 않게 하는 것 아니겠는가?"

이정이 태종에게 두 번 절하며 말했다. "폐하의 현명함은 선조들을 뛰어넘는 정도여서 소인은 감히 닿을 수조차 없습니다." 『당이문대唐李問對』「권상卷上」

밝은 곳에 있는 적군은 만천하에 공개되지만, 나는 은밀한 곳에 있어 모습이 드러나지 않는다. 따라서 나는 적군의 전술을 불 보듯 뻔히 알 수 있지만, 적군은 나의 책략에 대해 실마리조차 찾을 수 없다. 나는 뚜렷한 목표를 가졌으므로 반드시 승리하겠지만, 적은 나아갈 곳과 물러설 곳을 몰라 허둥댈 것이다. 기정의 방법을 최고의 경지까지 사용하는 것, 이것이 바로 다섯 번째 활용법이다.

적이 생각지 못한 곳으로 진격하라

적이 질주할 수 없는 곳으로 나아가고 생각하지 못한 곳으로 진격하라. 천리를 행군해도 피로하지 않은 것은 적이 없는 곳으로 행군하기 때문이며, 공격하여 빼앗는 것은 그들이 수비하지 않는 곳을 공격하기 때문이며, 견고하게 수비할 수 있는 것은 그들이 공격하지 않는 곳을 지키기 때문이다. 그러므로 은밀히 공격하면 적은 그들이 지켜야 할 장소를 알지 못하고, 은밀히 수비하면 적은 그들이 공격해야 할 장소를 알지 못한다. 미묘하고 미묘하도다. 이런 군대는 형태가 없는 경지에까지 이른다. 신비하고 신비하도다. 이런 군대는 소리가 없는 경지에까지 이른다. 따라서 이들은 적의 생사를 다스릴 수 있는 것이다. 『손자병법孫子兵法』「허실편虛實篇」

경영인이 기정의 기술을 활용하여 위와 같은 경지에 오를 수 있으려면 어떻게 해야 할까? 해답은 지속적인 경쟁력 강화에 있다. 기업의 경쟁력 향상을 위해서는 두 가지를 유념할 필요가 있다. 정확한 경쟁 전략을 세우는 것과 유연한 시장 경쟁을 수립하는 것이다.

●● 정확한 시장경쟁전략 세우기

마이클 포터는 『경쟁우위』에서 경쟁우위를 점하려면 어떻게 해야 하는지 다음과 같이 설명하고 있다. "모든 기업은 상대 기업에 비해 많은 강점과 약점을 가지고 있지만, 기본적으로 두 가지 경쟁우위를 점할 수 있다. 바로 저원가와 차별화다." 기업의 강점과 약점은 결국 가격과 차별성에서 얼마만큼의 성과를 보이느냐에 따라 결정된다. 이 두 요소는 경쟁우위에 기반을 두고 있으며, 평균 이상의 경영실적을 창출할 수 있게 하는 세 가지 기본 전략인 원가우위 전략, 차별화 전략, 집중화 전략을 수립하는 데 많은 도움이 된다.

원가우위 전략

원가우위 전략을 세운 기업은 해당 산업군에서 경쟁업체들에 비해 원가상의 경쟁우위를 점하는 데 초첨을 맞춘다. 경쟁업체의 가격과 비슷하거나 또는 다소 낮은 수준에서의 저원가 경쟁우위는 고수익으로 직결된다. 따라서 각 기업은 다음 두 가지 방법을 활용하여 원가우위를 점하도록 노력해야 한다.

첫째, 비용 발생 요인을 억제하라.

둘째, 기업의 가치사슬을 재구성하라.

미국의 사우스웨스트항공 Southwest Airlines 은 저비용으로 운영되는 대표적 항공업체이다. 이 기업은 일반 항공기업의 가치사슬을 개혁하여 자사만의 색다른 방식을 창조했고 결국 기적을 만들어냈다.

먼저 구舊 항공기를 이용해 원가를 절감했으며, 경제적인 공간 활용을 위해 승객인원을 늘렸다. 기내식 대신 간식을 제공하고, 승객이 원할 경우에만 모든 식사와 음료를 제공하되 요금을 부과했다. 수하물 서비스와 관련하여 사우스웨스트항공은 기내용 수하물의 경우 무료로 제공하고 화물을 부칠 경우 요금을 따로 징수했다. 또한 구성원을 비노조원만으로 채워 노사분규를 차단했다. 이런 방식으로 항공료를 크게 낮춘 사우스웨스트항공은 경쟁업체들에 비해 상대적으로 열악한 서비스에도 불구하고 여전히 많은 승객의 사랑을 받으며 우수한 경영실적을 자랑하고 있다.

차별화 전략

차별화 전략이란 고객이 필요로 하는 영역과 관련해 자사만의 독특한 상품을 계발하여 업계에서 두각을 나타내는 것을 말한다. 기업은 고객이 원하는 한 가지 또는 그 이상의 특징을 파악한 뒤 차별화 전략으로 고객의 욕구를 만족시키고, 이로써 소득을 창출해야 한다.

차별화 경영은 제품, 마케팅, 판매 등 기타 요소를 기반으로 이루어진다. 차별성을 갖춘 제품이 차별성으로 인한 부가비용을 넘어선다면 해당 기업의 매출은 업계 수준을 뛰어넘을 수 있다. 차별화 전략을 지속적으로 추진하기 위해서는 차별화에 불필요한 모든 요소를 과감하게 제거하고, 경쟁사의 소요비용과 비슷한 수준으로 맞추어야 한다.

따라서 차별화 전략의 실현은 실제 기업 경영에서 최대 난제로 꼽힌다. 특히 최근 기업 간 제품 모방과 복제가 점차 용이해짐에 따라 제품의 특성이 없어지고, 그로 인해 투자자금 회수가 어려워지고 있다. 따라서 이러한 경영방식은 기업의 장기적인 발전과 경쟁력 향상에 아무런 도움이 되지 않는다. 통찰력을 가진 경영인이라면 차별화를 위해 노력해야 한다. 이때 간과하지 말아야 할 사실은 고객의 수요 및 자사만의 강점을 최대한 부각시키는 것이다.

미국의 일류 사립대학인 하버드 대학교의 운영 자금은 기부금으로 충당하고 있다. 한번은 당해 기부금이 예상금액인 5억 달러를 넘어서 6억 달러에 달했던 적이 있었다. 전 세계의 모든 경영대학원을 통틀어 최고의 금액이 모이기까지는 아낌없이 지갑을 연 2만2000여 동문의 힘이 컸다. 이들은 왜 이렇게 많은 기부금을 선뜻 내놓았을까? 모금액의 사용처를 자세히 들여다보면 그 답을 찾을 수 있다.

하버드 대학교는 6억 달러의 모금액 중 1억1400만 달러를 장학금에 사용했으며, 이는 예상 금액인 1억 달러를 상회했다. 1억20만 달러는 교수 임금에 사용되었는데 이 역시 예상 금액인 1억 달러를 웃돌았다. 1억2530만 달러는 인프라 건설에 투입되었는데 예상금액인 1억2000만 달러를 웃돌았다. 1억2750만 달러는 글로벌 시장 연구 및 국제 교류에 사용되었는데 예상금액인 1억 달러를 넘어섰다. 8570만 달러는 캠퍼스 관리에 사용되었는데 예상금액은 8000만 달러였다. 기타 6000여 만 달러는 유동자금으로 활용되었다.

학생들이 낸 등록금으로 학교를 운영하고 교수의 임금을 지급하는 일반 사립대학과는 달리 하버드 대학교는 모금액을 학생들에게 우선 투자하여 세계 최고의 인재를 육성했다.

하버드만의 이러한 특징이 결국 세계 최고의 대학으로 만들었으며,

하버드가 '생산한 제품'인 졸업생들은 세계 각지의 기업에서 러브콜을 받는 인재로 성장했다. 학생들에게 투자한 덕분에 학교가 역으로 보상을 받은 셈이다. 그들은 운용 자금을 학생에게 투자하여 세계 최고의 인재를 길러냈고, 그들의 출중한 기량으로 학교는 엄청난 명예를 얻어 전 세계의 학생들이 가장 갈망하는 교육의 장으로 우뚝 올라섰다. 물론 자금 출처는 학교를 졸업한 동문들이었다.

집중화 전략

집중화 전략이란 해당 기업이 업계에서 한 가지 또는 세분화된 특정 분야를 선택한 뒤 그에 맞춰 수립한 전략을 일컫는다. 기업은 이렇게 특정 분야의 시장을 집중적으로 공략하고, 해당 시장에서 경쟁우위를 점할 수 있는 전략을 수립한다. 이들 기업의 전략은 다음과 같은 특징이 있다.

- 자사만의 독특하고 차별화된 개성으로 시장점유율을 유지한다.
- 자사 제품의 단순성을 유지하면서 필요 시 후속 상품을 출시한다. 단, 후속 상품은 반드시 기존 상품의 연장선상에 있는 제품이어야 한다.
- 세분화된 시장에서 해당 상품의 지위와 판매의 특징은 마케팅을 통해 공고히 함으로써 비주류화를 방지한다.
- 고객에게 상품과 관련된 개성 및 차별화된 서비스를 제공함으로써 특별 경험을 선사한다.
- 고정비용을 줄인다.
- 진입 장벽을 설치한다.

- 지역 내 성장에 불필요한 장애물을 제거하여 광범위한 시장을 형성한다.
- 적정 수준의 발전을 유지하며 상품의 질을 높인다.

실제 사례를 보면 현재 세계 굴지의 기업 중 상당수는 집중화 전략의 성공으로 이루어졌다. 코카콜라, 맥도날드, 월마트, 피자헛 등의 제품은 단순하지만 시장에서의 입지가 확고하며 발전 전략도 매우 명확하다. 이들 기업은 모든 유혹을 물리치고 자사가 진출한 분야에 심혈을 기울인 끝에 큰 성공을 거두었다.

●● 유연한 시장경쟁 전략 수립하기

경영전략 및 전술은 기업 발전의 목표를 달성하는 수단이다. 전략은 발전 방향과 목표를 설정하며, 전술은 기술적 방법을 제시한다.

"전략은 하의상달의 방식으로 수립되는 것이 대부분이고, 전술은 이를 기술적으로 뒷받침하는 도구이다. 경영에서의 전술이란 창의력이 전제되어야 한다. 따라서 적절한 전술을 구사한다는 것은 창의적 사고력이 있다는 의미이다. 따라서 전술이 업계의 경쟁우위를 점해야만 기업은 성공을 거머쥘 수 있다. 그렇다면 전략이란 무엇인가? 전략은 단순한 목표가 아닌 일관성을 지닌 시장 마케팅의 방향이라고 할 수 있다. 여기서 말하는 전략의 일관성이란 이미 정해진 전술에 근거하여 행해진다. 그렇다면 전략과 전술은 어떤 관계인가? 전술이 경쟁우위라면 전략은 이 경쟁우위를 설계하고 보호하는 도구라고 할 수 있다."

이는 한 전문가의 말이다. 전략과 전술에 관한 그의 생각이 옳고 그른

지에 관해서는 여기서 평가하지 않겠다. 하지만 분명한 것은 그의 이런 주장이 전술에 대한 중요성을 일깨워주고 있다는 사실이다.

전술은 전략의 시발점이자 종착점이다. 다시 말해 전략의 수립과 시행은 모두 전술에 근거한다. 한 알 한 알의 쌀알이 모여 밥이 되듯, 갖가지 전술들이 성공을 거두어야 비로소 성공적인 전략이 이루어졌다고 볼 수 있다. 기업 경영에서 기奇와 정正의 상생은 곧 일관성을 띤 전략과 다변성을 띤 전술의 유기적 결합을 뜻하며, 이것이 성공한다면 경쟁에서 이길 수 있다.

기업은 전술을 수립할 때 공격전, 방어전, 측면전, 유격전의 네 가지 전략을 활용할 수 있다.

공격전

공격전이란 경쟁에서 종속적 위치에 있는 기업이 주도적 위치에 있는 기업에 공격을 가하는 전략이다.

개혁개방 이전 중국의 자동차산업은 매우 폐쇄적이었다. 모든 문을 걸어 잠근 채 자국 산업만의 발전을 꾀한 탓에 속도가 느리고 효율성도 낮았다. 이때 자동차 시장은 본토 기업의 주도하에 이루어졌으므로 이들이 곧 시장의 주체였다. 1980년대 들어 중국의 자동차산업은 상전벽해의 변화를 겪게 된다. 이런 엄청난 변화를 이끈 원동력은 바로 개혁개방이었다. 중국은 문호를 개방하여 외국 자본과 기술, 경영 및 인재를 도입함으로써 산업 발전을 이끌었다. 그 결과 전 세계 자동차 산업에 이름조차 올리지 못했던 중국이 30년이라는 짧은 기간에 빠른 성장을 이루었다.

중국의 자동차산업이 걸어온 길은 도전의 연속이었다. 글로벌 경제통합의 물결 속에서 중국이 이런 전략적 기회를 놓쳤다면 오늘날과 같은 변화는 상상조차 할 수 없었을 것이다.

하지만 한편에서는 다른 자동차 및 부품 관련 다국적 기업들도 이 기회를 틈타 중국 자동차 시장에 전면적인 공격을 퍼붓기 시작했다. 중국이 세계에서 가장 활기차고 발전 잠재력이 뛰어난 시장임을 간파한 그들은 중국 시장에서의 성공이 전 세계 경쟁에서의 성공을 좌우한다고 판단했다. 그리하여 그들의 기술과 경영방식 등을 중국에 전수함으로써 중국에서의 발전을 통해 세계 시장에서의 유리한 위치를 확고히 점하고자 했다.

방어전

모든 기업은 늘 경쟁업체의 공격에 노출되어 있다. 공격자는 업계의 새로운 진입자일 수도 있고, 선두 자리를 노리는 기존의 경쟁 상대일 수도 있다. 따라서 기업의 전략은 공격성과 방어성을 함께 갖추어야 한다. "최고의 공격은 방어다."라는 말을 실행에 옮겨 도전자에 대해 소극적인 수비를 하거나 속수무책으로 당하기만 할 것이 아니라 가능하면 적극적인 공격도 감행해야 한다. 따라서 저비용 또는 차별화 전략으로 무장하여 이미 경쟁우위를 점한 기업이라면 방어전을 활용하는 것이 좋다. 방어전은 공격의 충격을 완화시키는 매우 중요한 역할을 하기 때문이다. 본질적으로 방어전이란 해당 기업이 업계에서 경쟁우위를 점한다기보다는 '지키는' 전략인 셈이다.

측면전

측면전이란 경쟁 우위를 점한 기업과의 정면 충돌을 피하고 상대방의 약점을 찾아 그들이 방어할 수 없는 부분을 공격하는 전략이다.

중국 자동차 시장에서 중국 자체 브랜드를 내건 전략이 바로 측면전에 속한다. 중국 기업의 기술, 연구 개발 능력, 경영, 제조 공정 및 자금력은 외자 기업에 크게 뒤처진다. 이런 상황에서 이들의 자생력은 어디서 찾아야 할까? 그중 한 가지가 포기였다면 다른 한 가지 선택은 학습이었다. 중국 국내 업체들은 발전의 돌파구를 마련하기 위해 중저가 시장을 겨냥했다. 이는 어쩔 수 없는 선택이었지만 결과적으로 볼 때 현명한 선택이었다. 고급 차량 제조 능력이 부족했기에 어쩔 수 없이 중저가 시장을 선택했지만, 이것이야말로 그들이 발전할 수 있었던 가장 확실한 방법이었다.

중국 기업은 이렇듯 측면전을 통해 외자 기업이 쉽게 발을 들여놓을 수 없는 시장을 점령했으며, 끊임없는 노력으로 경쟁력을 축적하여 발전을 꾀했다. 이는 그들이 외자 기업과 어깨를 나란히 할 수 있는 유일한 방법이었다.

유격전

여기서 유격전이란 경쟁력이 약한 기업이 강력한 상대방과의 경쟁에서 융통성 있게 전략과 전술을 구사하는 것을 말한다. 이 전략은 상황에 따라 유연하게 변통할 수 있디. 실제로 중국의 많은 자체 브랜드가 유격전을 통해 성장했다. 이들 기업은 시장 영역을 탐색한 뒤 자사만의 전문 분야를 결정한 다음 강력한 경쟁 상대와 유격전을 펼쳤고, 이로써 유격부대에서 정규군으로 성장했다.

강함과 부드러움

천하에 가장 부드러운 것은 가장 견고한 것 속에서 내달릴 수 있고,
작은 냇물은 암석과 절벽을 뚫을 수 있고, 공기는 모든 시공간에 가득
찰 수 있다. 『노자老子』

천하의 가장 부드러운 것은 가장 견고한 것 속을 내달린다

국가의 정책 운영과 전쟁은 강함과 부드러움이 서로 조화를 이루어야
고난을 이겨내고 강해질 수 있다. 강약을 조화롭게 사용해야 하는 이유
는 무엇인가?

『삼략』의 「상략」에 있는 내용을 살펴보자.

『군참』에 이르기를, "부드러움을 사용할 줄 알고 굳건함도 이용할 줄 아
는 국가는 번성할 것이고, 약함을 이용할 줄 알고 강함도 활용할 줄 아
는 국가는 번성할 것이다. 부드러움과 약함만 이용하는 국가는 세력이

약해질 것이고, 굳건함과 강함만 이용하는 국가는 반드시 멸망할 것이다."라고 했다.

이 글은 우리에게 다음과 같은 사실을 일깨워준다. 굳셈과 부드러움, 강함과 약함은 서로 반대되는 개념으로 상황에 따라 시시각각 변하며 때로는 유리하게, 때로는 불리하게 작용한다. 그러므로 이를 조화롭게 운용하여 전쟁에 이롭게 작용하도록 하는 것이 장수로서의 역할이다.

강함과 약함, 굳셈과 부드러움에 관한 중국 고대 군사 사상은 도가사상과 매우 밀접하게 연관되어 있다. 노자는 나라를 다스릴 때는 무위이치無爲而治를, 군대를 통솔할 때는 유능제강柔能制剛 사상을 강조했다. 이는 '큰 전쟁이 있은 뒤에는 반드시 흉년이 찾아온다'고 생각했기 때문이다. 그래서 그는 이렇게 말했다. "무기라는 것은 상서롭지 못한 기물로 군자의 기물이 아니며, 부득이하게 그것을 사용할 뿐이다."

노자가 '부드러움이 강함을 이긴다'고 주장한 이유는 바로 이 때문이다.

천하에 가장 부드러운 것은 가장 견고한 것 속을 내달릴 수 있고, 작은 냇물은 암석과 절벽을 뚫을 수 있고, 공기는 모든 시공간에 가득 찰 수 있다.

부드러운 것은 담지 않는 것이 없고, 존재하지 않는 곳이 없으며, 만물을 이기고 정복할 수 있다는 의미다. 그는 덧붙여 말했다.

살아 있는 사람의 신체는 연약하지만 죽고 난 뒤에는 뻣뻣해진다. 초목이 자랄 때는 유연하지만 시들면 말라버린다. 견고함과 굳셈은 늘 죽음과 함께 하고, 연약함과 부드러움은 늘 생존과 함께 한다. 따라서 군대가 강하면 이기지 못하고 나무가 강하면 부러지는 것이다. 강한 것은 아래에 있고 약한 것은 위에 있다.

노자의 사상은 변증법적이다. 부정의 법칙에 따르면 모든 사물은 그와 상반된 방향으로 움직이려는 속성이 있다. 즉 약한 것은 강한 것으로, 강한 것은 쇠퇴하는 성질이 있다는 의미다. 군대의 장수나 기업의 경영인 모두 이 이치를 깨달아야 한다.

전국시대 말 조나라 장수 이목李牧이 변경을 지키고 있을 때였다. 그 지역은 흉노족의 침략이 빈번하게 일어나는 곳이었으므로 이목은 병사들을 훈련시키면서 흉노족이 침입했을 때 경솔하게 맞서지 말고 진영을 지킬 것을 신신당부했다.

오랜 시간 양쪽이 서로 맞서고만 있자 조나라 왕은 이목이 전쟁을 두려워한다고 여기고는 장군을 교체했다. 그러자 새로 부임한 장군은 적극적으로 흉노족을 공격하러 나섰지만 매번 대패하여 돌아왔다. 조나라 왕은 하는 수 없이 다시 이목을 장수로 불러들였지만 그는 여전히 진영만 지키고 있을 뿐 싸울 생각은 하지 않았다. 그러자 흉노족은 그가 연약하다고 얕잡아보고는 경계를 풀었다.

조나라 병사들이 맹훈련을 하여 사기가 높아지기만을 기다린 이목은 그 틈을 타서 흉노족에게 공격의 태세를 갖추었다. 그는 먼저 변경 지역의 거주민들에게 가축들을 방목시키게 하여 소와 양으로 흉노족을 유인했다. 과연 흉노족은 가축을 강탈하러 오기 시작했다. 이목은 이때도 저항할 힘이 없어 패주하는 것처럼 하여 흉노족을 유인했다.

조나라 군대가 미리 설치해놓은 매복권埋伏圈으로 흉노족을 유인하는 것에 성공하자 조나라 군대는 전력을 다해 전면 공격을 감행했다. 그 결과 10만여 명의 흉노족을 모두 죽이고 승세를 몰아 동호東胡를 격파했으며, 천리에 달하는 땅까지 진격하여 10여 년간 전쟁 없는 평화로운 세상을 만들었다.

강함과 부드러움을 적재적소에 활용하라

강약의 조화를 강조했던 선인들의 사상은 현대인들도 반드시 숙지해야 한다. 특히 경영인이라면 기업 경영 과정에서 강약을 조화롭게 사용하는 지혜와 기술을 익혀두어야 한다. 강함과 부드러움을 좀 더 효과적으로 이용하기 위해서는 다음의 내용을 기억하자.

첫째, 강함과 부드러움이 추구하는 목적은 같다. 전쟁에서는 승리를, 경영 과정에서는 경쟁우위를 점하는 것이다. 이를 간과한다면 그 어떤 전략도 실패할 수밖에 없다.

둘째, 강함과 부드러움은 적재적소에 사용해야 한다. 상대방의 세력이 더 강해 무리하게 맞설 수 없을 때는 나의 부드러움을 살려 상대방을 무너뜨려야 하고, 상대방의 세력이 약할 때는 나의 강함을 십분 발휘해야 한다.

셋째, 공격 대상에 따라 각기 다른 전술을 펼쳐야 한다. 나보다 강한 상대를 제압하기 위해서는 지혜가 필요하고, 나보다 약한 상대를 이기려 할 때는 실력이 중요하다. 일반적으로 강자와 맞설 때는 측면전이나 유격전이 유리하며, 이때는 반드시 상대방의 허술한 부분을 공격해야 승리의 가능성이 크다. 반대로 약자와 겨룰 때는 공격전이나 진지전을 펼쳐 전면 공격을 감행해야 한다.

현대 기업 간 경쟁에서는 하드파워보다 소프트파워가 중시된다. 그러므로 경영인은 강약의 조화를 확실하게 익혀야 한다.

미국 필립 모리스Philip Morris의 말보로Marlboro 성공 이야기는 소프트파워의 중요성을 여실히 보여준다. 1924년 처음 출시된 말보로는 1950년까지도 이름을 알리지 못한 비인기 제품이었다. 이는 시장 입지와 브랜드 홍보의 실패 때문이었다. 말보로라는 이름은 당시 미국 사회상을 반영하여 지어진 것이었다.

제1차 세계대전이 막 끝났을 무렵 미국은 암흑기였다. 시민들은 하루 종일 상처받은 영혼을 달래줄 자극을 찾아다녔다. 이때 여성을 겨냥한 담배가 출시되었다. 말보로였다. 말보로는 'Man always remember love because of romance over(남자는 흘러간 로맨스 때문에 항상 사랑을 기억한다)'의 앞 글자를 따서 만들어졌다. 당시 말보로의 광고 카피는 '5월처럼 부드러운Mild as May'이었다. 하지만 이 이미지는 말보로의 성장에 제동을 걸고 말았다.

낙담한 필립 모리스 경영진은 새로운 돌파구를 찾아 나섰다.

'화장품 향기가 짙은 여인의 담배는 잊고, 사나이 느낌이 물씬 풍기는 담배로 거듭난다.' 말보로가 다시 태어나는 순간이었다. 필립 모리스는 야심차게 마부, 잠수부, 농부 등 남성성을 대표하는 직업군을 광고 주인공으로 발탁했다. 하지만 결과는 예상만큼 좋지 않았다.

그래서 그들은 다시 말보로의 이미지를 바꾸기로 결심했다. 눈빛이 그윽하고 피부가 거칠며 호탕함이 온몸에서 퍼져 나오는 사나이, 바로 카우보이였다. 광고 속에 등장한 카우보이는 언제나 소매를 걷어 올려 굵은 털이 보이는 팔뚝을 드러낸 채 손가락 사이에는 연기가 새어나오는 말보로를 쥐고 있다.

필립 모리스는 미국 서부에서 진짜 카우보이를 물색해 그 이미지를 그대로 광고에 실었다. 사람들의 머릿속에 있는 기존의 이미지를 완전히 버리고 말보로의 새로운 이미지를 만들기 위해 천문학적인 광고비를 쏟아 부었다. 결과는 대성공이었다. 1990년대 말보로는 모든 경쟁 상대를 물리치고 세계 1위 자리를 거머쥐었고, 매년 판매되는 담배 개수는 3000억 개비에 달했다. 이는 보잉 707 비행기 5000대에 실을 만큼의 양이다.

길은 아득히 길고 멀지만
나는 위에서부터 아래까지 탐구해보리라

굴원屈原

하루 종일 생각하더라도
잠깐 사이의 배움만 못하다

전쟁은 인류의 역사와 늘 함께 해왔다. 지구상에 인류가 등장한 이래 끊임없이 발생한 전쟁은 인간의 생명을 빼앗고 삶의 터전을 파괴하는 대재앙이었지만, 다른 한편으로는 왕조가 바뀌고 사회가 발전하는 계기가 되어 역사의 진보를 가져왔다. 중국의 고대 군사 사상은 말할 수 없이 복잡하고 아찔한 전쟁을 치르는 동안 그 틀이 갖추어졌으며, 이는 수천 년간 지속된 중국 전쟁사에 중요한 지침이 되었을 뿐 아니라 오늘날 기업의 경영에도 중요한 의미를 지닌다.

청동을 거울삼으면 의관을 단정하게 할 수 있고, 옛것을 거울삼으면 흥망과 왕조의 교체를 알 수 있고, 사람을 거울삼으면 이해득실을 확실하게 알 수 있다. 『정관정요』

경영인이 정신적 소양을 쌓기 위해서는 반드시 동서양의 사상을 두루 섭렵해야 한다. 구체적으로 현대 경영이론과 선진 경영사상을 배우는 동시에 중국의 고대 군사 사상 또한 적극적으로 수용함으로써 지혜의 폭을 넓히는 것이 좋다. 이렇게 전통문화의 바탕에 선진 사상을 융합한 경영이론 체계를 구축한다면 기업의 발전을 꾀하는 데 많은 도움이 될 것이다.

> 보통 사람이 곧 부처요, 번뇌가 곧 보리菩提다. 앞생각이 미혹되었으면 보통 사람이요, 뒷생각이 깨우쳤으면 부처다. 앞생각이 경境에 사로잡혀 있으면 번뇌요, 뒷생각이 경을 떠났으면 보리다. 「육조단경」

보통 사람과 부처, 번뇌와 보리는 한끗 차이로 달라진다. 미혹되어 있다면 보통 사람으로서 번뇌에 빠지지만, 깨우쳤다면 부처로서 보리를 깨달을 수 있다. 사방이 강적들로 둘러싸인 치열한 경쟁 환경에서 기업을 잘 이끌어 나가려면 보통 사람에서 부처로, 번뇌에서 보리 즉 지혜로의 전환을 꾀해야 한다. 이를 위해서는 중국 고대 군사 사상의 정수를 읽고 독자적인 경영 사상을 구축하는 것이 무엇보다도 중요하다.

중국의 고대 군사 사상은 심오하고 원대하다. 『중국고대병서中國古代兵書』에 따르면, 한漢나라 초기의 장량張良과 한신韓信은 왕의 하명에 따라 병서를 정리했는데 총 182가家였다. 그 후 각 왕조에서 기록한 병서 및 그 수량은 다음과 같다. △『한서漢書』「예문지藝文志」53가, 790편, 43권 △『수서隋書』「경적지經籍志」133부, 512권 △『구당서舊唐書』「경적지」45부, 289권 △『신당서新唐書』「예문지」60부, 319권 △『송사宋史』「예문지」347

부, 1956권 △『명사明史』「예문지」58부, 1122권 △『청사고淸史稿』「예문지」
59부, 238권 △『보편補編』53부, 359권, 총 112부 597권. (명청대 당시의 왕
조 것만 기록한 저서 수량) 1933년 4월에는 육달절陸達節의 저서『역대병서목
록歷代兵書目錄』이 출간되었고 그중 역대 병서는 1304부, 6831권이었으나
이 중 현재까지 전해지는 것은 288부, 2106권이다. 1990년 국방대학출
판사國防大學出版社는 유신영劉申寧이 저술한『중국고대병서총목中國古代兵書總
目』을 출판했는데, 여기에는 1911년 신해혁명 이전의 병서 4221종이 수
록되어 있다. 경經, 사史, 자子, 집集에 실린 각 문장은 호한하고 방대하다.
각각의 문장은 매우 논리적이고 통찰력이 있으며 필치는 간결하고 심오
하다. 그중 호소력 있는 수많은 명구名句는 수천 년이 지난 지금까지도
많은 사람들의 좌우명으로 빛나고 있다.

　수많은 고대 병서 중 일부는 특히 두고두고 볼만한 책이다. 이 저서들
은 중국 군사 역사에서 매우 중요한 위치를 차지하고 있으며, 특별한 가
치를 지닌다. 그중 일부를 간략하게 소개하고자 한다.

【 손자병법孫子兵法 】

『손자병법』은 중국 역사상 현존하는 가장 오래된 병법서다. 문헌에 의
하면『손자병법』이 편찬되기 이전에도 병서가 있었으나 모두 유실되었다
고 한다.『손자병법』은 춘추전국시대 말기에 편찬되었으며, 저자는 제나
라 사람 손무孫武다. 손무는 병법 13편을 가지고 오나라 왕 합려闔閭를 알
현했는데, 합려는 그의 능력을 꿰뚫어보고 장수로 임명했다. 손무는 중
국 군사 사상의 아버지로, 군사 사상을 집대성한 최고의 인물이다.『중
국고대병서』에서는『손자병법』에 대해 "내용이 방대하고 심오하며, 기개
가 넘치고, 논리가 뛰어나 세상을 깜짝 놀라게 할 만하다. 그의 사상은

사람들을 계몽시킬 만하다."라고 평가했다.『손자병법』은 전쟁의 실체에 관해 상세하게 분석하여 정리하고 있으며, 그 내용이 방대하고 상세하여 높은 이론적 가치를 지니고 있으며, 현실적으로 매우 유용하다.

오늘날 일반인들에게 처세서로도 활용되고 있는『손자병법』은 '병서 중의 경전', '병학의 성전聖典', '병법가들의 스승' 등으로 칭송받고 있다. 명대 유명 병학자兵學者인 모원의茅元義는 그의 저서『무비지武備志』에서 이렇게 서술했다. "춘추전국 시대의 병법에 대해 말한 여섯 사람 중 손자 이전 시대의 사람은 손자가 빼뜨리지 않았고, 손자 이후의 사람은 손자를 빼뜨리지 않았다."『손자병법』은 당대 초기 일본에 전해졌고, 명대에는 유럽으로 전해졌으며, '서양의 군사경전'으로 불리는 클라우제비츠의『전쟁론』보다 2000여 년이나 앞서 출간되었다. 수많은 사람들이 연구하고, 그들의 글에 자주 인용하는『손자병법』은 송宋대에『무경칠서武經七書』에 올랐으며, 그중에서도 으뜸으로 꼽힌다.

【오자병법吳子兵法 】

전국시대 오기吳起가 지었다고 전해지나 아직도 이견이 많다.『한비韓非』의「오두五蠹」에는 "온 국민이 모두가 병법에 대해 논하며, 집집마다『손자병법』과『오자병법』을 갖추고 있더라."라고 기재되어 있었다는 사실로 보아 당시『손자병법』과『오자병법』이 얼마나 널리 읽혔는지를 알 수 있다. 오기는 전국시대 위衛나라 사람으로 노나라, 위나라, 초나라에서 벼슬을 하며 많은 업적을 세운 인물이다. 하지만 적극적으로 변혁을 꾀한다는 이유로 초나라 귀족들에게 죽임을 당했다. 중국 군사 역사상 오기는 매우 중요한 위치를 차지하고 있는데, 이는 그가 군사 사상뿐 아니라 실제 군사 활동에서도 크나큰 족적을 남겼기 때문이다. 그는 당대에 군대의 운용에 관한 수많은 이론을 남긴 사상가이다. 『오자병법』역시 송대에 『무경칠서』에 올랐다.

【 사마법司馬法 】

중국의 중요한 병법서 중 하나로, 전국시대 초기에 편찬되었다. 『사마법』의 기본 틀을 만든 주요 인물은 제나라 경공齊景公을 섬겨 대사마大司馬로 임명되어 사마양저司馬穰苴로 불리게 된 사람이다.

제나라 위왕威王이 대부들을 시켜 옛날 『사마병법』을 찾아 의논하게 하고, 그 속에 사마양저의 병법도 포함시켜 정리한 것이 사마양저병법司馬穰苴兵法, 즉 『사마법』이다. 하, 은, 주 삼대의 군사제도와 전쟁 경험을 총동원하여 고대의 전쟁 준비, 전투 지휘, 인화의 중요성, 간첩의 활용법, 병사의 심리 상태 등을 다루고 있다. 무과의 복시에 응시하려는 응시생들의 교과서로 통하는 이 책은 송대에 『무경칠서』에 올랐다.

【 울요자尉繚子 】

전국시대 울요가 지었다는 견해가 지배적이긴 하지만 아직도 학자들의 의견이 분분하다. 『울요자』는 중국뿐 아니라 전 세계 병법 연구가들이 추앙하는 병서 중 하나다. 이 책은 총 5권 24편으로 이루어져 있는데, 주제가 다양하고 내용이 풍부하다. 방대한 자료가 인용되어 있는 이 자료는 특히 전쟁에 관해 매우 치밀하게 연구하였으며, 다양한 전쟁 장면이 묘사되어 있다. 이 때문에 중국 역대 병법가들의 지침서로 활용되었다. 『울요자』는 중국에서 가장 먼저 해외로 전파된 병법서 중 하나로, 해외 유수의 병학 연구자들에게 귀중한 자료로 활용되고 있다. 『울요자』는 송대에 『무경칠서』에 이름을 올렸다.

【 육도六韜 】

『육도』는 주나라 문왕文王과 무왕武王이 강태공姜太公과 나눈 대화 형식으로 쓰인 책이다. 강태공이 집필했다고 전해지기도 하나 후세 사람이 지어 전국시대 말기에 완성되었다고 보는 견해도 있으며, 매우 가치 있는 군사 서적으로 평가받고 있다. 유가의 민귀군경民貴君輕 사상, 도가의 청정무위淸淨無爲 사상, 법가의 상벌필신賞罰必信 사상 등 다양한 사상을 두루 아우르고 있다. 특히 춘추전국시대 병가 사상의 정수가 녹아 있는 이 책은 내용이 매우 방대하다. 『후한서後漢書』「하진전何進傳」에는 '강태공의 『육도』는 천자가 군대를 통솔하는 내용이 담겨 있어 천하를 위압할 수 있다.'라고 기록되어 있다. 『육도』 역시 송대 때 『무경칠서』에 올랐다.

【 삼략三略 】

한漢대 초 황석공黃石公이 장량에게 전해주었다고 전해지나 확실하지는 않다. 후대 사람이 『태공병법太公兵法』을 근거로 추론하여 집필했다는 의견이 지배적이다. 『삼략』은 「상략上略」, 「중략中略」, 「하략下略」으로 나뉜다. 『삼략』의 다음 구절은 상략, 중략, 하략에 대해 설명하고 있다. "「상략」은 예우와 포상을 두어 간신과 영웅을 구별하고 성공과 패배를 분명히 했다. 「중략」은 덕행을 분류하고 임기응변 능력에 대해 자세히 밝히고 있다. 「하략」은 도덕에 대해 진술하고 안위를 살피고 현인을 해치는 잘못에 대해 분명히 설명하고 있다."

『삼략』은 매우 뛰어난 독보적인 저작으로 평가받고 있다. 송대 때 『무경칠서』 중 하나가 되었다.

【 당이문대唐李問對 】

당태종唐太宗과 이정李靖이 군사軍事에 관해 나눈 대화가 문답 형식으로 기록되어 있다. 당대 유명 장수였던 이정이 지었다고 전해지나 지금도 이견이 분분하다. 『사고전서총목제요四庫全書總目提要』에서는 『당이문대』를 이렇게 평가하고 있다. "이 책은 기습법과 정공법을 나누어 설명했고, 공격과 수비를 정확하게 규정했으며, 주主와 객客을 바꾸기도 했으니, 병가의 미묘한 논의에 있어서 때때로 터득한 바가 있다." 『당이문대』 역시 송대 때 『무경칠서』에 올랐다.

【 제갈량집諸葛亮集 】

정확하게 말하면 『제갈량집』은 병법서는 아니다. 하지만 중국 군사 사상을 논할 때 제갈량을 빠뜨릴 수 없으며 중국 군사 사상을 말할 때 제갈량의 충성심과 지혜, 그리고 군대 운용법은 빠지지 않고 등장한다. 제갈량은 삼국시대의 유명한 정치가이자 군사가요, 사회 활동가였다. 또한 지혜의 대명사로서 세상 모든 사람들에게 잘 알려진 전기적 인물이다. 『제갈량집』에는 주로 군사, 전쟁, 군대 운용 등에 관한 내용이 기재되어 있다. 그중에서도 『편의십육책便宜十六策』과 『장원將苑』은 군사軍事에 관해 집중적으로 논하고 있는데 그 식견이 탁월하다. 유비는 제갈량에게 "그대의 재주는 조비의 열 배이니 반드시 나라를 안정시키고 대업을 이룰 수 있을 것이다. 나에게 공명孔明이 있음은 마치 물고기가 물을 가진 것과 같다."라고 칭송했다. 제갈량의 적수였던 사마의司馬懿 역시 '천하의 기재奇才다'라고 평가했다.

【 태백음경太白陰經 】

　당나라 때 이전李筌이 저술한 병법서로, 내용이 방대하고 영향력이 크다. 이전에 관한 상세한 기록은 전해지지 않고 있다. 하지만 이전은 군사 사상에 조예가 매우 깊은 당대 병학자임에 틀림없다. 『태백음경』은 매우 뚜렷한 특색을 지닌 병법서로 손꼽히며 중국의 고대 군사 사상에서 매우 중요한 위치를 차지하고 있다.

　중국의 고대 군사 사상은 역대 왕조의 군사 전문 서적뿐 아니라 경經, 사史, 자子, 집集 등에도 골고루 녹아 있다. 『좌전左傳』, 『국어國語』, 『이십사사二十四史』 등에도 전쟁에 관한 수많은 사례가 구체적으로 묘사되어 있으며, 여기에 용병과 전쟁에 관한 지혜가 곳곳에 숨어 있다. 제자백가의 저서를 보면 전쟁과 군사에 관한 관점과 견해가 모두 달라 옥석이 섞여 있기는 하지만 중국의 군사 사상을 연구하는 데 중요한 자료임에는 틀림없다. 이들 중 대부분은 인류 역사에 없어서는 안 될 귀중한 정신적 자양분이다.

　병법과 관련하여 다음과 같은 유명한 문장이 남아 있다.

　'하루 종일 생각하더라도 잠깐 사이의 배움만 못하다.'

　오늘날 경영인이 중국의 고대 군사 사상을 배우는 것은 그 속에 담긴 정수를 뽑아내어 현실 경영에 활용하기 위해서다. 그 중요성을 간파한 해외의 유수 경영학자들은 중국의 군사 사상을 매우 중시하고 있으며, 중국의 경영인들 역시 이를 적극적으로 연구하고 실천하고 있다.

　토양이 비옥할수록 나무가 무성하게 자라나 열매가 잘 여무는 법이다. 땅이 메마르면 나무는 영양분을 제대로 섭취할 수 없어 결국 말라 죽게 된다. 따라서 기업가라면 눈앞에 펼쳐진 시장에서만 황금을 찾을 것이 아니라 중국 고대 군사 사상의 보고寶庫에서도 금을 캐낼 줄 알아야 한다. 그 속에 숨어 있는 보석은 영양분이 풍부하고 가치가 무한하여 기업 활동의 촉매제 역할을 할 것이다.

기업의 하드파워를 결정하고 움직이는 것은 소프트파워다. 만약 소프트파워를 등한시한다면 결국 공들여 쌓은 탑이 처참히 무너져 내릴 수 있다. 실제로 주변에서 이러한 사례는 쉽게 찾아볼 수 있다.

이 책은 중국의 고대 군사 사상과 현대 경영이론을 접목한 책이다. 글로벌 경제통합으로 전 세계의 기업인들은 지식경제의 물결 속에서 놀라운 능력을 발휘하고 있다. 필자는 이러한 경영인들에게 기업을 성장시키는 도道를 탐구해볼 수 있는 장을 마련하기 위해 이 책을 집필하게 되었다. 필자가 미숙한 저작물을 발간한 것은 앞으로는 더욱 훌륭한 사람들의 고견을 실은 저작물이 출간되기를 바라는 마음에서였다.